DE WEG

Sera Anstadt

De weg

Een Poolse generatie in de verstrooiing

Uitgeverij BZZTôH
's-Gravenhage, 1990

Foto omslag: The Image Bank
Foto achterzijde omslag: Hans Vermeulen
Ontwerp omslag: Julie Bergen
Zetwerk: No lo sé prod.
Drukwerk: Tulp, Zwolle
Bindwerk: Pfaff, Woerden

ISBN 90 6291 505 1

CIP-GEGEVENS KONINKLIJKE BIBLIOTHEEK, DEN HAAG

Anstadt, Sera

De weg / Sera Anstadt. - 's-Gravenhage : BZZTôH
ISBN 90-6291-505-1
UDC 82-31 NUGI 321
Trefw.: romans en novellen ; oorspronkelijk

1

Voorzichtig zette Sabina haar voeten op de platgetrapte en harder geworden sneeuwweg. Ze liep met opgetrokken schouders om zo snel mogelijk vooruit te komen en toch niet te vallen.
Die ochtend was het lopen naar school ook al zo moeilijk geweest omdat het de hele nacht had gesneeuwd en ze haar benen uit het nog rulle wegdek moest tillen.
Het vroor nu al weer stevig want de thermometer voor de schooldeur stond vanmiddag op achttien graden en dat zou vannacht wel tot vijfentwintig kunnen stijgen.
Buiten was het stil als het had gesneeuwd. Paardegetrappel hoorde je zelden in de winter, alleen bellen van sleeën maakten geluid.
Sabina had haar bontmuts, die haar ouders voor haar uit Wenen hadden meegebracht, zoveel mogelijk over haar oren en voorhoofd getrokken en de dikke sjaal over haar neus en mond, niet te stevig zodat ze makkelijk lucht kon krijgen. Alleen haar ogen waren te zien en ze voelde warme adem over haar beschutte gezicht.
De kerkklokken luidden nu één keer, in verschillende toonaarden want er waren veel kerken in de stad. Half drie dus. Ze hoopte dat Fanja en Dunjo al thuis zouden zijn en probeerde nog sneller te lopen.
Om drie uur werd de waterleiding afgesloten in hun blok. Haar oudste broertje, haar zusje en zij moesten vóór die tijd vijf grote emmers vullen. Er was maar één kraan voor alle bewoners van hun etage en die bevond zich op de veranda. In huis had niemand water. Ze mochten alleen kannen vullen, geen emmers, anders zou de bak het snel begeven dan moesten de huurders de schade betalen.
Sabina's moeder haalde meestal zelf water, maar ze moest die ochtend vroeg weg. Een tante van haar, die aan de rand van de stad woonde, was ziek en de waterleiding zou pas de volgende ochtend tegen tien uur weer geopend worden. In de regel had haar moeder vóór die tijd al de lampetkannen

met warm water gevuld omdat de kinderen naar school moesten en hun vader vroeg naar zijn werk ging.
Sabina wist dat er bij hen in de buurt rijke mensen woonden die waterkranen in hun keuken hadden. Zìj waren ook niet arm, ze hadden een piano en haar zusje en zij kregen les, maar er was geen kraan in huis.
's Winters, als het erg koud was, werd de leiding tegen de middag afgesloten en als het nog kouder werd was hij maar twee uur per dag open. De vrouwen holden dan heen en weer om zoveel mogelijk te doen in die korte tijd. Er moest gewassen worden en gekookt.
Sabina vroeg zich soms af of ze liever een kraan in de keuken zou willen hebben dan een piano, maar ze wist het niet want Fanja, haar drie jaar oudere zusje, kon goed spelen en dat zou ze ook niet willen missen. Sabina, nu twaalf jaar, was in 1897 in Lemberg, het Oostenrijkse gedeelte van het vroegere Polen, geboren. Lemberg, al ongeveer honderd jaar de hoofdstad van Galicië in de Oekraïne, werd vroeger Lwow genoemd. De Polen hoopten nog steeds eens hun eigen land terug te krijgen en uit wat ze er op school over leerden bleek dat ze er al die honderd jaar en ook nog daarvóór om hadden gevochten. Altijd waren ze in oorlogssituaties verwikkeld geweest.
Enkele jaren geleden nog, in 1905, toen er in Rusland een revolutie was uitgebroken, werd dat om hen heen, in de Oekraïne ook voelbaar. De boeren kwamen in opstand tegen hun 'Pans', de grootgrondbezitters, die met geld smeten, grote feesten vierden met veel drank en eten, terwijl hun knechten geen geld hadden om laarzen te kopen en in de vrieskou met lappen om hun voeten de winter door moesten komen.
Ter afleiding werden de boeren vaak tegen de joden opgezet. Al hun woede luchtten ze dan meestal tegen de dichtstbijzijnde, kleine joodse kruidenierswinkeltjes of andere zaakjes. Daar bleef dan niet veel van over. Soms zelfs niet van de eigenaren.
De Polen die bij Pruisen hoorden waren ook geregeld opstandig, omdat de Poolse taal daar werd onderdrukt. Maar de Pruisen wilden niet al te vijandig zijn, ze wilden

de Polen niet te veel tegen zich krijgen want misschien konden ze ze nog gebruiken om tegen de Russen te vechten.
Sabina's vader vertelde over al die politieke situaties. Hij legde uit dat de joden die aan de Duitssprekende kant woonden, vooral in het Oostenrijkse gedeelte, ondanks de pogroms toch in grotere vrijheid leefden dan voordien in hun land. Er was voor hen geen enkele reden om zich tot het Poolse patriotisme aangetrokken te voelen. Zij spraken het jiddisj, hun eigen taal, en als ze geassimileerd waren spraken ze Pools en Duits. Maar in ieder geval gaf hun houding het antisemitisme onder de Polen voedsel.
Sabina's vader werkte in Lemberg in een groot, Oostenrijks hotel waar hij de administratie deed; hij sprak er hoofdzakelijk Duits. Hij had nog nooit ergens anders gewerkt en werd er zeer gewaardeerd. De directie was tevreden met zo'n betrouwbare kracht. Hij kreeg soms ook cadeaus.
Aan de piano waren ze ook door het hotel gekomen. Sabina's vader kon hem overnemen toen ze daar een vleugel kochten.
Het was een mooi, duur en sjiek hotel, met in alle ruimten het portret van Keizer Franz Joseph, zoals in de meeste Oostenrijkse gebouwen en in veel huizen.
Eén keer had haar vader een foto van de keizer in een lijstje op de credenz neergezet. 'Vind je een foto van de kinderen daar niet mooier staan?' vroeg haar moeder toen glimlachend. Ze keek hem met een beetje ontroering aan, had Sabina gezien.
Sindsdien droeg haar vader het portret in zijn portefeuille, uit sympathie en dankbaarheid voor de Keizer, omdat alles zo goed ging in zijn gezin, en hij nog niet wist hoe alles zonder Franz Joseph zou zijn geweest.
Sabina had Lemberg altijd mooi gevonden tot ze een keer met haar ouders mee naar Wenen was geweest en gemerkt had hoe verwaarloosd hun eigen stad was en hoe prachtig en rijk Wenen.
Er woonden ook niet veel Oostenrijkers in Galicië, al hoorden ze zo lang bij elkaar. En de Polen spraken er nog altijd Pools.

Op hun school was Pools ook de voertaal, maar om je heen hoorde je veel Duits. Thuis, in hun familie, werd hoofdzakelijk Pools gesproken maar soms ook Duits omdat ze geregeld Oostenrijkse kennissen op bezoek kregen. Een enkele keer spraken haar ouders jiddisj, als er mensen bij hen kwamen die niet anders gewend waren, maar dat kwam niet vaak voor.

In hun blok woonden joden en Oekraïners door elkaar. Het contact tussen die groepen was niet hecht, maar ook niet vijandig. Zo dicht bij elkaar hadden mensen elkaar nodig en joden onderling waren evenmin een hecht gesloten eenheid. Er waren daar mensen bij die uitsluitend jiddisj praatten, zoals dat chassidische gezin aan de overkant, dat zich ook anders kleedde, met zwarte keppeltjes en zwarte kaftans die tot hun voeten reikten. De jongens en mannen droegen pijes langs hun slapen en de mannen hadden allemaal lange baarden.

De kinderen in dit gezin liepen nooit blootvoets zoals andere kinderen in hun blok en ze speelden zelden buiten op de veranda of in de hof en zeker niet met andere kinderen. Ze zagen er altijd bleek en mager uit.

Als Sabina bij hen naar binnen gluurde zag ze de jongens meestal aan tafel zitten en in hun gebedenboeken lezen waarbij ze hun bovenlichaam automatisch wiegden, steeds maar door, tot ze hun boek sloten. Vaak zat de vader tussen de kleine jongens in, waarschijnlijk om die de gebeden te leren lezen.

Er waren daar elf kinderen waaronder zeven meisjes, die allemaal vlechten droegen die later, als ze trouwden, afgeknipt zouden worden en verwisseld voor pruiken. Het oudste meisje moest van Fanja's leeftijd zijn. Sabina voelde soms medelijden met die kinderen die ook als het heel warm was lange mouwen en kousen droegen.

Een paar van hen hadden donker haar en de anderen waren, zoals hun vader, roodharig. Zijn baard en pijes waren kastanjebruin. De moeder had ook zwart haar maar ze droeg een pruik die ze in de zomer voor een hoofddoekje, naar achteren geknoopt, verwisselde. Dan vond Sabina haar er mooier en jonger uitzien.

Ze had bijna altijd een dikke buik want ze was voortdurend zwanger.
De meeste tijd van de dag waren de kinderen binnen, waar zo te zien niet voldoende plaats was voor iedereen.
Sabina kende chassidische joden alleen vanuit de verte, maar het boeide haar hoe ze leefden en ze kon dit gezin altijd bespieden. Ze had de indruk dat de meisjes stil en braaf waren, veel met het huishouden hielpen en altijd met de kleine kinderen liepen te slepen. De vader en de jongens waren meestal wiegend over hun gebedenboeken gebogen, of zaten in de synagoge.
Maar op vrijdagavond was de sfeer er anders, dan heerste er in de familie niet zo'n stilte, en wanneer de vader met de jongens uit de synagoge thuiskwam, hij met een hoed met een dikke bontrand, ook in de zomer, namen ze allemaal plaats aan de witgedekte tafel met de twee brandende kaarsen in het midden en er werd dan veel en mooi gezongen, meestal melodieën die zomaar in hen opkwamen. Soms hoorde je de jongere kinderen een vervolgmelodie inzetten, met kleine, heldere stemmetjes. Vaak klapten ze erbij en Sabina kon zien dat ze lachten.
Ze waren zo dichtbij en het was toch een heel andere wereld.
Chassidiem hoorden niet tot hun kennissenkring, die leefden afgezonderd van anderen.
Zij was toch ook jodin en haar moeder bad toch ook boven twee kaarsen die vóór de Sjabbat werden aangestoken. Er stonden bij hen ook twee tafels waarop eten werd klaargemaakt, één voor vlees- en één voor melkgerechten en bij hen zat er ook wel eens een mes tussen de spleten van de vloerplanken omdat iedereen zich kon vergissen en het vlees- of melkgerechtenmes kon verwisselen. Dat mes mocht dan pas vierentwintig uur nadat het in de aarde was gestoken weer worden gebruikt.
Aan deze gebruiken hielden ook hun huisgenoten zich strikt. Haar broertjes gingen iedere vrijdagavond met hun vader naar de sjoel en op zaterdag werd met het aansteken van de petroleumlamp gewacht tot de eerste ster aan de hemel verscheen. Als het licht aanging werd er 'gitwoch',

goede week, geroepen, eigenlijk één van de weinige jiddisje woorden die tot hun gebruikstaal hoorden.
Maar bij hen werd niet gezongen, wel uitvoerig gegeten, soms met gasten erbij. Hun gedrag op vrijdagavond was meer vanzelfsprekend zonder de vrome feestelijkheid die de buren zo bijzonder maakte.

Sabina en Fanja hadden alleen een echte vader; zijn vrouw beschouwden ze wel als hun moeder maar ze was het niet. Hun moeder was aan t.b.c. gestorven toen Sabina nog geen jaar oud was. Fanja vertelde soms over haar en over hun broertje dat vóór Sabina was geboren en ook aan t.b.c. was overleden.
Sabina kon zich niet indenken dat haar oudere zusje, die toen zelf amper vier jaar was, herinneringen kon hebben aan die tijd.

Ze liep door een grote poort naar hun woonblok, de enige ingang voor de hele straat, die naar de hof en het trappenhuis leidde. Ze rook er de vochtige ganglucht en zag dat de conciërge zand had gestrooid tegen de gladheid. Het was er modderig en ook de trap was daardoor vuil. Ze holde zo snel ze kon naar boven, naar de tweede en hoogste verdieping.
Bij de kraan stonden veel vrouwen in dikke sjaals en met wanten aan om nog in het laatste kwartier water te tappen. Haar broertje stond daar ook in de rij met een kan in zijn hand op zijn beurt te wachten.
Boven aan de trap liep Sabina snel de hoek om naar rechts, naar het laatste huis waar hun familie woonde en waar de veranda door twee plee's met dikke, bruine houten deuren werd afgesloten. Het stonk er altijd, maar gelukkig was hun huis nog een paar meter daarvóór, achter de plee's liep de veranda door; je kon niet een blok rond lopen.
Bijna in alle huizen waren de veranda's gesplitst om te voorkomen dat men in één straat zou binnenkomen en in de andere vertrekken. Zo kreeg de conciërge nog enigszins overzicht van de eigen bewoners en kon hij letten op onbekenden die de trap opgingen. In de stad waren veel

dieven, daarom werd 's avonds de poort afgesloten en konden de bewoners alleen met hun eigen sleutel binnenkomen.
Het was wél mogelijk overdag door de poort aan beide kanten de hof binnen te gaan. Daar speelden de kinderen en als buitenstaanders kwamen er bedelaars en handelaren die luid hun waren aanprezen en soms ruzie maakten als twee concurrenten, die uit een andere straat waren gekomen, elkaar ontmoetten. De bewoners keken dan geamuseerd vanaf hun veranda naar beneden, nieuwsgierig hoe het zou aflopen.
Er waren mannen met draaiorgeltjes en aapjes die om geld konden bedelen. Zigeuners speelden er viool, maar dan holden de kinderen hard naar huis omdat hun moeders hen hadden bang gemaakt met het verhaal dat zigeuners kinderen meenamen. Sommige bedelaars bezaten een mooie zangstem, anderen, die vals zongen, kregen zo snel mogelijk wat geld in een papiertje toegeworpen om ze snel te laten vertrekken.

Toen Sabina de keuken binnenkwam voelde ze de hitte die het ingebouwde fornuis verspreidde op zich af komen.
Fanja wilde net weer met de kan naar buiten gaan en gaf haar er ook nog snel één in haar hand. 'Kom maar gauw, we zijn bijna klaar; de laatste emmer nog.'
Marek, het jongste broertje, zat bij het grote fornuis dat meer dan twee meter in het vierkant besloeg en waarvan het ijzeren bovendek uit twee afzonderlijke bladen bestond. In het voorblad waren ringen die eraf gehaald konden worden zodat de pannen direct op het vuur stonden; het blad daarachter werd gebruikt om het eten warm te houden en het bovenblad eindigde met ongeveer een halve meter verbinding naar de muur. Het was daar lekker warm. Er konden, zonder dat ze verschroeiden, dingen op gedroogd worden. Boeren lagen vaak op die plaats om zich te warmen.
'Hij is afgesloten,' riep Dunjo, toen hij als laatste met een nog bijna volle kan binnenkwam. 'Maak je nu het eten klaar, Fanja? Ik heb honger.'
'Trek je jas en laarzen eerst uit.'

Marek kwam nu ook in beweging. Hij tilde het deksel van de grote pan op: 'Mmmm, kapoesta,' riep hij verlekkerd. Dat was een dikke zuurkoolsoep met vlees en aardappelen erin meegekookt.
Naast het fornuis stond een ingebouwd dressoir dat credenz werd genoemd. In het bovenste gedeelte waren glazen ruiten, daaronder een blad en laden en beneden was een kast met planken voor de pannen. Een eind van de kast af stond een langwerpige, donkerhouten tafel met stoelen er omheen.
Na het eten stuurde Fanja, die gewend was de boel in huis te regelen, de jongens naar de kamer om hun huiswerk te maken.
Zij hielp hun moeder het meest.
'Als Sabina en ik klaar zijn met de afwas komen we ook. Sla wat je niet hebt begrepen maar even over, Dunjo. Ik help je straks wel.'
Sabina en Fanja zaten op de middelbare school. De lagere school liep tot de vierde klas, daarna volgde een acht- of negenjarige opleiding. Op de lagere school kregen de kinderen huiswerk op.
Schooltijden waren alleen 's morgens, tot twee uur meestal. Leren was normaal en noodzakelijk bij de familie Steinmann, niemand vroeg zich af of hij het prettig vond. Hun moeder was nuchter en niet gevoelig voor kleine klachten en stemmingen. Als één van de kinderen zei dat hij veel werk had opgekregen, keek ze alleen vermanend en verwonderd, maar haar ogen lachten daar meestal bij en dat verzachtte haar strengheid. Zij kon zich niet goed indenken dat mensen het zo'n bezwaar vonden hard te moeten werken. Als één van een gezin met negen kinderen had ze zelf altijd meegewerkt. Ze was maar vier jaar op school geweest en ze had altijd boeken van haar broertjes en later uit de boekenkast van haar vader gepakt om iets meer te weten te komen. Maar meisjes waren er om het huishouden te doen. Daar werd niet over nagedacht.
Toen de jonge Steinmann, haar buurman van de overkant, ineens met twee kleine dochtertjes was overgebleven, werd Dwoira door haar ouders naar hem toe gestuurd om te helpen. Ze was toen bijna drieëntwintig en vertelde hem dat

de kinderen in hun eigen huis niet meer zo veel hulp nodig hadden en haar zusje nu het werk wel met haar moeder aankon.
Steinmann was gelukkig met Dwoira's aanbod en kon al dadelijk goed met haar, de dochter van de horlogemaker Groeber, opschieten. Na een jaar, toen de rouwdagen voorbij waren, trouwde ze met hem. Hij was zes jaar ouder. Sabina en Fanja vonden hun stiefmoeder een moderne en wijze vrouw. Ze kon weliswaar weinig tegenspraak verdragen, maar ze was niet zwaartillend en meestal in een goed humeur. Wanneer er echte moeilijkheden waren stond ze daarvoor met al haar aandacht open. De mensen mochten haar graag en waren welkom in hun huis waar de hele avond de samowar brandde en de tafel gedekt bleef en iedere bezoeker kon blijven eten.
Toen hun moeder die middag thuiskwam was het er stil. De jongens zaten te schaken en het zesjarige neefje, Edek, het zoontje van de zuster van hun vader, die een paar deuren verder op dezelfde verdieping woonde, keek, zittend op zijn hurken en z'n handen onder zijn hoofd, naar het spel. Hij keek even naar zijn tante en lachte toen ze groette, maar trok daarna dadelijk zijn wenkbrauwen weer samen. Hij schaakte ook al en moest vooral laten merken hoe belangrijk hij het spel van zijn oudere neefjes vond.
Edek had nog een klein zusje van drie. De families kwamen veel bij elkaar. Op zaterdagavond aten ze vaak samen.
De moeder van Dunjo en Marek streelde de jongens over hun hoofd. Ze was niet een moeder die haar kinderen veel vertroetelde en kuste. 'Was het erg druk bij de kraan?' vroeg ze.
Ze ging op het bed zitten dat in de ongeveer zeven meter lange keuken stond en deed haar bontmantel en laarzen uit. In dit bed sliepen haar man en zij. De kinderen hadden in de kamer, die nog een paar meter langer dan de keuken was, in elke hoek een bed staan, met een scherm voor wat afzondering.
Het was al een luxe dat er in twee ruimten geslapen kon worden. Aan één kant van de kamer was een grote klerenkast geplaatst. Er stond ook de piano en daar tegenover

was een bruine, betegelde, ingebouwde kachel die iets meer dan een meter in het vierkant mat en tot het plafond doorliep.
De lange, gepolitoerde tafel in het midden van de kamer diende overdag als bureau voor het maken van huiswerk en als er veel gasten waren werd er ook aan gegeten. Maar meestal at de familie in de keuken, waar het gemoedelijk, licht en warm was. Er brandden daar vier olielampen waarvan één grote, met matglazen kap, op de credenz stond.
Nadat hun moeder wat was uitgerust liep ze weer naar de jongens toe om naar hun schaakposities te kijken. Er werd bij hen en in andere gezinnen veel schaak gespeeld.
'Je gaat al goed, Marek,' zei ze tegen haar jongste zoon. 'Het is niet eens meer zo makkelijk voor jou om van hem te winnen, hè Dunjo?'
Dunjo lachte een beetje autoritair. Hij vond het wel prettig dat hij aan zijn broertje een serieuze tegenspeler kreeg, maar die moest niet té goed worden.
'Ik win wel,' antwoordde hij met een zelfverzekerde stem.
'Maar niet zo lang meer,' antwoordde zijn moeder plagend. Ze trok hem troostend tegen zich aan en ging toen naar de meisjes kijken.
In de kamer werd uit boeken geleerd die voor haar onbegrijpelijk waren en zouden blijven. Door veel te lezen had ze haar kennis wel aangevuld, maar wat op de middelbare school werd geleerd was iets heel anders. Ze had haar onvolkomenheid nu aanvaard en was al lang tevreden dat hier in huis alle kinderen naar school gingen, ook de meisjes. Ze hoopte dat Sabina en Fanja daardoor op een meer normale manier hun huwelijkskeuze zouden kunnen doen dan zij, want ze had het destijds beschamend gevonden hoe ze door haar ouders in dit huwelijk was geduwd, al voelde ze zich nu wel tevreden met haar situatie.
Vergoelijkend had ze bedacht dat haar ouders veel kinderen hadden en dat vooral ongehuwde dochters duur waren. Haar vader had voor haar geen bruidsschat hoeven te betalen.
Ze was tevreden met Leo, haar man. Hij gedroeg zich soms wel zorgeloos, maakte voortdurend grappen en ze moest

veel met hem uit, naar dancings en cafés. Maar soms gingen ze ook naar de opera, meer omdat zij ervan hield, dacht ze. Leo was bang voor ernstige situaties en probeerde moeilijkheden niet te zien. Dat vond ze wel aandoenlijk, maar ze voelde zich door hem niet beschermd. Vanaf hun kennismaking was hij onbeholpen geweest en had hij haar over alles om raad gevraagd. In hun huwelijk domineerde zij.
Hij was trots op zijn mooie, intelligente vrouw, zei hij altijd en nog steeds verwende hij haar met sieraden. Als ze naar Wenen gingen, en dat gebeurde minstens één maal per jaar, kocht hij modieuze kleren voor haar.
Hij hield van zijn gezin, bracht het geld thuis en voor de rest moest zijn vrouw zorgen. Dat deed ze ook en ze had aan de meisjes een uitstekende hulp.
Ook zij hielden veel van hun vader. Zijn zorgeloos naïeve gedrag maakte zelfs bij hen moederlijke gevoelens wakker. Ze konden veel bij hem gedaan krijgen en als hun moeder niet een beetje streng geweest zou zijn zou hij onverantwoordelijke uitgaven gedaan hebben, alleen om zijn dochters gelukkig te zien.
Toen hun moeder de kamer binnenkwam, weer met dat gezicht vol respect voor hun schoolwerk, keek Sabina haar van opzij een beetje verstoord aan. Zij hield niet van deze houding van haar moeder, want die wist veel meer dan die paar domme dingen die ze op school leerden en Sabina vond haar ook mooier als uit haar gezicht, zoals gewoonlijk, meer zelfbewustzijn dan nu sprak. Ze had zelfs een keer tegen Fanja gezegd dat ze als haar moeder zou willen worden, als ze ouder was.
'Wie weet word jij wel weer op een andere manier interessant,' had haar zusje geantwoord. 'We zijn allemaal anders, gelukkig, en we hebben ook allemaal onze minder prettige kanten. Jij dweept te veel.'
'Wat vind jij dan van mama? Ach ja, jij bent ook al een stuk ouder en zelfs al een beetje volwassen. Misschien wil jij daarom op niemand lijken. Het is ook wel in orde als je jezelf goed vindt zoals je bent; waarschijnlijk verander ik ook nog wel, later.'
'Vast wel.'

‘Maar jij bent erg knap en je speelt goed piano.’
‘En jij moet naar jezelf kijken, misschien word je nog wel knapper.’
Sabina vond mensen gauw beter dan zichzelf en zeker haar zusje dat al op een eigenaardige manier met jongens praatte. Ach ja, Fanja zat al in de zesde. Sabina vond het wel veilig dat ze pas in de derde klas zat met jongere kinderen. Zij lette helemaal niet op de jongens in haar klas; meestal waren die nog kleiner dan de meisjes, alleen een enkele zittenblijver was soms ineens gegroeid en kreeg een eigenaardige stem.

Die avond bracht haar vader een Duitssprekende collega mee naar huis die sinds kort op hun kantoor werkte en nog bijna niemand in Lemberg kende. Zijn familie zat nog in Wenen omdat hij eerst wilde zien hoe hem dat werk in Lemberg zou bevallen vóór hij ze wilde laten overkomen. Hij was ook een geassimileerde jood en wou vooral niet dat zijn vrouw en kinderen onder het antisemitisme in de stad zouden lijden. Dit probleem kende hij al van Wenen en het woog voor hem zwaarder dan zijn inkomen.
Die avond werd er bij de Steinmanns uitsluitend Duits gesproken, wat voor niemand een bezwaar was, want zelfs de jongens spraken evengoed Duits als Pools.
Sabina en Fanja vertelden dat ze op school alleen joodse leerlingen hadden en dat dat op de lagere school ook zo was geweest. Hun moeder had hen weliswaar op een joodse school moeten plaatsen want er waren geen gemengde, maar ze had het belangrijk gevonden dat ze hun goede Poolse uitspraak zouden behouden en ze waren op een school geplaatst waar uitsluitend góed Pools werd gesproken. Er waren ook scholen waar leerlingen kwamen die thuis alleen jiddisj praatten.
Nadat de mannen thee met rum hadden gedronken om zich te verwarmen, vroeg hun vader de jongens hem te helpen de luiken voor de vensters te plaatsen; het werk voor de mannen bij hen in huis. Eerst hadden de jongens voor de grap geholpen om het gevoel te hebben dat ze ook meewerkten, maar langzamerhand werd het echt verlichting van werk, want de luiken waren zwaar en bestonden aan één

kant uit hout dat tegen de ramen werd bevestigd met daartussen een dikke vulling, overdekt met stevig, glimmend bruin leer, als op een bank of een Engelse stoel. Om de vijftien centimeter waren knopen dicht tegen het hout aan bevestigd.

Sabina had weleens gehoord dat hun luiken een kostbare aanschaf waren geweest en dat hun moeder, toen ze voor het eerst in hun huis kwam, ze heel bijzonder had gevonden.

Die avond werd als gewoonlijk over politieke spanningen gesproken, die Oost- Europa altijd beheersten. Ze woonden in een samenvoeging van vreemde landen, ieder met hun eigen belang, steeds onder een vreemde macht geplaatst.

Maar de kinderen interesseerden zich daar niet voor. Hun leven in Lemberg was nooit anders geweest en thuis voelden ze zich veilig.

2

De hemel was nu diepblauw en de zon gaf wat meer warmte. Dit troostte de mensen in de vieze, modderige straten van Lemberg waar de opgehoopte sneeuw smolt en grauwe plassen achterliet, soms zo groot dat je er bijna niet doorheen kon komen.
Sleeën waren weer verwisseld voor houten karren en koetsjes die drosjka's werden genoemd en nog met afgesloten bovendek moesten rijden omdat de zwarte modder hoog opspatte. De gouden biezen aan de uniformen van de militairen, die zich weer overal vertoonden, glansden in de zon.
Ook Sabina voelde het voorjaar. In huis was het duidelijk te merken dat het gauw Pasen zou zijn, want haar moeder was bezig het bestek, borden, glazen en pannen extra goed schoon te maken. Het zou een week lang worden opgeborgen en verwisseld voor paas-eetgerei dat uit de dozen, die het hele jaar voor deze gelegenheid werden bewaard, zou worden gehaald. Ook aan deze gebruiken hield hun moeder zich strikt.
Mevrouw Fuks zat als ieder jaar in deze tijd bij de naaimachine met een berg lappen naast zich om er japonnen, bloesen, rokken en overhemden van te maken. Ze naaide altijd de paasgarderobe en de vrouwen in huis hielpen daarbij om alles vóór de feestdagen klaar te krijgen. Maar het moeilijkste werk deed mevrouw Fuks zelf.
Zij was al jong weduwe geworden en had een getrouwde dochter. 's Morgens kwam ze al vroeg en at alle maaltijden mee zodat ze niet uren aan boodschappen hoefde te verliezen die weer dagelijks gedaan moesten worden omdat vlees, boter en melk al na één dag zouden bederven nu het buiten warmer werd.

Sabina stond op de veranda, hield haar ogen gesloten en haar gezicht naar boven gekeerd. Ze genoot van de zon die ze zo lang had moeten missen.
Deze lente was anders, was meer voor haar. Die sfeer en die

diepe, lichamelijke vreugde alsof er iets moois stond te gebeuren, had ze nog niet eerder gevoeld. Het hield een verwachting in, zo groot dat haar hart soms hevig bonsde zonder dat daar aanleiding toe was en een tinteling doorstroomde haar alsof alles wat ze deed meer zin kreeg. Een nieuwe glimlach verscheen op haar gezicht.
Met verwondering had ze gemerkt dat ze de laatste tijd meer en geïnteresseerder in de spiegel keek en zichzelf ook beter aanvaardde. Ze was lichamelijk nu volwassen. Als ze alleen in de kamer was streek ze soms trots en vol liefde langs haar lichaam. Ze begon mooi te worden vond ze zelf, net zo mooi als Fanja.
Nieuwsgierigheid naar de dingen die het leven zou brengen nam veel energie, maar het leek tegelijkertijd alsof er ook energie bijkwam, alsof alles haar makkelijker afging. Haar zusje glimlachte vaak begrijpend naar haar met een blik van verstandhouding en Sabina vond dat iets beschermends hebben. Er waren zoveel nieuwe gevoelens dat dit haar veiligheid gaf, die zekerheid dat Fanja haar begreep.
Die zomer leek het haar of de kleuren mooier en de mensen anders waren. Ze reageerde verlegener en geslotener op de buitenwereld en soms kwam er ook zonder enige aanleiding droefheid over haar.
Een keer merkte ze dat, toen een buurjongen, Izjoe, ongeveer zo oud als haar zusje, bij de kraan stond, zij liever wachtte met water halen tot hij was vertrokken. Waarom? vroeg ze zich af. Hij had tot nu toe praktisch geen aandacht aan haar geschonken of zelfs een woord tegen haar gesproken.
Izjoe was enig kind en woonde met zijn ouders tegenover de trap op dezelfde verdieping. Hun deur was in de donkere gang, maar je kreeg de indruk dat ze het wel prettig vonden niet voortdurend buren te hoeven ontmoeten.
Voor Sabina leken de ouders van Izjoe hooghartig. Hun water haalden ze bij voorkeur als er niemand bij de kraan stond, op de vreemdste tijden, op etensuren of als het donker was. Het leek soms zelfs of ze liever zonder water zaten dan met anderen bij de kraan te moeten staan. Misschien stuurden ze Izjoe als het echt niet anders kon.

Sabina dacht dat hij niet zo onvriendelijk was als zijn ouders. Ze had een keer zijn observerende, lichtgrijze ogen door zijn dikke brilleglazen heen gezien. Zijn blik viel haar mee. Zijn moeder, een magere, spichtige vrouw met een ontevreden gezicht, vond ze bits en streng kijken en zijn vader gaf haar de indruk alsof hij verwachtte dat iedereen zich wel naar hem zou schikken. Hij droeg een baard en keek door zijn kleine bril, met smal ijzeren montuur, een beetje omhoog. Hij had altijd een zwarte hoed op.

Sabina had gemerkt dat haar zusje de laatste tijd vaak door een jongen werd thuisgebracht. Hij liep meestal mee tot de poort en dan bleven ze nog lange tijd praten. Ze vond Fanja ook wat zwijgzamer geworden.
'Ben je bang dat papa en mama het niet goed vinden?' vroeg ze toen Fanja er met haar over sprak.
'Ach nee, maar ik ben pas zestien en dan gaan ze zo op me letten en komen er alle mogelijke onnodige waarschuwingen.'
'Waar ken je hem van?'
'Van de toneelvereniging. Hij komt uit een nogal vrome familie; thuis spreken ze jiddisj. Hij heet Salomon, zijn ouders noemen hem Sjloime en zijn Poolse naam is Szlomek. Hij zit op de handelsschool en is dit jaar klaar. Thuis had hij de grootste ruzie om dit toneelspelen door te zetten. Zijn ouders vinden dat te werelds. Op school gingen ze ook niet kijken als hij meespeelde. Zijn vader is sjammes in een synagoge en ze hebben een winkel in huishoudelijke artikelen, pannen en serviesgoed. Nu helpt Szlomek ook mee in de zaak want het is ontzettend druk tegen Pasen.'
'Hoe oud is hij?'
'Achttien. Hij is nogal stil, maar hij speelt prachtig toneel en zijn Poolse uitspraak is accentloos. Af en toe schrijft hij zelf ook schetsjes. Eén ervan is al eens bij ons opgevoerd.'
Fanja hield veel van toneelspelen en ze werkte extra hard op school om de bijeenkomsten van de toneelvereniging te kunnen bijwonen. Dat werd nu in de hogere klassen moeilijker, maar tot nu toe was het haar gelukt.
Sabina vond haar zusje een kunstenares; piano speelde ze ook al zo goed en ze kon prachtig tekenen. Ze verschilden

veel van elkaar, vond ze, zijzelf kon hooguit mooi zingen. Maar toen ze er beter over nadacht herinnerde ze zich dat zij zelf ook mooi modellen kon tekenen. Ze ontwierp jurken en haar moeder vroeg haar vaak om ideeën. De figuren die ze tekende kon ze mooi aankleden. Ze had er al eens over gedacht of ze later niet iets in die richting zou kunnen doen. Maar voorlopig moest ze nog vijf jaar leren en als meisjes van school af gingen verloofden ze zich meestal snel en gingen ze trouwen. Ze had nog geen idee of ze dat zou willen. Misschien zou het met haar wel anders gaan.

In de grote vakantie vertrok de hele familie voor twee maanden naar het land voor de frisse lucht. Hun ouders huurden bij een boerderij een houten huisje, ieder jaar hetzelfde. Hun vader kwam er elke avond naartoe.
De meeste mensen die het enigszins konden betalen gingen voor een tijd met hun kinderen naar het land, om ze melk rechtstreeks van de koe te laten drinken en verse eieren te laten eten. Op deze manier voelden ze zich tegen de t.b.c. beschermd. Artsen moedigden deze voorzorgsmaatregelen sterk aan.
Bij hen thuis werd niet over ziekten gesproken maar hun moeder deed wel alles voor de gezondheid van de kinderen. Zo kregen ze 's morgens, voor het naar school gaan, nog altijd een rauw ei bij hun ontbijt; dan werd er aan de boven- en onderkant een gat in geprikt zodat ze de inhoud ervan makkelijk konden opzuigen. Ze waren het gewend hun eieren op deze manier te eten. Sabina herinnerde zich dat ze vroeger, toen ze klein waren, een wedstrijd deden wie het eerst het eigeel proefde.
Ze waren blij als de tijd aanbrak waarop hun vakantie begon en ze weer hun dagen konden doorbrengen op de plaats die ze goed kenden en waar ook jaarlijks gasten kwamen die langzamerhand vrienden waren geworden. Van vrijdagmiddag tot zaterdagavond kwamen ook alle mannen over. Dan zaten de volwassenen soms tot diep in de nacht te praten.
Sabina en Fanja waren deze vakantie wat meer samen dan vorige jaren. Al was Sabina veel jonger, toch zocht Fanja nu meer haar gezelschap. Ze voelde zich een beetje eenzaam.

Op een wandeling vertelde ze Sabina dat Szlomek met zijn ouders naar Karlsbad was gegaan en haar wel zou schrijven. Beiden kenden ze het kuuroord, want ze waren er al met hun ouders geweest. Veel mensen die het konden betalen gingen erheen, dronken het genezende bronwater en bevalen elkaar de hotels aan.
Hun vader moest er elk jaar zijn voor de boekhouding. Hij bleef er dan meestal voor een week met zijn vrouw en nam om de beurt één van de meisjes mee. Voor de andere kinderen zorgde dan hun tante en een meisje dat soms in de huishouding kwam helpen.

Iedere ochtend sloop Fanja nu naar de deur om te zien of er een brief lag omdat ze haar ouders er liefst zo lang mogelijk buiten wilde houden.
'Jammer,' zei ze eens nadenkend tegen Sabina. 'Ik was altijd zo blij om hier te zijn en nu ineens lijkt het voorbij te zijn. Gek dat dingen plotseling minder voor je gaan betekenen.'
Sabina zweeg, ze wist niet wat ze daarop moest antwoorden.
'Maar ik weet ook niet wat ik liever in de vakantie zou willen doen,' ging Fanja verder. 'Szlomek was ook weinig enthousiast om weg te gaan, hij heeft heel niemand om mee te praten. Zijn ouders zijn zo heel anders dan hij. Hij zou het liefst kunstenaar willen worden, hij schildert ook goed; maar daar zal niets van komen want zijn vader kan zich als sjammes niet veel veroorloven. Diens zoon moet een beetje in zijn sporen blijven lopen. Treurig.'
'Maar als hij ouder is, kan hij dan niet toch doen wat hij wil?'
'Szlomek zegt dat kinderen dat meestal niet opbrengen omdat ze dan erg van hun familie vervreemden en omdat ze hun ouders dat verdriet ook niet willen aandoen.'
Even zwegen ze.
'Maar dan doet hij zichzelf verdriet,' zei Sabina tenslotte.
'Misschien is dat wel vaak zo. Je doet een ander of jezelf verdriet. Ik denk dat ik papa ook liever niet treurig zou willen maken.'
Sabina knikte.

De hele dag was het heet geweest in Karlsbad tot eindelijk de zon achter het heuvelachtige landschap was verdwenen. De hotelgasten zagen er vermoeid uit, ook al hadden de meeste hun middag slapend doorgebracht. Pas tegen de avond, toen de grote hitte voorbij was, gingen ze de eetzaal binnen voor het diner.

Dadelijk na de maaltijd was Szlomek weer naar zijn kamer gegaan en wéér lag hij op zijn bed waar ook hij die middag had doorgebracht.

De hemel begon nu een beetje paars te worden, zag hij en hij besloot om de avondwandeling die hij meestal maakte, maar over te slaan. Want na zo'n hete dag maakte de schemering hem meestal melancholiek. Hij probeerde zijn gedachten juist een richting in te sturen die hem minder somber zou stemmen.

Toen het donker was geworden en een zachte wind door het venster woei voelde hij zich opgelucht. Hij was blij dat hij hier even alleen met zijn gedachten kon zijn, net als op zijn eigen kamer thuis, een hokje bijna, zo klein. Maar hij was er tevreden mee. Veel gezinnen moesten vaak met vijf tot tien mensen op één kamer slapen.

Szlomek was enig kind gebleven en hij had het gevoel of er ook op hem niet was gerekend. Hij werd wel goed verzorgd en toen hij klein was lette zijn moeder op zijn gezondheid en op zijn uiterlijk, en ze informeerde ook altijd of hij zijn brood had opgegeten en goede cijfers had gehaald. Daarop antwoordde hij altijd met ja, omdat hij wist wat er van hem werd verwacht. Hij hoorde zich goed te gedragen en geen moeilijkheden te maken. Nooit had zijn moeder hem gevraagd of hij een fijne dag had gehad, wel zei ze dat ze hoopte dat hij later een goede zakenman zou worden zodat hij een familie zou kunnen onderhouden.

Het leek hem onmogelijk om later deze grote verantwoordelijkheid te kunnen dragen. Nooit was hem gevraagd wat hij graag wilde, speelgoed kreeg hij zelden, dat vonden zijn ouders zonde en verloren tijd en als hij om tekenmateriaal bedelde was het vaak het dienstmeisje dat het hem gaf.

Zijn vader zag hem liever in gebedenboeken lezen en dat deed hij te weinig, waardoor hij extra lessen moest nemen toen hij dertien jaar werd en zijn bar mitzwa in de synagoge moest doen met uitgebreid uit het hoofd geleerde gebeden. Zijn ouders hadden altijd samen in de zaak gewerkt; alleen toen Szlomek erg jong was moest zijn moeder soms thuis blijven als ze zonder dienstmeisje zaten. Maar al gauw kreeg hij zelf een sleutel en zag hij zijn ouders pas bij het avondeten. Ze praatten meestal over de zaak.

Hij herinnerde zich dat hij met de vaak Oekraïnische dienstmeisjes de meeste gesprekken voerde. Ze waren lief voor hem. Hij wist niet hoe dat in andere gezinnen toeging maar eigenlijk voelde hij zich erg alleen bij zijn ouders. Pas toen hij Fanja leerde kennen merkte hij de behoefte om over zichzelf te praten. Dat was iets heel nieuws voor hem. Ook dat Fanja zo rustig naar zijn verhalen kon luisteren.

Altijd had hij die vakanties in die hotels vervelend gevonden, maar deze keer zag hij er helemaal tegenop om hier al die tijd te moeten doorbrengen. Tot nu toe had Fanja alleen na afloop van de toneelbijeenkomsten met hem gesproken en had hij zich daar al dagen van tevoren op verheugd. Hij vond haar verstandig en ernstig, ze had ook niet dat overdreven flirterige gedrag waarvoor hij eigenlijk een beetje bang was; hij zag haar als een goede vriendin. Maar nu, zo uit de verte, miste hij haar ook duidelijk als geliefde en dat maakte hem angstig.

Hoe zou hij, als hun vriendschap hechter werd, haar ooit aan zijn ouders moeten voorstellen? Hij zag die blik van zijn vader al wanneer die Fanja zou ontmoeten, met haar donkere haren los over haar schouders. Misschien verwachtte hij van zijn zoon een vrouw die later een pruik zou gaan dragen, zoals bij vrome joodse vrouwen hoorde?

Langzaam stond Szlomek op en stak de gaslamp aan om nog iets in zijn dagboek te schrijven dat hij sinds hij een kind was geregeld bijhield. Het bood soms uitkomst als hij zich dingen afvroeg waarop hij niet zo snel antwoord kon vinden, en een gesprek of een gedachte opschrijven werkte bevrijdend op hem.

Maar deze avond stond alleen Fanja centraal. Even overwoog hij of het niet beter zou zijn haar de volgende dag te schrijven, maar hij pakte zijn pen en achter elkaar schilderde

hij met woorden zijn gevoel van weemoed en eenzaamheid van deze avond. Daarna gaf hij de brief bij de portier af en ging hij slapen.
Hij vroeg zich nog even af of hij misschien te veel van zijn gevoelens had prijsgegeven, maar hij besefte dat hij dat toch eigenlijk had gewild.

Met verwondering keek Sabina naar het ineens zo veranderde gedrag van haar zusje. Fanja's spontaniteit was verdwenen, ze zat nu vaak verdroomd voor zich uit te staren en Sabina durfde als jongere niet goed te vragen wat er aan de hand was. Misschien verlangde Fanja wel erg naar Szlomek of verveelde ze zich met zoveel jongere kinderen om zich heen. Maar toen er na dagen niets in Fanja's gedrag veranderde begon Sabina toch voorzichtig te vragen.
'Vind je het zo erg, nu, hier? Er zijn ook geen kinderen van jouw leeftijd bij, hè?'
Verwonderd keek Fanja naar haar op en fronste haar wenkbrauwen. 'O,' antwoordde ze. 'Dat heb ik eigenlijk nog niet zo gemerkt.'
Toen ze weer zweeg probeerde Sabina nog eens de stilte te doorbreken. 'Maar wat is er dan? Wil je ook niet meer met mij praten?'
'Ik probeer het, ik wil het wel maar ik weet ineens niet meer wat ik zeggen moet. Ik begrijp niet precies waarom ik me zo voel.'
'Misschien gaat het vanzelf wel over als we terug zijn,' antwoordde Sabina troostend.
'Ik denk dat ik toch wel een beetje weet wat er is.' Even zag Sabina dat Fanja weer aarzelde maar toen sprak ze toch verder. 'Een paar dagen geleden heb ik een brief van Szlomek ontvangen. Ik was blij dat niemand het gemerkt heeft, nu duurt het gelukkig weer langer voor al die vragen van papa en mama op me worden afgevuurd... Ik kan niets over die brief zeggen, daarvoor was hij te veel... alleen voor mij. Ik was er een beetje van geschrokken en ik moet er veel aan denken, daarom kan ik waarschijnlijk moeilijk over andere dingen praten. Zoals ik me nu gedraag zal toch wel overgaan?' Ze keek Sabina aan en toen zakte haar hoofd

weer naar beneden, alsof ze het zichzelf afvroeg. 'Ik denk hele dagen aan die brief, hoe Szlomek zich gevoeld moet hebben toen bij hem schreef en of hij onze vriendschap niet te zwaar opneemt. Maar dan merk ik toch weer dat ik blij ben dat hij het zo duidelijk heeft geschreven.'
Sabina knikte. Ze begreep wel veel van wat er in Fanja omging maar ze dacht toch dat dit een probleem van haar zusje persoonlijk was en tegelijkertijd kreeg ze een soort steek van binnen en werd ze treurig. Misschien betekende dit wel het einde van hun grote vertrouwelijkheid. Er waren problemen die Fanja niet meer met haar zou delen, voelde ze. Fanja werd nu zeventien.

3

'Ben je niets vergeten voor morgen?' vroeg Szlomeks vader met een hese stem en een rood gezicht van onrust.
'Ik denk het niet; m'n schoolpapieren en geboortebewijs heb ik bij me gestoken.'
Ook Szlomeks moeder, die in de regel onbewogen was, had al enkele keren de almachtige aangeroepen. 'Reboine sjaloilom,' riep ze met tussenpozen om haar gevoelens te ontladen en ze zuchtte daar diep bij.
'Misschien kan je er toch nog van af komen,' zei de vader weer. 'Er zijn toch jongens die zeggen dat ze ergens pijn hebben. Er zijn er die worden afgekeurd.'
'Ik denk niet dat ik daar veel kans op maak, tenslotte zijn het artsen die je onderzoeken. U ziet toch in de krant al die straatfoto's met overal militairen. De hele stad zit er vol van. Je leest het toch geregeld; als er in Oostenrijk niets aan de hand is borrelt het wel in Pruisen of bij de Russen. Om een opstand te onderdrukken kunnen ze iedereen gebruiken, als hij maar een geweer kan vasthouden. En ik ben tenslotte gezond.'
Bij Szlomek thuis lazen ze twee jiddisje weekbladen; één orthodoxe en één liberale krant. De laatste voor de financiële informatie en het politieke nieuws, waarvoor ook sommige vrome joden zich interesseerden.
Szlomek las net zo goed jiddisj als Pools. Toen hij nog niet eens wist dat er andere letters bestonden kon hij het jiddisj al ontcijferen. Later begreep hij dat voor hem de Poolse taal noodzakelijk was om zich onbelemmerd te kunnen ontplooien, maar hij bleef van het jiddisj houden, van zijn cultuur, de boeken, het prachtige toneel en de liederen die vaak zo weemoedig klonken. Nu hij meer tijd kreeg na het doorlopen van de school wilde hij ook in het jiddisj toneel gaan spelen.
In het huis van Fanja concentreerden ze zich bijna uitsluitend op het Pools; dat vond hij jammer. Eén keer was Fanja met hem meegegaan naar een jiddisj toneelstuk. Ze was daar erg van onder de indruk geweest.

'Tot nu toe heb ik nog alleen met m'n ouders opera's gezien,' vertelde ze.
'Maar er zijn in Lemberg zoveel goede, jiddisje toneelgezelschappen de laatste tijd. Ze spelen alle bekende schrijvers, zoals Sjolem Alechim en Perez.' Szlomek hoopte haar daar enthousiast voor te krijgen.
De toneelvereniging waarin ze speelden had ook al eens een stuk van Perez in het Pools opgevoerd. De leden waren daar allemaal joden. Die selectie gebeurde vanzelf in hun land.
'De hemel zal je bewaren als je die tijd tussen die antisemieten zult moeten dienen,' doorbrak zijn vader Szlomeks gemijmer.
'Het lijkt mij ook niet aantrekkelijk. Ik mankeer wel niets maar ik denk toch niet dat ik geschikt ben voor de dienst.' Even zweeg hij. 'En toch, als de oorlog komt waarover iedereen praat, denk ik niet dat ik onverschillig zal staan tegenover de Russen. Als die hier komen zijn we helemaal verloren met hun voortdurende pogroms en brandstichtingen.'
'Je zult ook op joodse jongens moeten schieten,' antwoordde zijn vader. 'En waarvoor vechten die? Alleen om hun ouders kinderloos te maken.'
In bed kon Szlomek niet inslapen; alle mogelijke gedachten kwamen in hem op. Hij stelde zich voor hoe hij een groep soldaten zou moeten drillen, omdat hij, gezien zijn schoolopleiding, minstens onderofficier zou worden. Hij zag die jongens al voor zich staan met een onderdrukte lach op hun gezicht en niet dadelijk reagerend op die slappe jood die niet de aanleg bezat ze te blaffen. Voor dat geschreeuw was hij nu eenmaal niet geschikt.
Op school had hij gemerkt dat veel medescholieren zich op hun diensttijd verheugden. Sommigen werden streng opgevoed en waren blij een tijd niet thuis te hoeven wonen. Er waren erbij die zelfs nog in de hoogste klassen van de middelbare school soms met de karwats werden bewerkt als ze zich niet volgens de normen van hun vaders gedroegen. Die stok met leren banden en een knoop aan het eind van elk bandje hing bijna in elk Pools huis naast de buitendeur aan een haak. Szlomek vreesde dat die jongens hun man-

schappen ook niet zouden sparen. De meeste schoolkameraden wilden graag het uniform voor Franz Joseph dragen. Ze waren fanatiek en kwamen graag hun Keizer en hun land te hulp. Wat was hun land? Polen? Oostenrijk? Szlomek probeerde zich in te denken dat hij ook die fanatieke gevoelens zou kunnen opbrengen, maar hij voelde niets.
In zijn klas hadden ze een Russische jongen die erg eenzaam op school was. Hij had een paar keer met hem gesproken en dat verliep moeizaam. Het was of ze voelden dat ze sympathie voor elkaar wilden hebben, de jood en de Grieks-katholiek, maar ze kwamen uit zulke verschillende werelden dat er pijnlijke stiltes in hun gesprekken bleven. Er was geen vijandschap tussen hen geweest, alleen machteloosheid om tot elkaar te komen.
Wat kon dat geharrewar tussen al die landen hem eigenlijk schelen. Hij wilde alleen dat hij er niets mee te maken zou krijgen. Hij begreep dat je aan het front wel vanzelf wel zou gaan schieten wanneer je werd bedreigd en om dezelfde reden deed je zogenaamde vijand het ook. Hij had ergens gelezen dat soldaten in hun angst om hun moeder riepen vóór ze alléén stierven, aan het front. Hij rilde.
En toch voelde hij zich veilig bij Keizer Franz Joseph. Waarom was die niet tevreden met wat hij al bezat? Er bestond toch nog steeds een groot Oostenrijk al waren er altijd strubbelingen met landen die liever zelfstandig wilden zijn. Alles zou toch kapotgemaakt worden als er oorlog zou komen. Of dacht Franz Joseph dat de hele strijd aan het front zou worden uitgevochten? Maar misschien kwam er helemaal geen oorlog. In ieder geval hoopte Szlomek dat hij voor zijn dienstjaar dicht bij Lemberg zou worden ingedeeld. Hij kwam de laatste tijd geregeld bij de ouders van Fanja. Dit was vanzelf zo gegroeid; hij mocht de familie graag en wilde het contact niet missen.
Er kwamen bij hen altijd veel bezoekers en eters, vooral de vader hield van gezelschap en bracht vaak mensen mee naar huis. Hoe anders dan bij hem thuis, dacht Szlomek. Zijn ouders kregen zelden bezoek, waarschijnlijk ook omdat ze de hele dag werkten; dan was het huis niet zo sfeervol.
De vorige avond hadden de ouders van Fanja nog veel

troostende woorden gesproken. 'Ik denk wel dat ze weten hoe ze hun manschappen moeten indelen,' had Fanja's moeder gezegd. 'Misschien krijg je wel werk dat weinig met het front te maken heeft. In dienst zijn niet alleen soldaten nodig om te schieten, het hele apparaat moet bestuurd worden.'

'Ja,' knikte Fanja's vader, die de Keizer nog altijd een goed hart toedroeg. 'Ik heb in dienst geen slechte tijd gehad; onder de Oostenrijkers worden joden toch beter behandeld. Kijk maar hoeveel joodse wetenschappers er alleen al in Wenen zijn. Artsen, chemici en ook mensen in het zakenleven hebben het niet slecht.'

'En toch kan het antisemitisme niet gestopt worden, ook niet in Wenen,' antwoordde Szlomek.

'Maar vergelijk dat eens met Rusland, waar hele joodse dorpen worden uitgemoord.'

'Daarom denk ik dat ik toch tegen de Russen zou vechten als het zover komt; al laten ze hier ook weinig gelegenheid voorbijgaan om elke moeilijkheid op ons joden te schuiven, je kunt het niet vergelijken.'

'Vroeger, honderden jaren geleden, stoorde het niemand dat joden uit alle delen van Europa hierheen kwamen,' mengde hun moeder zich weer in het gesprek. 'Toen kregen ze het meest verantwoordelijke werk. De vorsten en de 'Pans' waren blij met hun hulp, het land werd er rijk door. Maar zodra er problemen zijn...'

Dwoira schudde het hoofd: 'Overal is het hetzelfde. God, als we eens met rust gelaten zouden worden; als we eens gewoon zouden kunnen leven, niet altijd met het gevoel dat het wel weer mis zal gaan.'

'Ach, het is niet zo slecht hier,' probeerde hun vader het hele probleem weer weg te schuiven.

Z'n vrouw glimlachte vergoelijkend. Soms had ze het gevoel dat hij nog meer angst onder zijn optimisme verborg dan zij, die makkelijk over die dingen durfde te praten. Ze vond het jammer dat hij zo moeilijk te bereiken was in ernstige zaken.

'Er is voorlopig in ieder geval geen reden om ergens ongerust over te zijn,' besloot Fanja. 'Als je problemen die

geen gebedsboeken. Mensen die zich voor het jiddisje werk interesseerden konden daar op hun gemak kijken zonder opgejaagd te worden door onaangename opmerkingen van andere klanten. En omdat hij gespecialiseerd was in het jiddisj waren joden zijn beste klanten. Gewone boekwinkels waren er al genoeg.

Szlomek had bijna Fanja's straat bereikt toen hij uit zijn gedachten wakker werd geschud; iemand achter hem kuchte. Het was een bekend geluid en meteen draaide hij zijn hoofd om. Hij herkende dadelijk de chassidische jongen met wie hij samen voor de keuring was geweest. De jongen lachte een beetje schuw toen hij werd aangekeken.

'Herkent u mij nog?' vroeg Szlomek.

'Ik weet het niet, misschien door dat uniform.' Hij keek Szlomek goed aan en fronste zijn wenkbrauwen. 'O ja, nu zie ik het, de militaire keuring. U werd gelijk met mij opgeroepen.'

'U hebt geluk gehad, hè?' zei Szlomek.

'Geluk?' De jongen hoestte weer. 'Of ik geluk heb weet God alleen en ik laat het aan hem over. Maar hier,' hij wees op zijn borst, 'hier is het niet goed.'

Szlomek knikte. 'Moet u niet voor een tijd ergens naar buiten, frisse lucht halen?'

'Misschien. Maar nu ga ik naar een neef toe.' Hij wees op de poort. 'Eén van zijn dochters is er erger aan toe dan ik en ze hebben elf kinderen. Dat meisje moet eerst geholpen worden, ze ligt al een tijd in bed. Zo'n groot gezin... hoe moet mijn neef dat ene kind gezonde dingen te eten geven als al die monden vragen? Straks krijgt een ander kind het ook nog, Godbewaar. Het is zo, God geeft en God neemt... Maar al heb je er elf...' De jongen schudde zijn hoofd. 'Onze rebbe heeft werk voor mijn neef in Duitsland,' ging hij verder. 'Moeilijk om met zoveel mensen naar Berlijn te moeten verhuizen. Toch zal hij het moeten doen als hij daar werk kan krijgen, misschien kan hij Riwka dan helpen. Hier is hij een melamed en heeft hij in zijn cheder zeven kinderen. De rebbe zegt dat hij daar een klasje met vijfentwintig kinderen kan krijgen. Steeds meer joden gaan daarheen, de meeste willen proberen naar Amerika te komen. De rebbe

schrijft dat mijn neef vlug moet beslissen.' Voor de poort bleef de jongen staan. 'Ik moet hier zijn,' zei hij.
'O, ik ga wel mee, dan loop ik wel door, ik moet naar de overkant,' antwoordde Szlomek. 'Maar dan kén ik het gezin waarover u praat. Ze wonen op de eerste etage hier op de hoek, tegenover een familie waar ik veel kom.'
De chassied knikte. 'Ja, allemaal samen in één kamer en een keuken.'
'Ik loop hier verder,' zei Szlomek. 'Tot ziens, misschien weer hier ergens.'
De jongen groette terug en verdween naar het trappehuis.

Die avond bij Fanja vertelde Szlomek over zijn ontmoeting. Sabina knikte stil voor zich uit. Ze had wel een verandering bemerkt bij haar buren, maar de laatste tijd had ze hen niet meer zo geregeld gevolgd. Ze herinnerde zich wel dat er soms een meisje, gesteund in een kussen met dekens over zich heen, bij het raam zat maar toen dacht ze alleen dat het kind ziek was geweest. Ze was het gezin eigenlijk al een beetje vergeten en ze begreep niet waarom ze zich daar schuldig over voelde.
'Maar wat moeten ze in Berlijn?' vroeg ze verwonderd. 'Daar is toch geen frisse lucht?'
'Misschien is het al goed als dat meisje tenminste behoorlijk te eten krijgt,' antwoordde haar moeder. 'Je zou die mensen moeten kunnen helpen.' 'Denk je dat ze beledigd zullen zijn als ik ze iets breng?' vroeg Dwoira aan Szlomek.
'Ik denk het niet. U zou het moeten proberen.'
'Ik, zonder sjeitel, met echte haren, bij hun... Er zijn ook nog warme kleren van de meisjes die te klein zijn geworden. Als die mensen zoveel geld nodig hebben voor de reis, schiet er voor de rest waarschijnlijk helemaal niets meer over. Ik zal met de vrouw praten.'
'In onze vereniging is een potje voor mensen met deze problemen,' zei oom Rudek nadenkend. 'Ik weet niet hoe ze hier tegenover staan, ze hebben niet veel contact met chassidiem en iedereen helpt eerst zijn eigen groep, maar zo'n groot gezin... Ik heb gehoord dat steeds meer joden naar Berlijn gaan, ook veel 'Luftmenschen', die daar zo snel

mogelijk veel geld willen verdienen om naar Amerika over te steken. Ze zeggen dat de meesten daar in Berlijn in achterbuurten terechtkomen, berooid als ze zijn. Ze klitten bij elkaar. De vromen hebben hun eigen sjtibel; kleine synagogetjes. Elke groep zijn eigen sjoeltje. Duitse joden willen niets met ze te maken hebben, die schamen zich voor pijesjoden. Ze zijn bang dat deze situatie weer een nieuwe golf van antisemitisme zal brengen. Tja, hier lopen ze weg en daar zitten ze allemaal op een kluitje.' Hij zuchtte. 'En als er straks oorlog komt?'

Sabina kon wel begrijpen dat haar moeder het niet goed vond dat ze mee zou gaan naar het chassidische gezin.
'Ach nee,' had ze gezegd. 'Ik ben al één te veel maar die dingen kunnen niet door de lucht naar ze toe vliegen.'
Toen ze bij hen aankwam had Dwoira daar toch nog een rustige sfeer aangetroffen. De kinderen zaten allemaal iets te doen; te borduren, te naaien of te lezen. Je hoorde weinig meer dan soms de stemmetjes van de kleintjes en ze kon zonder gestoord te worden met hun moeder praten.
De vrouw had alles van haar aangenomen en gezegd dat hoogmoed niet juist zou zijn als het om het welzijn van de kinderen ging.
Thuis vertelde Dwoira dat ze alleen in de keuken twee bedden had zien staan. In een hoek van de kamer lagen matrassen opgestapeld en daarop zaten ook een paar kinderen. Ze vond dat er mooie, intelligente kopjes bij waren.
'En wat gebeurt er als later één van die meisjes niet met een chassied wil trouwen?' vroeg Sabina, alsof dat nu al een probleem was.
'Ze worden meestal toch heel jong uitgehuwelijkt, dat is bekend! Dan zien ze hun man pas voor het eerst bij hun trouwen in de sjoel, onder het baldakijn. Maar of arme mensen hun kinderen kunnen uithuwelijken...?' Dwoira fronste haar voorhoofd. 'Ik denk het niet, zonder bruidsschat.'
'Dat is nog een geluk.'
'Zij zijn dat zo gewend en ik denk niet dat een meisje dat

niet kan trouwen omdat er geen geld is, zich gelukkig voelt. Het is bij hen een schande als je overblijft.'
'Een vreemde man,' zei Sabina voor zich uit.
Dwoira glimlachte. Alles veranderde snel, constateerde ze. En was zij niet zelf uitgehuwelijkt? Voor haar zuster had haar vader ook moeten betalen, al was het niet veel. De huwelijksmakelaar had ook geld gekost. Het was vooral duur geworden omdat haar zuster pas met de vierde man tot een vergelijk kon komen. Deze was het met haar eens dat ze eerst nog een tijdje moesten zien of ze elkaar zouden kunnen verdragen. Tenslotte stemde haar vader toe dat ze niet zo snel zouden trouwen. Uiteindelijk was het een redelijk huwelijk geworden en Dwoira mocht haar zwager ook wel. Wie praatte er in hun tijd over liefde? Er moesten kinderen geboren worden, de man moest voor het geld zorgen en de vrouw voor het huishouden. Bij deze overeenkomst waren vrouwen al tevreden als ze het niet te slecht hadden getroffen.
'Ach ja,' zei Dwoira, weer uit haar gedachtenwereld geschud, tegen Sabina. 'Het is goed dat jullie zelf kunnen kiezen, maar of dat altijd meer geluk brengt...?'
Sabina keek haar moeder vragend aan.
Dwoira streek over haar hoofd en ging aan het werk.

Nu volgde Sabina het leven van het chassidische gezin weer geregeld, en zelfs uit de verte merkte ze de veranderde stemming. Het zieke dochtertje, Riwka, zat nog zelden bij het raam en hun vrijdagavonden die altijd zo een bijzondere uitstraling hadden, verliepen nu op een rustige manier. Bij het zingen van de liederen werd niet meer in de handen geklapt, ze zag zelden nog de lachende gezichten van vroeger en 'nigoeniem', bedachte melodieën, hoorde ze ook nooit meer. Het leek haar soms zelfs of juist bij de aanvang van de Sjabbat, als de mannen uit de synagoge thuiskwamen, de stemming extra bedrukt was. Sabina vroeg zich af of haar buren het God kwalijk namen dat hij hen zo had gestraft. Toen ze het haar moeder vroeg trok die haar schouders op. 'Maar vrome joden mogen toch niet kwaad zijn als God iemand van ze weghaalt?' zei Sabina.

'Het hart kan soms erg ongelijk met het verstand gaan lopen,' antwoordde haar moeder.
Steeds vaker zaten de kinderen van de buren buiten op de veranda in plaats van de hele dag binnen. Ook daar lazen de jongens in hun gebedenboeken in stilte, of fluisterend, en wiegden ze met hun lichaam. Sabina's moeder hielp haar buurvrouw waar ze kon en tante Bella gaf ook eten mee als Dwoira naar beneden ging. Maar niets hielp.
'Dat gaat mis.' Dwoira schudde haar hoofd toen ze weer eens van haar bezoek thuiskwam. Ze had tranen in haar ogen. 'Het kind hoest zo lang achter elkaar dat ze haast geen adem kan krijgen en ze spuugt steeds meer bloed. Hopelijk blijven de andere kinderen tenminste een beetje gezond nu ze beter te eten hebben. En de man is intussen steeds harder bezig om zo snel mogelijk naar Duitsland te vertrekken, alsof hij het kind daar nog zou kunnen redden. Hij heeft het geld waarschijnlijk al bij elkaar. Maar ik denk dat ze in deze toestand niet weg kunnen gaan. Ze weten nog helemaal niet waar ze in Berlijn terechtkomen. Die onrust overleeft dat kind niet.'

Het was herfst geworden, de dagen werden korter en de joodse feestdagen kwamen nu achter elkaar. De synagogen waren vol mensen, veel families gingen er drie maal per dag naar toe en sommigen bleven er uren achtereen. Mensen die elkaar lange tijd niet meer hadden gezien ontmoetten elkaar dan weer en begroetten de ander enthousiast. Trots stelden vaders hun zonen en moeders hun grootgeworden dochters voor.
Bij de familie Steinmann ging men alleen naar de synagoge als dat was voorgeschreven en men er niet onderuit kon komen en Dwoira en de meisjes gingen haast nooit. Vooral de meisjes voelden zich er niet thuis. Ze genoten wel van de feestdagen; Sabina zat te lezen, Fanja luierde en Dwoira was met het eten bezig, want haar man en de jongens konden elk ogenblik thuiskomen.
Ineens werd er hard op de deur geklopt.
'Dwoira, Dwoira,' hoorden ze roepen. 'Kom gauw.' Dwoira opende de deur. 'Ze ademt zo moeilijk. Ze... ze...

Allemaal zijn ze naar de sjoel. Ik ben alleen thuis met Riwka. Ze heeft hoge koorts en zegt rare dingen. En dan ineens kijkt ze me zo aan met haar grote ogen, net of ze vraagt of ik niet begrijp wat er gaat gebeuren.' De vrouw begon ineens met haar gezicht naar de hemel te bidden. 'Ik wil het niet. God, laat het kind toch bij ons. Mijn God, zoveel vraag ik toch niet, alleen Riwka!' Ze liet haar hoofd weer zakken en huilde zacht.

Dwoira sloeg haar arm om de vrouw heen: 'Kom,' zei ze. 'We moeten naar beneden, we kunnen haar niet alleen laten. Eten jullie maar met je vader,' richtte ze zich even tot de meisjes. 'Ik weet niet wanneer ik terug ben.'

Toen Dwoira en de buurvrouw weer voor het bed van Riwka stonden zagen ze dat de angst uit het gezicht van het kind verdween. Haar adem was hortend.

'Jij moet bij haar blijven, blijf bij haar bed, misschien is ze bang. Ik ga de dokter halen,' zei Dwoira.

Snel kwam ze met de dokter terug, die bij hen in de buurt woonde. Hij keek Riwka aan, veegde haar bezwete gezicht af en beluisterde haar borst. Daarna bleef hij voor zich uit kijken. 'En?' vroeg de moeder met een schorre stem. 'En?' De dokter duwde haar zacht een eind van het bed weg.

'Laten we hier even gaan zitten,' zei hij. 'Wat wil je, Reizel. Laat het toch aan de goede God over. Hij weet wat hij doet. Voor wat vecht je zo? Het kind kan niet meer. Iedereen heeft gedaan wat hij kon, je arme Riwka ook, maar zij weet nog amper of ze hier is of bij Hem.' Hij keek omhoog. 'Met al die koorts. Laat haar gaan, Reizel, blijf rustig bij haar zitten. Ik denk dat dat nu nog het beste voor haar is. En als je moe bent zal Chajim als hij straks thuiskomt bij haar gaan zitten. Ik kom morgen weer kijken. De goede God zal je wel kracht geven. Blijf gezond.'

De dokter groette kort en verdween.

In het huis beneden werd nu dag en nacht gewaakt.

De vijfde dag kon niemand meer bij hen naar binnen kijken. Voor de vensters waren lakens gespannen. Dwoira en Sabina stonden op de veranda. Ze zeiden niets. Tranen liepen over hun wangen.

5

'Na zdrowie, prosit!' Leo dronk Fanja en Szlomek, die zich deze dag hadden verloofd, toe. 'Dat jullie veel geluk mogen beleven en laten we hopen dat het ook dit jaar vrede blijft.'
Fanja en Szlomek hieven hun glas: 'Na zdrowie.'
'Ik ben al blij dat ik even pauze kan houden,' antwoordde Szlomek, wiens diensttijd voorbij was. 'Zo heb ik voorlopig wat rust.'
'Er zal zeker oorlog op de Balkan komen,' mengde Rudek zich in het gesprek. 'De irritaties en spanningen hopen zich al té lang op.'
'Jij bent altijd pessimistisch,' antwoordde Leo.
'God geve dat ik ongelijk heb, maar alles wijst erop.'
'Het is goed dat ons chassidische gezin van de overkant in ieder geval in Berlijn zit,' zei Dwoira. 'Wat zouden ze moeten doen als ze met al die kinderen gedwongen zouden zijn te vluchten?'
Rudek richtte zich tot Sabina: 'En jij gaat dit jaar al naar de zevende klas. Weet je al wat je gaat doen als je klaar bent?'
'Ik wil modeontwerpster worden en liefst in toneelkleding, als me dat lukt.'

Sabina was opgegroeid tot een slank meisje . Ze had bruine ogen en donker kastanjebruin golvend haar. Als ze naar het theater gingen, bedacht ze onder het kijken vaak de prachtigste garderobe.
Ze was op deze leeftijd meer verlegen dan haar zusje. Wanneer ze tijdens een gesprek ergens tegenin wilde gaan kwam haar betoog door angst er vaak zó fel uit dat ze zich zelf belachelijk voorkwam of zich schuldig voelde. Soms liep ze met tranen in haar ogen van het gezelschap weg. Ze sprak daar wel met Fanja over, de enige die ze in vertrouwen nam, maar zij en haar zusje verschilden van karakter; Fanja begreep haar moeilijkheden toch niet echt.
Fanja was ook wereldser, vond Sabina. Zij en Szlomek gingen veel uit, soms dansen of naar de opera en behalve

van hun toneelvereniging waren ze nu ook lid van een muziekclub. Ze hadden bijna iedere avond iets te doen.
Dit jaar zou Sabina met haar ouders meegaan naar Karlsbad. Fanja wou liever in Lemberg blijven, zij kon dan meteen voor haar broertjes zorgen, die ook al tien en twaalf waren en op het gymnasium zaten.
Haar jongste broertje, Marek, was klein voor zijn leeftijd en hem stond de gymnasiumpet nog een beetje komisch. Hij wilde ook voortdurend met zijn oudere broertje, Dunjo, wedijveren. Ze konden het wel goed met elkaar vinden, want Marek was verstandig voor zijn leeftijd, maar soms moest Dunjo toch om hem lachen als hij zich zo opblies en arrogant deed. Dan huilde Marek soms uit onmacht.
Sabina verheugde zich deze keer meer op de reis naar Karlsbad dan voordien. Ze was er al een paar jaar niet geweest en nu zou ze zonder begeleiding van haar ouders door de stad kunnen wandelen langs de grote winkelstraten. En ze zou die drukversierde villa's weer zien in hun opvallende roze of zachtgroene kleuren met de, meestal in reliëf uitgevoerde, slingers, engelen of andere afbeeldingen. Sommige van die grote huizen leken op kastelen of kleine paleizen. Waarschijnlijk werden ze door grootgrondbezitters of andere adellijke families bewoond, maar een deel ervan was tot hotels verbouwd.
Het hotel waar ze zelf altijd logeerden omdat haar vader er werk te doen had, vond ze gemoedelijk en gezellig. De mensen praatten ongedwongen. De meeste gasten kwamen geregeld terug en kenden elkaar. Er waren ook veel joodse bezoekers, maar geen vromen; die hadden hun eigen hotels, waar het eten onder rabbinaal toezicht werd bereid, terwijl haar ouders daar buitenshuis niet zo op letten.
Ze moest nu ook ineens weer aan het chassidische gezin denken dat niet eens het goedkoopste voedsel kon betalen. Als ze tegenwoordig op de veranda stond en naar beneden keek in die hoek waar het vroeger krioelde van de kinderkopjes achter het raam, zag ze nu een gezette, blonde vrouw. 's Avonds tegen zeven uur kwam haar man thuis. Soms werd het later, dan liep hij meestal wankelend en hoorde ze

de vrouw in het Oekraïnisch schreeuwen. Ze had er nog nooit iemand anders gezien maar de mensen woonden er pas kort.

Rudek had contact gehouden met de neef van deze buren. Vóór hun vertrek naar Berlijn kreeg hij toch nog wat geld voor ze. Hij was toen naar hun sjoel gegaan om op de man die er dagelijks kwam te wachten. Het leek Rudek makkelijker dan thuis. Hij was zo'n groot gezin niet gewend.
Hij vroeg iemand die voor de sjoel stond naar Chajim Manger en kreeg te horen dat alleen diens neef, Josl binnen was.
Rudek had de neef nog alleen uit de verte gezien en wist niet precies hoe hij er uitzag. 'Bent u Josl?' vroeg hij aan een jonge man die naar buiten kwam en die hij meende te herkennen.
'Ja.' Hij keek vragend.
'Ik ben een goede kennis van Szlomek.' Rudek legde hem uit waarom hij stond te wachten.
Josl glimlachte. 'O,' zei hij. 'Een geluk. Mijn neef heeft treinkaartjes gekocht en nu heeft hij bijna geen cent meer over. Maar,' wuifde hij met zijn handen het probleem weg, 'de goeie God zorgt altijd weer voor ons en in Berlijn zal zijn rebbe ze niet voor de deur laten staan.'
Rudek was daar niet zo zeker van. Hij zag al een gezin van twaalf personen voor de Rebbe's deur. 'Het zijn veel mensen,' antwoordde hij voorzichtig. 'Dat blijft moeilijk.'
Josl schudde zijn hoofd: 'Hier hebben ze niets,' zei hij. Hij kreeg een hoestui en klopte even op zijn borst. 'De kinderen gaan vaak zonder eten naar de cheder, pas 's avonds krijgen ze dan weer wat. Kinderen in de groei!' Weer hoestte hij. 'Ze kunnen niet meer hier blijven.' Hij schudde zijn hoofd. 'En na Riwka's overlijden willen ze ook helemaal niet meer.'
'En u? Of mag ik jij zeggen?'
De jongen knikte.
'Wat moet er met jou gebeuren? Die hoest is toch ook niet gewoon?'
'Nee, ik heb pleuritis gehad. De dokter raadde me aan om

een jaartje op het land te gaan wonen, maar Riwka was zieker en ik dacht dat het bij mij zó wel over zou gaan. Het duurt nu wel erg lang en het wordt niet beter. En in de sjoel kunnen ze niet zo hard stoken, daar heb ik het vaak koud en voel ik tocht. Dan wordt de hoest nog erger.'

Toen de jongen weg was liet het probleem Rudek niet met rust. Mocht je iemand die te redden was zo in de steek laten dat zijn kwaal op den duur ongeneeslijk zou worden, vroeg hij zich af.

Aan de vereniging durfde hij geen geld meer te vragen; er waren zoveel longlijders. Maar beetje bij beetje kreeg hij toch geld bij elkaar als hij het verhaal vertelde. Toen hij een bedrag bij elkaar had dat de moeite waard was en dat de jongen in ieder geval een beetje kon helpen, zocht hij Josl weer in de sjoel op.

Sindsdien zagen ze elkaar geregeld.

Josl zat nu op een boerderij van een vrome, joodse familie, niet ver van Lemberg. Hij kreeg er goed te eten en te drinken en kon de hele dag in zijn gebedenboeken lezen.

Maar iedere week vóór de Sjabbat kwam hij naar huis terug en op zaterdagavond, als de eerste ster aan de hemel verscheen, wandelde hij naar Rudek, die probeerde zich het leven van zo'n jongen voor te stellen: de hele dag bidden in de hoop dat God hem zou verhoren, en altijd afhankelijk zijn van giften van anderen.

Szlomek had sinds kort een administratieve baan in een meubelbedrijf. Na zijn werk hield hij zich zoveel mogelijk bezig met toneel. In zijn achterhoofd hoopte hij nog steeds dat hij zich daar op den duur misschien helemaal aan zou kunnen weiden.

Szlomek at tussen de middag meestal in een eethuisje. In de winkelgalerij ging hij de zaak, waar de tafels met geruite kleedjes waren gedekt, binnen en liep naar de stelling aan de muur om zijn servet te pakken. Het weer had veel mensen naar buiten gelokt, maar in de hoek was nog plaats. Hij ging zitten, groette de eigenaar en wachtte tot hij hem zou bedienen.

Naast hem las iemand een Duitse krant, er lag ook een Poolse en Szlomek vroeg of hij hem even mocht inzien. Zonder op te kijken knikte de ander. Szlomek bestelde het dagmenu: borstj, boekweitgrut met gebakken uien, rundvlees, een maiskolf en kaastaart met rozijnen toe.
Die namiddag, toen hij zijn werk had beëindigd, bedacht hij dat hij naar de boekenzaak van Rudek zou kunnen gaan. Het was wel ver uit de buurt maar hij had al zo lang beloofd eens te komen kijken en hij had nu wel zin in een wandeling. Hij kwam er tegen half zeven aan en het was stil in de winkel, Rudek zat te lezen.
'Ah,' verwelkomde hij hem, 'dat vind ik leuk. Ik dacht er net aan om te sluiten, maar ik heb de tijd.'
Szlomek bekeek eerst de Poolse en Duitse boeken en daarna bracht Rudek hem naar de jiddisje afdeling. 'Dat is mijn trots,' zei hij glimlachend. 'Ze komen hier van ver uit de omtrek om die boeken bij me te halen.'
'Ja, dat weet ik, dat heb ik gemerkt,' antwoordde Szlomek. 'Als we in de toneelvereniging iets willen spelen van een jiddisje schrijver, hoor ik altijd dat je dat bij u kunt krijgen.'
'Ja, kijk maar, hier zijn de vertalingen uit het jiddisj in het Pools en Duits. Peretz schrijft ook in het Hebreeuws, maar van de meeste jiddisje schrijvers heb ik tenminste de Poolse vertalingen.'
'Vreemd, die voorkeur van die jiddisje literatuur van u. U bent toch geassimileerd en spreekt toch altijd Pools?'
Rudek knikte. 'Ja. Dat is een beetje ingewikkeld. Met mijn vrouw en de kinderen spreek ik ook altijd Pools, maar die aandacht voor jiddisje boeken heb ik door de Bund gekregen. Ik ben socialist en als jood heb je niet veel keus, dan word je lid van de Bund en daar is de voertaal jiddisj. Het gaat me soms wel een beetje te ver, want de Bundisten willen alléén de jiddisje taal gebruiken en ik denk dat je daardoor de mensen in hun ontwikkeling remt. Maar er zijn natuurlijk veel joden die alleen jiddisj spreken, die zouden zich nooit bij een politieke partij hebben aangesloten als daar Pools de voertaal was geweest.'
'Is het nog gevaarlijk om partijlid te zijn?'
Rudek keek nadenkend: 'Voor de Litouwers meer, denk ik.

Die hebben de Bund ook opgericht, zo ongeveer tien jaar geleden, om zich af te zetten tegen de antisemitische politiek van de Russen. Wij Bundisten zoeken een eigen weg, zonder bloedvergieten. Ook op die manier zal het socialisme er wel komen.'
Szlomek keek Rudek vragend aan.
'Als ik bijvoorbeeld zo een Hersjl neem, mijn buurman,' ging Rudek verder. 'Iedere ochtend vroeg gaat hij naar zijn werk, naar zijn baas die goed geld verdient met zijn ijzerhandel. Maar Hersjl loopt met lompen aan zijn lijf, alles over elkaar heen om het niet koud te hebben. Dan denk ik toch: die man is vogelvrij! Wie helpt zo een arme sjlemielige jood die altijd in zijn sjtetl heeft gewoond en nooit gewend was zijn hoofd op te tillen naar een niet-jood uit angst dat zijn tanden uit zijn mond geslagen zouden worden? Zo een Hersjl heeft toch niets te vertellen. Zelfs als slaven kregen sommige joden beter te eten omdat ze eigendom waren. Maar nu? Voor één Hersjl tien anderen. Wat moet zo'n man doen? Hij werkt, krijgt er een schijntje voor, is nog blij dat hij tenminste niet verhongert en hoopt dat zijn vrouw aan het einde van de week nog wat geld heeft voor de kippesoep. Die mensen moet je helpen en als de Bund het niet doet, gebeurt er niets.'

6

Sabina kreeg meestal slaap onder het rijden. Haar ogen gingen steeds weer dicht, net als die van een baby. Ze lachte in zichzelf. De zon scheen naar binnen en in de trein werd het steeds warmer. Ze zouden pas laat in de avond in Karlsbad aankomen.
De gedachte aan een eigen kamer in het hotel maakte haar even helemaal wakker. Ze verheugde zich erop alleen te kunnen zijn en in bed te kunnen lezen zoveel ze wilde, zonder dat iemand tegen haar praatte. Thuis was daar zelden gelegenheid toe.
Ze zag dat haar vader alweer een sigaret opstak. Hij rookte hier achter elkaar. Steeds als ze haar ogen open deed zag ze de wolken die hij de coupé inblies. Het was ook niets voor hem zo lang op één plaats te moeten zitten. Soms liep hij de gang op; hij had weinig geduld.
Haar moeder kon heel goed tegen het niets doen in de trein. Ze genoot er duidelijk van. Soms keek ze een tijd uit het raam, dan pakte ze weer een boek of een krant en ging lezen. Sabina bekeek haar ouders tegenover haar nauwkeurig. Wonderlijk, dacht ze, dat twee zo verschillende mensen het toch redelijk met elkaar konden vinden. Maar haar moeder bezat de gave dingen die moeilijkheden konden veroorzaken een goede richting te geven. Ze bekeek gebeurtenissen op een afstand en bekommerde zich niet om kleinigheden.
Sabina had dat ook weleens moeilijk gevonden. Ze ging daarom niet zo snel naar haar moeder met problemen.

Ze werd wakker door geroezemoes. Buiten was het donker. Mensen sjouwden met koffers en liepen luid pratend langs hun coupé. Ook kwamen er soldaten met veel gouden biezen op hun kragen voorbij.
'Sabina,' hoorde ze haar vader roepen, 'Sabina, houd je ogen nou maar open, we zijn er bijna. Pak je spullen bij elkaar, straks kun je slapen zoveel je wilt.'
Tien minuten later stopte de trein.
'Karlsbad, Karlsbad!' werd er buiten geroepen.

Ze pakten hun tassen en koffers en liepen naar de uitgang. Sabina hield van zulke drukke stations. Het leek wel of de hele wereld hier bij elkaar kwam.
Op straat hield haar vader een koets aan, de voerman hielp hen met de bagage en Sabina ging achterin zitten. Ze snoof de frisse lucht op. Het was nog druk in de straten. Nu kwamen ze bij een groep hotels. Hier moesten ze nog even rechtdoor en dan de hoek om; het derde gebouw was hun hotel.
Ze hoorde laarzen; weer soldaten. Een hele groep. In het donker kon ze hun uniformen niet onderscheiden, maar ze moesten wel van hoge rang zijn. Karlsbad was duur. Sabina's familie kon er ook alleen maar logeren omdat haar vader hier werk te doen had.
In het hotel kwam de gerant ze al tegemoet: 'Ah, Herr Steinmann,' riep hij. 'Fijn u weer te zien. Dag mevrouw Steinmann.' Hij nam haar moeders hand en drukte er een kus op. Toen keek hij naar Sabina die achter haar ouders was blijven staan. 'Ach, ik herkende je eerst niet. Dag Sabina. Ik durf je bijna niet meer bij je naam te noemen. Je bent zo veranderd, zo gegroeid. Een dame.'
Sabina maakte een kniks en gaf de gerant een hand. Ook zij kreeg er een kus op.

Toen ze aan het ontbijt kwam zaten haar ouders al aan tafel.
'Fijn geslapen?' vroeg haar vader.
'Ik geloof dat ik alweer slaap heb. Het was zo heerlijk vanochtend. Tegen zes uur werd ik al wakker. Ik heb naar de vogels geluisterd; wat gaan die 's morgens tekeer,' zei ze lachend. 'Dat heb ik eigenlijk nog nooit zo goed gehoord.'
'Als je moe bent ga je toch vanmiddag weer slapen,' zei haar moeder. 'Je moet hier maar goed uitrusten.'
Ze ontbeten met verse, knapperige broodjes, heerlijke confiture en koffie, met natuurlijk het ei, dat er altijd bij hoorde. Toen haar ouders bespraken wat ze gingen doen, zei Sabina dat ze graag alleen wilde rondlopen.
'Best hoor,' antwoordde haar vader. 'Doe maar wat je wilt, je bent geen klein kind meer.'
Ineens trok Sabina haar schouders samen alsof ze een klap

kreeg. Ze voelde dat ze begon te blozen en haar hart bonkte. Snel pakte ze haar kopje en nam een slok van de koffie om haar gezicht voor haar ouders te verbergen. In de deuropening stond Izjoe met zijn ouders. Ze keken rond.
Toen Sabina weer een beetje tot zichzelf was gekomen zei ze: 'Mam, pap, kijk eens gauw, onze buren.'
'Ach, ja,' antwoordde haar vader een beetje trots. 'Iedereen vindt de weg naar dit hotel.'
Toen de familie langs hun tafel kwam knikten ze elkaar toe, zoals ze ook in Lemberg zouden hebben gedaan.

Die middag, toen Sabina langs de straten van Karlsbad wandelde, voelde ze zich onrustig. Ze wist zeker dat ze zou schrikken als Izjoe plotseling voor haar zou verschijnen maar ze wist niet waarom; thuis schrok ze toch ook niet?
Toen Izjoe en zijn ouders bij het avondeten hun tafel weer passeerden en ze elkaar begroetten, zag Sabina dat Izjoe naar haar glimlachte, iets wat hij nog nooit eerder had gedaan. Maar eigenlijk had ze hem de laatste tijd weinig gezien, realiseerde ze zich nu. Sinds hij studeerde kwam hij ook nog maar zelden bij de kraan. Ze vroeg zich af of hij nog thuis woonde; sommige studenten woonden op kamers.
Toen ze hem de derde dag nog niet op straat had ontmoet begon ze zich weer op haar gemak te voelen. Ze bleef voor een winkel met sieraden staan en keek naar stenen die in de buurt van Karlsbad werden gevonden en tot kralenkettingen en hangers werden verwerkt.
Ineens hoorde ze achter zich haar naam roepen. Weer gingen haar schouders omhoog alsof ze zich ergens tegen wilde beschermen.
'Sabina,' hoorde ze weer, een beetje zachter nu.
Verlegen glimlachend keek ze om. 'Dag Izjoe,' antwoordde ze.
'Ik heb achter je gelopen; ik durfde je niet aan te spreken.' Hij keek even zwijgend naar haar. 'Maar we zitten nu toch in hetzelfde hotel. Vind je het goed als ik een eindje met je meeloop?'
Ze knikte als een klein meisje.
'Ja,' zei hij. Zijn stem klonk een beetje bezorgd alsof hij

zich afvroeg of hij haar beter niet had kunnen aanspreken. 'Het is ook vreemd omdat we thuis nog nooit iets tegen elkaar hebben gezegd.'
Sabina merkte dat hij de situatie ook niet zo makkelijk vond. Daardoor werd ze wat rustiger. Ze keek hem aan.
'Ik wilde de eerste dag al contact met je zoeken,' zei Izjoe onder het lopen. Hij lachte voor zich uit en zijn gezicht kreeg een kinderlijke, onbeholpen uitdrukking.
'Ik dacht dat je aan het studeren was,' reageerde Sabina. Ineens bloosde ze hevig; ze had zich versproken. Izjoe liet haar merken dat het hem niet was ontgaan dat ze deze ontmoeting had verwacht. Ze zag hem bijna onmerkbaar glimlachen.
'Ik ben wel blij je hier te treffen,' zei hij. 'Mijn ouders stonden erop dat ik mee zou komen, maar ik vind het moeilijk om nog steeds met ze op reis te gaan.'
'Ik vond het voor het eerst prettiger dan vroeger, nu ik niet meer aan hun hand hoef te lopen,' antwoordde Sabina.
'Jouw ouders zullen wel minder lastig zijn dan de mijne. Ik ben enig kind.' Het bleef even stil. 'Ik ken je oom Rudek Gajer goed. Ik koop boeken bij hem.'
Onder het wandelen kwam hun ineens de lucht van koffie tegemoet. 'Zullen we hier naar binnen gaan?' vroeg Izjoe.
Ze gingen bij een groot raam op een hoekbank met een laag tafeltje zitten. Ze keken rond en zeiden niets. Nadat ze besteld hadden vroeg Sabina wat Izjoe studeerde.
'Medicijnen. Ik ben pas derdejaars. En wat doe jij?'
'Ik zit in de zesde klas van de middelbare school.'
'En wat wil je gaan doen als je klaar bent?'
'Een opleiding als modeontwerpster volgen.'
Izjoe knikte. 'Ja,' zei hij. 'Als alles goed gaat.'
Sabina keek hem vragend aan.
'Als de oorlog snel komt zitten we met al onze plannen.'
'Moet jij niet in dienst?'
'Eigenlijk moet ik pas na m'n studie, maar als er oorlog komt waarschijnlijk onmiddellijk.'
'Hoe kan iemand die moed opbrengen om te gaan vechten? Je hebt toch maar één leven? Ik kan me niet indenken dat Franz Joseph wil dat zijn onderdanen als beesten worden

afgeslacht en van hun paarden worden geslingerd om nooit meer op te staan.'
'Ach, hij zal niet van zijn paard worden geslingerd en zeker niet op het slagveld. En verder heeft hij al lang genoeg laten merken dat mensen hem niet zo veel kunnen schelen.'
Sabina zei dat ze in ieder geval wilde proberen haar school af te maken.
'Ja. Natuurlijk, we moeten gewoon doorgaan, maar iedereen praat toch voortdurend over de oorlog.'
Toen zweeg hij en keek hij Sabina aan alsof hij zich niet meer had gerealiseerd met wie hij aan het praten was. 'Laten we nog wat drinken,' zei hij op andere toon. 'Zullen we morgen weer hier afspreken, of...?'
Sabina keek naar zijn gezicht dat onzekerheid en hoop uitdrukte. Hij was ook wel een beetje ontroerend, vond ze.
'Ja, best,' zei ze. 'Maar je mag me ook wel in het hotel afhalen.'
Toen hij daarop bleef zwijgen fronste ze haar voorhoofd.
'Mijn ouders zijn conservatief en lastig,' antwoordde hij tenslotte. 'Vind je het goed als ik ze er niet bij betrek?'
'Natuurlijk.'
'Na de lunch dan? Als de ouderen gaan slapen?'
Ze knikte.

Toen Sabina de volgende dag op de afgesproken tijd in het café aankwam, zag ze al uit de verte dat Izjoe op dezelfde plaats zat als de vorige dag. Hij stond meteen op toen hij haar zag en ze voelde dat ze weer bloosde.
Ze begroetten elkaar en het bleef even stil.
'Ik verheugde me erop je weer te zien,' zei Izjoe na een tijdje, zacht, bijna in zichzelf, alsof hij er niet zeker van was dat hij van haar hetzelfde kon verwachten.
Ze slikte verlegen. Wat moest ze zeggen? Ze mocht toch niet eerlijk toegeven dat ook zij het prettig vond? Ze was toch een meisje?

Ze spraken nu dagelijks af en Sabina vond dat ze wel een verklaring tegenover haar ouders verschuldigd was nu ze helemaal niets meer met hen ondernam.

'Jullie vinden het toch niet onaardig van me dat ik nooit meega?' vroeg ze tijdens het diner, wel een beetje schuldig. Haar ouders zwegen, dus ze moest nu wel doorgaan. 'Ik... wandel veel met Izjoe,' vertelde ze nu eerlijk.
'O, goed,' antwoordde haar moeder. 'Hij lijkt me een intelligente en aardige jongen. Zo heb jij hier ook een leuke tijd.'
Ze knikte: 'Hij wil liever niet dat z'n ouders weten hoe hij zijn dagen doorbrengt.'
'Ze zullen het hem niet vragen,' antwoordde haar vader geruststellend. 'Van een meisje wil je dat nu eenmaal eerder weten.'

'Heb je makkelijke schoenen aan?' vroeg Izjoe, toen ze weer, als iedere dag, in hun café hadden afgesproken.
'Ja,' knikte ze.
'We hebben een paar uur de tijd,' zei Izjoe zacht. 'We kunnen de huizen nu eens achter ons laten. Wil je niet een beetje in het groen en in de stilte wandelen?'
Toen Sabina niet dadelijk antwoordde, streelde hij even voorzichtig over haar arm. Ze ontmoette zijn blik en er kwam een gevoel van warmte in haar op. Ze wilde heel graag in de stilte met hem wandelen, maar...
'Kom,' zei hij toen ze hun koffie hadden gedronken.
Zonder te antwoorden ging ze met hem mee. Ze vond het prettig door hem geleid te worden en toch was er een vreemde angst in haar, alsof ze iets ongeoorloofds deed.
Zwijgend liepen ze een tijd naast elkaar. Toen het wat stiller om hen heen was geworden keek Izjoe Sabina even aan en pakte haar hand. Het leek haar of alles er anders uitzag door dat vertrouwelijke gevoel met haar hand in de zijne. Ze was door verlegenheid niet in staat op zijn toenadering te reageren.
'Dit is de fijnste vakantie die ik ooit gehad heb,' zei Izjoe ernstig. 'Alleen ik... het is zo moeilijk...' Hij hield even stil: 'Kun je me niet helpen? Ik wil weten of jij... Ik zou zo graag willen dat we in Lemberg ook bij elkaar bleven.'
Sabina had nog steeds niet geantwoord, ze voelde zich wat vreemd en overrompeld. Even ging het zelfs door haar heen

hoe Fanja hierop gereageerd zou hebben, maar veel kon haar dat ook niet schelen. Hoe moest ze Izjoe duidelijk maken dat ook zij hem graag in Lemberg zou willen blijven zien? Toen ze bij een bank kwamen leidde hij haar er naartoe. Hij pakte nu ook haar andere hand in de zijne. 'Sabina,' zei hij en wachtte tot ze naar hem keek. 'Zullen we proberen eerlijk tegen elkaar te zijn?'
Ze knikte en keek hem recht aan. 'Dat wil ik wel maar wij meisjes zijn in dit opzicht... zo opgevoed... dat...' In haar blik was nu vragen om hulp.
Izjoe's borst ontspande zich en ze hoorde een bevrijdende zucht. Hij pakte haar nu voorzichtig in zijn armen en bleef even zo, met zijn hoofd tegen het hare, zitten.
Sabina voelde bijna de behoefte zijn hoofd te strelen. Ze had het nooit voor mogelijk gehouden dat deze Izjoe zo onzeker en kwetsbaar kon zijn.

7

'Ik ga de volgende week naar Berlijn,' vertelde Rudek op een avond bij de familie Steinmann. 'De 'Bund' wil weten hoe de joden die er de laatste tijd zijn komen wonen, daar leven. We horen zulke ernstige berichten dat ze mij gevraagd hebben te onderzoeken of er op één of andere manier iets te doen is.'
'Een gevaarlijke tijd om weg te gaan,' merkte Dwoira op.
'Ja, misschien kunnen we ze ervan doordringen dat we gauw oorlog verwachten.' Hij dacht even na. 'Maar ach, wie weet waar het minder gevaarlijk is voor joden? Wij zitten het dichtst bij de Russen. Ik wil in ieder geval niet lang wegblijven.'
'Wat zoeken ze daar eigenlijk wat ze hier niet hebben?' vroeg Leo, Dwoira's man, die graag zekerheid vóór onzekerheid nam.
'Misschien een uitkomst voor hun leven. Overleven is een krachtig motief. Het treurige is alleen: ze hadden hier niets en ze hebben daar ook niets. Duitsland is arm, ze zitten er niet te wachten op nog meer eters.'
'Let goed op dat je niet te lang blijft,' zei Dwoira met een ongeruste blik. 'Ik ben bang dat we op een ochtend wakker worden en dan is het ineens zo ver. Wat kun je eigenlijk doen?' vroeg ze meer aan zichzelf. 'Ik vraag me af of het zin heeft iets van eten op te sparen. Iets moet je toch hebben als je je huis misschien niet meer uit kunt? De jongens zijn in de groei, die eten veel, God zal ze gezond laten.'
Sabina dacht aan Izjoe die, ook omdat hij verwachtte dat het binnenkort misschien niet meer mogelijk zou zijn, hard voor zijn volgende, belangrijke tentamen studeerde. Zijn vader had hem al naar verschillende artsen gestuurd om hem afgekeurd te krijgen wegens zijn slechte ogen en zijn dikke bril.
Sabina's contact met hem bleef strikt geheim voor zijn ouders. Hij had haar uitgelegd dat hij moeilijkheden verwachtte wanneer ze er iets over te weten zouden komen.

Sinds Rudek zich op de reis naar Berlijn voorbereidde, spelde hij de krant nog meer dan voordien. Het leek of hij achter de woorden een bericht zocht, wannéér hij zou kunnen vertrekken. Eigenlijk wilde hij afwachten tot het wat zachter weer zou worden maar hij was onrustig en vreesde ook dat het dan misschien te laat zou zijn. Tenslotte wou hij niet nog langer wachten. Hij besprak met zijn vrouw dat hij hooguit een maand zou wegblijven, zocht warme kleren uit en vertrok.
Van Josl, de chassidische jongen, die inmiddels was opgeknapt en weer thuis woonde, had hij wat kleine cadeautjes meegekregen voor diens neef, zijn vrouw en de kinderen. Dat was op zichzelf al een aanzienlijk pak dat hij mee moest slepen, maar hij had daar niets over willen zeggen. Josl was zo gelukkig met al de dingen die hij voor ieder afzonderlijk had uitgezocht. Hij was ook nieuwsgierig nu van Rudek zelf te kunnen vernemen hoe het met zijn familie daar ging, want de brieven bleven verhullend. Een werkelijk inzicht had hij daardoor nog steeds niet gekregen.

Op het station in Lemberg was het druk. Bagagedragers liepen rond om te zien of ze wat konden verdienen, reizigers keken zenuwachtig om zich heen, sommige ouderen hadden, ondanks het koude weer, rode, bezwete gezichten. Boeren liepen met kakelende kippen in dichte manden; mensen met zakken, pakken en opgepropte koffers sleepten en sjouwden en baanden zich met moeite een weg naar de treinen om dan met de grootste inspanning hun bagage de treeplank op te trekken. Rudek had een gereserveerde plaats, waardoor hij zich niet zo hoefde te haasten.
'Help je moeder een beetje als ik weg ben,' zei hij tegen zijn zoontje, dat bijna elf was en een gymnasiumpetje droeg.
De jongen knikte ernstig; het leek of hij het fijn vond als man de verantwoordelijkheid voor een tijdje te mogen overnemen. Dit was zijn vader niet ontgaan en Rudek glimlachte. 'Ik hoef me niet ongerust te maken,' zei hij fluisterend tegen zijn vrouw. 'Edek zat er kennelijk al op te wachten om de plaats van zijn vader even in te mogen nemen.' Hij kuste haar en zijn dochtertje. 'Ik schrijf zodra

ik ben aangekomen. Blijf gezond,' zei hij. Toen stapte hij in en opende het raam. Toen de trein vertrok werd er aan alle kanten gezwaaid en geroepen. Rudek wachtte tot zijn gezin niet meer te zien was en ging naar zijn plaats. De andere vijf plaatsen in zijn coupé waren al bezet. Hij zette zijn koffer in het rek en pakte een krant uit zijn actentas.
De reis duurde lang, maar hij was geïnteresseerd in alles om hem heen. Hij was al lang niet in Duitsland geweest. Tegen negen uur in de avond kwam hij in Berlijn aan. De drukte hier overtrof het gewoel van de mensenmassa op alle vorige stations.
Hij stapte uit, zette zijn koffer op een bank en pakte een kaart van Berlijn om te zien welke kant hij op moest gaan om in het 'Scheunenviertel', zoals deze buurt waar de laatste tijd veel joden hun onderkomen haden gezocht, werd genoemd, te komen.
Hij zocht licht onder een lantaren en zag een donkere gestalte naderen. Onwillekeurig keek hij op; naast hem stond een chassied, die hij al snel als zijn vroegere buurman herkende.
'Mijn jonge neef heeft me geschreven,' zei de man op zachte toon, 'en ik dacht dat het misschien beter was u niet in het donker zo te laten zoeken. Heeft u een goede reis gehad?'
Zijn stem klonk mat, er sprak niets van blijheid uit dat hij weer een oude bekende uit Lemberg ontmoette.
Ineens schaamde Rudek zich, een plaatsvervangende schaamte. Waarschijnlijk was Chajim Manger alleen maar verlegen met dit bezoek en wilde hij eigenlijk helemaal niet dat zijn neef zou weten hoe hij hier leefde. En toch was juist híj het geweest waardoor Rudek zich zo speciaal voor Berlijn was gaan interesseren. Hij vroeg zich af of het hem misschien toch nog zou lukken deze Chajim tot een beetje activiteit aan te sporen zodat hij hem wat inlichtingen kon geven.
'O,' antwoordde Rudek. 'Ik ben blij dat u me bent komen halen. Ik weet hier helemaal de weg niet en onder die lantaren kan ik ook niet op mijn kaart lezen.'
'God helpt,' zei de man, met dezelfde matte stem, alsof hij deze zin al zo vaak had uitgesproken dat hij zich eigenlijk niet precies bewust was van wat hij zei.

Rudek keek hem oplettender aan. Hij herinnerde zich zijn buurman als een enthousiaste, overtuigde chassied, bij wie deze stemming niet paste. 'Misschien kunt u me bij u in de buurt in een klein hotel brengen. Het is nu al te laat om met elkaar te praten en ik ben ook wel een beetje doorgereisd, na zo een lange dag in de trein.'
Chajim knikte: 'Heeft u er eigenlijk een beetje voorstelling van? Ik bedoel... weten ze in Lemberg hoe en waar wij hier wonen?'
'Niet precies, er doen geruchten de ronde dat het een... niet zo prettige buurt is.'
De chassied knikte voor zich uit. 'O,' antwoordde hij met een bijna agressieve stem. 'Zijn ze op de hoogte van onze tsores?' Na een kleine pauze zei hij, op iets andere toon: 'Wie weet helpt de goede God nog eens, want zoals we hier wonen...' Hij maakte zijn zin niet af, schudde alleen zijn hoofd. 'Komt u mee,' zei hij tenslotte. 'Het is niet ver.' Hij pakte Rudeks koffer van de bank.
Via een grote, drukke straat, bereikten ze een buurt waarvan Rudek het bestaan niet had kunnen vermoeden. Morsige en magere mannen slenterden rond. Bij het scherpe licht van de gaslantarens zag hij bonte opschriften boven winkels voor vlees, brood en kruidenierswaren. Boven cafés, cabarets en bioscopen waren de opschriften nog opzichtiger. Veel vrouwen stonden in groepjes te praten of wachtten, alleen, op hoeken. Dichterbij gekomen zag hij dat ze zwaar opgemaakt waren. Iets verderop hoorde hij gegil en mannengeschreeuw en even later zag hij een klein oploopje dat ook weer dadelijk uit elkaar stoof. Een man lag voor de deur, maar niet lang. Hij krabbelde weer op en liep langzaam verder. Rudek kon zijn uiterlijk niet onderscheiden. Hij zag wel dat de man door pijn of door te veel drank onzeker liep.
Toen hij hier en daar een jood met een kaftan snel door die niet voor hen bestemde straten zag lopen, begon hij te begrijpen dat ze hier dichtbij woonden en dat dit decorum tot hun dagelijks uitzicht behoorde.
'Ja,' zei Chajim, alof hij Rudek had horen denken. 'Dit is ons voorland; hier wonen wij Oost-joden, in straatjes waar

je geen adem kunt halen, in huizen waar je bijna geen plaats hebt om je voeten neer te zetten en onze kinderen zien al deze dingen die niet voor hun ogen bestemd zijn. Waarom we niet teruggaan? De goeie God voert zijn mensen soms langs vreemde wegen naar de oplossing. Job moest ook geduld hebben... Maar zoveel geduld...?' Chajim schudde zijn hoofd en Rudek hoorde achter zijn woorden een beschuldigende toon. 'Ach ja,' ging de chassied verder, 'ik hoop dat hij mij íets van dit alles door m'n gebeden zal besparen,' en hij eindigde zijn plotselinge, lange monoloog met een diepe zucht.
Rudek durfde niets meer te vragen; hij voelde zich als een indringer. Het was Chajims bedoeling waarschijnlijk geweest dit alles voor zijn familie in Galicië te verzwijgen, maar hij had hem betrapt in zijn naaktheid.
Ze liepen weer zwijgend verder en om hen heen werd het stiller en donkerder. Hier waren praktisch geen gaslantarens meer en de huizen waren kleiner, onregelmatiger. Soms begreep Rudek helemaal niet meer hoe deze steegjes in elkaar zaten. Ze werden nog een beetje belicht door olielampen die door sommige vensters schenen. Wat alles nog luguberder maakte waren de vele geluiden in die verder zo verlaten straten. Sommige stemmen werkten geruststellend, vooral de kinderstemmetjes hier en daar; maar hij hoorde ook geschreeuw en ruw gepraat, alsof de huizen open waren, terwijl juist de afgeslotenheid zo duidelijk bleek op dit late avonduur. Want nu hij een beetje aan het donker gewend raakte kon hij zien dat de ramen met hout dichtgetimmerd waren. Het moest al tegen tienen lopen.
'Waar gaat u slapen, of heeft u geen adres?'
'Nee, misschien kan ik hier voor de eerste nacht iets in de buurt vinden.'
'Ik zal u ergens brengen maar u zult niet een eigen kamer hebben. Hier ken ik geen hotels, alleen wat logementen voor armoedzaaiers en in mijn buurt weet ik helemaal niet waar u terechtkunt. Ik breng u waar onze mensen vaker iemand voor een paar dagen laten wonen. Morgen kunt u naar een ander onderkomen uitkijken.'
Rudek knikte. Hij vond het onaangenaam dat hij niet goed

zou kunnen uitrusten, anderzijds was dit natuurlijk wat hij kon verwachten en misschien bracht het wel interessante informatie op.
In één van die kleine straatjes bleef Chajim staan: 'Hier moet u naar binnen,' zei hij. 'Iets anders weet ik niet in de buurt.' Zijn stem klonk niet verontschuldigend, vond Rudek, eerder wat geïrriteerd, alsof hij die rompslomp met de relatie van zijn neef er niet ook nog bij kon hebben. 'Ach, ik red me wel. Morgen kom ik bij u want Josl heeft cadeautjes meegegeven.'
'Goed. Ik wens u een gezonde nachtrust en tot morgen.'
Rudek was even verwonderd dat Chajim hem niet had aangediend bij dit logement en zo snel was verdwenen. Maar toen hij de deur opendeed begreep hij het wel een beetje. De gang rook naar vocht en ongeluchte bedden; achterin zat een man in een donkere jas en een zwarte hoed. Hij droeg geen kaftan. Op de tafel voor hem stond een kleine petroleumlamp die walmde, waarschijnlijk door de tocht die duidelijk te voelen was. 'Slapen?' vroeg de man ongeïnteresseerd.
'Ja,' antwoordde Rudek. Hij had ook geen zin meer om een gesprek te beginnen. Misschien zou hij morgen, als hij was uitgerust, beter tegen al die humeurige gedragingen bestand zijn.
'Hier boven mij is nog een bed vrij,' zei de man.
Rudek wenste hem een goede nacht en liep de trap op.
'Ah, een nieuwe gast in ons hotel!' hoorde hij dadelijk toen hij de deur had geopend. 'Welkom! Hoog bezoek, zo naar de kleding te oordelen. Waar vandaan?'
'Laat me eerst m'n plaats zien, vriend,' antwoordde Rudek. 'Ik ben moe en ik wil m'n koffer neerzetten.'
'Hier, naast mij. Uw voorganger heeft een beter onderdak gevonden. Ik ben Jankel uit Kiev.' De man wachtte tot Rudek zich genesteld had. 'Wie heeft u hierheen gebracht?' vroeg hij. 'Kon u niets beters krijgen?'
Rudek vertelde over zijn vroegere buurman, maar Jankel kende hem niet. 'Gaat u onder het dekbed liggen,' raadde Jankel hem aan. 'Dat kleine kacheltje hier in de hoek geeft weinig warmte.'

In de tijd dat Rudek zich gereed maakte om het bed in te stappen had de man bijna alles gevraagd wat men van nieuwelingen meestal wil weten.
Toen Rudek op zijn stromatras lag, onder lakens die naar goedkope zeep roken maar in ieder geval dus gewassen moesten zijn, keek hij zijn buurman voor het eerst opmerkzaam aan. 'U bent de enige hier. Waarom bent u al thuis? Zo'n aangename ruimte is het toch ook niet als je geen slaap hebt.'
'Ik heb geen slaap,' antwoordde Jankel, 'maar ik ben moe en eigenlijk had ik al moeten slapen want ik sta iedere ochtend om vier uur op. Ik werk in de Grenadierstraat bij een bakker en om halfvijf wordt er gebakken. Kent u de Grenadierstraat? Heel gezellig, net als bij ons in Kiev in een joodse straat, misschien ook als bij u in Lemberg; winkel naast winkel. De slager naast de schoenmaker en daarnaast de viswinkel en de voddenzaak. Winkeltjes, sommige zó klein dat de verkoper zelf niet te dik mag zijn anders past hij er niet in. Maar ook grotere. Er zijn ook mensen met geld gekomen en die hebben een goede boterham in die branche. Ik ben tevreden dat ik tenminste werk heb gevonden in een bakkerij; daar hoef ik in ieder geval geen honger te lijden en zo kan ik nog wat geld wegleggen. Wij willen hier allemaal sparen om zo snel mogelijk uit die donkere holen weg te kunnen. Maar als ik al geld genoeg zal hebben, ik heb geen goeie papieren, niks klopt en als je verder wilt emigreren moet je je kunnen legitimeren. Ach.' Hij duwde met zijn hand zijn zorgen weg. 'Misschien ben ik over twee of drie jaar zo ver.'
'Bent u niet bang voor oorlog?'
'Ook dat nog! Laat u me met rust met uw oorlog.'
Inmiddels was een andere man binnengekomen die even knikte. Hij droeg een jute zak op zijn rug en Rudek hoorde een diepe zucht toen hij de zak onder het bed duwde waar het vol zakken en koffers stond.
De man kleedde zich uit zonder iets te zeggen, deed zijn talliet om en legde zijn gebedsriemen aan. Hij bad fluisterend, stopte toen alles weer in een mooi versierde, fluwelen zak en kroop in bed. Binnen vijf minuten snurkte hij.

Jankel had even rustig zijn sigaret opgerookt maar nu begon hij weer te praten: 'Die leeft van dooien,' zei hij en wees met zijn kin naar de overkant.
'Hoezo? Wat doet hij?'
'Als iemand sterft is hij, na de sjiwedagen, de eerste die op bezoek komt. Vaak zijn de mensen nog met mooie kleren van goede kwaliteit uit hun land hierheen gekomen en als ze dan gauw sterven doet Moisje goeie zaken. Hij koopt kleding van dooien en de familie verkoopt hier snel. Ze hebben toch geen plaats om dingen te bewaren en iedereen heeft geld nodig. De slechte kleren verkoopt hij hier en die waar hij veel geld voor kan krijgen gaan naar Polen en Rusland. Hij werkt samen met iemand en het lijkt dat de zaken goed gaan. Hij is al met Amerika bezig en nog wel voor vier mensen. Zijn vrouw en zijn twee dochtertjes zitten nog ergens in de buurt van Warschau. Gelijk heeft hij dat hij ze daar laat. Bovendien is het voor kinderen hier helemaal treurig en zo kan hij beter sparen. Hij hoeft nu ook alleen de huur van één van die krotten hier te betalen.'
De volgende ochtend zocht Rudek eerst een koffiehuis waar hij kon ontbijten en daarna lukte het hem door vragen en door langs weggetjes te lopen die steeds weer naar andere zijstraatjes voerden, het huis van de familie Menger te vinden.
Hun straatje was zo smal dat hij, wanneer hij zijn armen zou uitstrekken, de muren zou kunnen aanraken. Het was er koud en hij was de enige die er liep. Voor het huis aangekomen stond hij besluiteloos te kijken. Hij wist niet precies waar hij moest zijn. Beneden, in het souterrain, zag hij achter vieze vensters, stenen, kalk, cement, glazen platen en hout liggen. Erboven stond 'Wij Repareren'.
Toen hij zijn koffer even had neergezet kwam een blonde man van een jaar of vijfenveertig naar buiten, die hem in een plat Berlijns vroeg of hij hem ergens mee kon helpen.
Dus er woonden hier niet alleen joden, dacht Rudek.
'Ik zoek de familie Menger, maar...' Hij keek naar boven.
'Ja, hier boven wonen ze, aan de achterkant. Gaat u maar gewoon naar binnen, de deur is altijd open, er zit geen slot op. Voorzichtig op de trap met de koffer.'

Rudek zag dat een plank van één van de treden los zat. Toen hij klopte werd er snel opengedaan. 'Goeie morgen,' begroette Chajim hem, die naar het leek nu in een betere stemming verkeerde. 'Nog een beetje redelijk geslapen?'
'Ja, ik was moe.'
Hij kwam binnen in een keuken. Links van hem stond een kleine, ingebouwde kachel, daarnaast was de deur naar de kamer en de muur was verder bezet met de melk- en de vleesgerechtentafel. Het raam naar de achterkant, waar je in het huis van de overburen niet alleen kon binnenkijken maar bijna kon binnenstappen, was ver geopend. Chajim, zijn vrouw en de drie kleine kinderen die nog te jong waren voor de cheder, droegen allemaal een jas en een muts of sjaal. Naast het venster was een hoek uitgespaard. Daar zag hij een deur, kennelijk voor de plee. Aan de muur tegenover de tafels stond een bed en daarnaast een kapstok. Vanaf het midden waren aan alle muren planken, die met roodruiten valletjes waren bespannen, wat aan dit opgepropte geheel toch iets verzorgds gaf.
'Ik kan u voorlopig nog even niet aanraden uw jas uit te doen,' zei de vrouw vriendelijk, 'maar dadelijk gaat het raam dicht en dan is het gauw warm. Komt u binnen. Daar ben ik al klaar. Het is een werk om het hier draaglijk te maken, zodat ook de kinderen zich wat kunnen bewegen.'
'Voor de zekerheid heb ik ze allemaal een vaste plaats moeten geven, want ook nog ruzie op zo'n kleine afmeting kan ik helemaal niet verdragen,' voegde Chajim eraan toe.
Rudek zag dat de matrassen waren opgestapeld tot twee divans met een kleed eroverheen. Aan de kant tegenover het raam lag kennelijk het beddegoed, ook met een lap erover. De muur naast de deur was ingenomen door twee kasten en in het midden stond een tafel met twaalf stoelen. Rudek vroeg zich af hoe hier inderdaad alle kinderen zich konden bewegen. In de keuken had hij ook nog twee stoelen ontdekt; dus er konden eventueel twee gasten komen. De ramen waren ook hier open. De muur aan de overkant maakte duidelijk dat hier nooit een sprankje zon binnenkwam.
Het rook in de kamer naar mensen, een beetje closetlucht

en iets van carbol. Dat laatste maakte duidelijk dat ze hier toch probeerden wat hygiëne te handhaven.
Even later deed Reizel de vensters dicht en Rudek rook koffie.
Chajim pakte een stoel en ze gingen in de keuken zitten.
'Hier is het gauwer warm,' maakte hij duidelijk. 'Ik heb vandaag m'n cheder geruild met een andere melammed. Nu u toch hier bent wil ik u iets van onze weelde tonen. Er komen steeds meer mensen naar de buurt hier, die voor ons is uitgespaard in die grote stad. Maar goed, we zoeken allemaal zelf die voor ons betaalbare woningen, die je amper zo kunt noemen.' Hij wees met zijn hoofd om zich heen. 'Er zitten overal gaten, waar kou doorheen komt. Maar de huren in Berlijn zijn zó hoog, wie van ons arme sjlemielen kan die betalen? In de grote winkelstraten is het zelfs nog wel gemoedelijk en je kunt er lekker eten kopen als je geld hebt. Verder hebben we veel sjoeltjes. Ik zal het u allemaal laten zien, straks.'
Na de koffie pakte Rudek een grote doos uit zijn koffer met de cadeautjes, die Josl had meegegeven. Het bleken allemaal praktische geschenken te zijn. Voor Chajim en Reizel had hij sjaals meegegeven; voor Reizel een donkerrode omslagdoek en voor Chajim een dikke, warme zwarte sjaal. Verder waren er voor de kinderen van gevoerde wanten tot mutsen. Ook had Josl er voor ieder wat lekkers bijgedaan.
Chajim en Reizel waren ontroerd door zoveel aandacht.
'Ik zal hem een extra dikke brief schrijven maar hij wil weten of hij hierheen moet komen,' zei Chajim met een ongeruste blik. 'Wat moet ik zeggen? Het is hier niet zoveel beter dan in Lemberg. Wij hier kunnen nu wel goed eten, God zij geloofd. Ik verdien hier beter dan daar, maar dat is zeker niet voor iedereen zo. Er komen ook al steeds meer melammeds maar ook meer mensen, dus tot nu toe blijft er nog evenwicht.'
Nadat ze hun koffie hadden gedronken vroeg Chajim of Rudek al weg wilde. 'Ik zal u eerst onze levendige straat laten zien. Daar is van alles te koop. Er zijn daar grote winkels en heel kleine, veel eethuisjes, cafés en, zoals u gezien heeft, ook zaken die niet geoorloofd zijn. Er zijn

dure geldwisselaars en joden hebben ook hun boeven. Vrouwen verkopen zich, we hebben dieven; kortom, hier is een stad in een grote stad met alles erin wat steden hebben.'
'En hoe is het hier met scholen, bijvoorbeeld?'
'Natuurlijk zijn hier ook scholen, niet iedereen is vroom en stuurt zijn kinderen naar de cheder, de meesten wel tot nu toe. Maar ik weet niet welke joden nog zullen komen en er wonen ook niet-joden hier, dus de scholen zijn in ieder geval nodig.'
Rudek had de indruk dat Chajim meer belangstelling voor zijn omgeving had dan in Lemberg. Daar liep hij van zijn huis tot de sjoel en terug en hier moest hij zijn plaats bevechten.
In de Grenadierstraat begon Rudek zich wat prettiger te voelen, na al die achterstraatjes. Hier kon je inderdaad van alles krijgen; zelfs zag hij er boekwinkels en hij nam zich voor daar terug te komen.
'Kijk,' zei Chajim, 'we hebben hier bijna meer sjoeltjes en sjtibel dan vromen. Elke groep en elke rebbe heeft zijn eigen sjoel. De Russen hebben een aparte, de Polen, de Galicianers. De joden zijn hier naar buiten toe één, maar binnen, in die kleine gemeenschap, is hun afscheiding nog duidelijker dan in hun eigen land. Ze willen zich thuis voelen en zoeken daarom zoveel mogelijk hun eigen groep. Van het kleine beetje dat we verdienen moeten we ook nog voor onze sjoeltjes zorgen, maar gelukkig laten onze joden in het thuisland ons niet in de steek.'
'En wat vinden de kinderen van dit Berlijn?'
'O, de kinderen zouden liefst vandaag nog teruggaan. Wat wilt u, ze hebben geen zon, geen plaats om zich te bewegen. In Lemberg konden ze toch op de veranda terecht en wij wonen hier op een etage. In de buurt van onze straten zijn afzonderlijke huisjes, soms met hier of daar een houten balkon. Maar wie durft daarop te staan. Alles is oud en vermolmd, het is een afbraakbuurt die om één of andere reden niet verder is afgebroken. En wie woont hier om te blijven? Dit is toch geen omgeving om een existenz op te bouwen. Kijkt u hier in die andere straat, de Munzstraat, de meest verdorven straat. Hier is de hele onderwereld

aanwezig. Er wordt gemoord, gevochten, gedronken en wat nog meer.'

'Ach,' ging hij na even stilte verder, 'eigenlijk zijn de meeste mensen op doorreis, dat wil zeggen, ze denken het. Allemaal willen ze naar Amerika maar alleen een heel klein gedeelte lukt het. De meesten eten hun geld op dat ze hebben meegebracht omdat ze niets verdienen en hopen op een wonder.'

Rudek zag mannen met kaftans die er uitzagen alsof ze ze dag en nacht gedragen hadden. De meesten verkochten zakboekjes, spelden en band en dergelijke. Anderen deden geen moeite hun armoe te verbergen en hielden gewoon hun hand op voor een aalmoes: 'God zal u belonen,' zeiden ze. Er stonden joden met beigels in een doos en met kleren over hun arm. Ook liepen er arbeiders rond die zo gelukkig waren een vaste aanstelling gekregen te hebben, vooral in de kelders waar sinds kort sigaren werden vervaardigd. Er stonden ook joodse vrouwen, zwaar gesjminkt.

Toen ze even stopten met hun wandeling en iets gingen eten, zag Rudek ineens een oploopje van chassidiem. 'Wat gebeurt hier?' vroeg hij.

'O, niets,' antwoordde Chajim. 'Ze zijn blij. Zo af en toe komt de grote rebbe uit één of andere stad kijken hoe het met zijn volgelingen gaat. Dan zijn zijn chassidiem vrolijk en lopen zingend en dansend over de straten. Ach, arme mensen moeten zichzelf vaak een duwtje geven. Het leven is hier te zwaar.'

8

Rudek bleef een volle maand in Berlijn. Steeds weer was er iets dat hem er vasthield. Het waren soms op zichzelf kleine gebeurtenissen. Eens was er een vrouw die hem om een aalmoes had gevraagd en toen zij hem aankeek had hij iets in haar blik gezien dat hem nieuwsgierig maakte.
'Zwaar om hier te leven, hè?' zei hij, om een gesprek te beginnen.
De vrouw fronste haar voorhoofd, trok de schouders op en haar hoofd ging opzij. Er kwam alleen een bibberende zucht.
'Zou u misschien ergens mee willen gaan om wat te eten? Ik kom uit Lemberg, we willen in de jiddisje krant iets schrijven over hoe het de joden hier vergaat.'
'Ik kan nog niet weg, ik heb nog niet genoeg voor vandaag. En ik zie er toch niet uit om ergens naar binnen te gaan om te eten,' antwoordde de vrouw in een vrij beschaafd jiddisj.
'Ach, we nemen een eenvoudig eethuis en ik zal u er natuurlijk voor betalen. Komt u helemaal uit Litouwen?'
'Ach, u hoort dat? Ja, we zijn hierheen gekomen om door te gaan naar Amerika.' Ze keek voor zich uit.
'Kunnen we hier naar binnen gaan?' vroeg Rudek, toen ze langs een niet te druk eethuis kwamen.
'Ja, dat gaat nog.'
Toen ze iets besteld hadden, zei Rudek: 'Ik stel gewoon vragen, als u er niet op wilt antwoorden doet u het niet.'
Ze knikte.
'Woont u hier dichtbij?'
'Ja, met m'n zoontje van elf. Tegen drie uur in de middag ga ik meestal terug naar huis; ik kan hem daar niet zo lang alleen laten.'
'Waarom?'
'Ik woon hier.' Ze wees naar de straat die, zoals Rudek al wist, tot de beruchtste behoorde. 'Toen we hier twee jaar geleden kwamen, konden we die kleine woning voor weinig geld krijgen. We dachten: voor die korte tijd, en we hebben het genomen. In het begin weet je niet waar je terechtkomt.'

'Bent u alleen gekomen, met uw zoontje?'
De vrouw schudde haar hoofd. 'Ik ben met m'n man gekomen, maar alles wat hij deed liep mis; een te bescheiden mens. Hier is alles ellebogenwerk.'
'En nu?'
'Toen het hem steeds weer niet lukte, ging hij op den duur helemaal de straat niet meer op en werd stiller en stiller. Langzamerhand zei hij ook niets meer. Hij zat onbeweeglijk voor zich uit te kijken en het leek of hij niet eens meer wist waar hij was. Hij fluisterde soms iets onverstaanbaars tegen zichzelf.'
De vrouw nam een slok koffie en een hap van haar brood.
'En toen?' vroeg Rudek om haar weer aan te moedigen.
'Ik denk dat hij naast alle moeilijkheden ook veel heimwee had. Van de paar centen die we hadden meegenomen was niets meer over. Op een dag heeft hij zijn tas gepakt, is zonder iets te zeggen de deur uit gelopen en niet meer terug gekomen. We hebben lang gewacht, de volgende dag de politie gebeld, onze papieren zijn in orde... We hebben tot nu toe nog steeds niets van hem gehoord en dat is al bijna twee jaar.' Ze zuchtte. Wie weet, misschien staat hij vandaag of morgen ineens weer voor de deur. Bij de familie in Litouwen is hij ook niet.'
'En is er dan te leven van dat kleine beetje geld dat u ophaalt?'
'Natuurlijk niet, er zijn hier al te veel sjnorrers.' Weer viel ze even stil maar ze begon vanzelf verder te praten. 'Ik kon kiezen, óf de straat op gezet worden óf aan geld zien te komen om de huur te betalen. Nu woon ik met Mottek in de keuken. We slapen in het enige bed dat er kan staan. Ik heb daar een gordijn opgehangen om niet iedereen te hoeven zien die langs loopt naar de kamer die ik heb verhuurd aan een prostituée. Ze moet met haar gasten door de keuken; er is maar één ingang. Ik wist niet meer wat ik doen moest en zij vroeg me om een woonruimte. Het is geen slecht mens, maar... naast ons in de kamer... Ik heb mijn zoon alles uitgelegd. Die vrouw probeert nog een beetje rekening met de situatie te houden. Al te ruwe mannen laat ze staan, zegt ze.'

Na het gesprek liep Rudek een boekwinkel binnen. De eigenaar zat in een krant te lezen, knikte en las verder.
'Heeft u even tijd voor me?' vroeg Rudek. 'Ik kom uit Lemberg.'
De man vouwde zijn krant op. 'O, uit Lemberg. Mijn stad. Ik heb wel tijd.'
'Ik wou wat informatie hebben.
'U bent niet de enige. Wat wilt u weten?'
'Zoveel mogelijk. Ik heb bijvoorbeeld gemerkt dat hier mensen leven die aan de rand van hun bestaansmogelijkheden zijn en toch niet teruggaan naar Polen. En ik vraag me af, willen ze niet terug of kunnen ze niet terug omdat ze geen geld hebben?'
'Allebei eigenlijk. Veel mensen zijn hier een beetje behekst. Ze zijn gekomen om naar Amerika te gaan, zijn al hun geld kwijtgeraakt doordat ze geen werk konden vinden en hun kapitaaltje dat ze hadden meegebracht voor hun levensonderhoud nodig hadden. Nu blijft ze niets anders over dan in een wonder te geloven. Ze denken dat er vandaag of morgen een groot schip komt dat ze naar Amerika zal brengen. Er zijn ook anderen, 'Luftmenschen'. Die denken iedere dag weer, bij elk nieuw zaakje, dat hét grote fortuin op ze staat te wachten. En dan zijn er nog de vromen, het grootste gedeelte. Die zijn hier al gesetteld, hebben er hun sjtibel en hun sjoeltjes. En zij zijn al zo lang gewend om van bijna niets te leven dat ze niet rebelleren. U weet hoe dat is; sommigen snorren het geld bij elkaar dat ze voor een dag nodig hebben, anderen lopen met garen en band langs de straten. Maar in het algemeen is het nog maar weinig mensen gelukt om het nodige geld bij elkaar te verdienen, zodat ze werkelijk naar 'De Goldene Medine' kunnen gaan.'
'En u? Wilt u ook weg?'
'Of ik wil staat niet ter discussie. Ik héb geen geld. Ik ben met andere dingen bezig. Misschien kan ik een kleine krant maken voor de mensen die goed geïnformeerd willen worden. Een officieel jiddisj weekblad, met ook inlichtingen over onze interne problemen, hier. Ik hoop dat mij dat lukt.'

Toen Rudek, vol indrukken, terug was in Lemberg, werd hem eerst bij de familie van alles over de toestand in Berlijn gevraagd.
'Er is zoveel dat gedaan moet worden,' zei hij, 'dat je niet weet wat je het eerste zou moeten aanpakken. Maar vooral voor de kinderen moet er snel hulp komen. Als ze al geen t.b.c. krijgen, is het in ieder geval nodig dat ze tenminste opgevangen worden. Ze zwerven rond in gevaarlijke buurten, zonder controle van hun ouders, die de hele dag bezig zijn om voor het voedsel te zorgen. Heel kleine kinderen wachten soms urenlang voor hun huizen, verkleumd van de kou, duidelijk verwaarloosd. Ik zal lezingen over al deze problemen houden, in de 'Bund' en bij andere joodse verenigingen en zien of er geld bij elkaar komt. Ik zal er artikelen over schrijven in jiddisje kranten. We moeten iets doen.'
'Maar denk je dat je een groot gehoor zult krijgen? Het is een slechte tijd voor zulke zaken. De meeste mensen houden zich bezig met grotere politieke spanningen.'
'Ja, dat is zo, en begrijpelijk. We zullen wel zien.'

Sabina zat inmiddels in de eindexamenklas. Er waren veel lessen die ze moest leren en ze haastte zich om thuis te zijn. Het was warm. Het viel haar op dat er nu een vreemde onrust heerste. De mensen liepen nerveus rond. Ze begreep niet waarom ze in groepjes stonden te praten en zo ernstig keken. In de verte hoorde ze geschreeuw en toen ze dichterbij kwam zag ze dat er ook mensen om de krantenverkopers waren samengedrongen. De krantenjongens riepen hard door elkaar en het kostte haar moeite te verstaan wat ze zeiden. Ze luisterde scherp.
'Moord!' hoorde ze. 'Móórd op Franz Ferdinand! Franz Ferdinand en zijn vrouw in Sarajewo vermoord! Groothertog Franz Ferdinand vermóórd!'
Franz Ferdinand? De opvolger van keizer Franz Joseph! Ze voegde zich bij de groep om een krant te kopen.
Bovenop stond in dikke letters: '28 Juni 1914. Moord op Franz Ferdinand en zijn vrouw in Sarajewo!'
Toen ze thuis kwam wist haar moeder het al. 'Dit is oorlog,'

zei ze. 'Dat laat Franz Joseph niet toe. Hij was al lang van plan de Serviërs uit te dagen om ze te tonen wie sterker is. Alleen de Russen stonden hem in de weg. Maar nu zal hij wel alles op alles zetten.'
'Hoe weet u dat allemaal,' vroeg Sabina verwonderd.
'Als je goed kranten leest weet je die dingen. God, wat staat ons nu allemaal te wachten?'
Die avond kwam iedereen bij hen. Het huis was vol mensen: Rudek met zijn vrouw en de beide kinderen, Szlomek met zijn ouders, de ouders van Dwoira en de collega van hun vader uit Wenen, die zeer ongerust was omdat hij, van zijn gezin gescheiden, niet wist wat hij doen moest. Hij vroeg zich af of hij niet dadelijk terug zou gaan. Alle vragen bleven in de lucht hangen. Alleen Leo bleef optimistisch: 'Ach,' zei hij. 'In ieder geval zal het, áls er oorlog komt, niet zo lang duren. Een paar maanden hooguit. Duitsland zal de Oostenrijkers niet in de steek laten, Duitssprekende landen houden elkaar sterk. En Duitsers zijn goede soldaten.'
Sabina was inmiddels al enkele keren zo ongemerkt mogelijk naar de veranda gelopen om te zien of ze even met Izjoe zou kunnen spreken want nu vond ze het toch wel moeilijk dat ze niet gewoon naar hem toe kon lopen om door hem gerustgesteld te worden.
Toen de mensen laat in de avond met een vreemd gevoel van gespannen afwachting naar huis gingen, had ze Izjoe nog steeds niet gezien. Waarschijnlijk was hij bij vrienden gebleven om zijn onrust samen met hén te delen.

De volgende dag ging Sabina naar het café waar ze altijd met Izjoe afsprak. Toen ze hem zag moest ze haast huilen en wist niet precies waarom.
'Lieve schat,' zei hij troostend. 'Ik had gisteren ook graag bij je willen zijn maar... door al die opwinding ben ik pas heel laat naar huis gegaaan. Ik heb m'n ouders tegen m'n gewoonte in laten wachten en ze waren natuurlijk kwaad. Ik ga met m'n professor afspreken om nog snel een examen te doen, wie weet wat ons nog boven het hoofd hangt. Ik ben dus afgekeurd voor dienst maar als de Russen hier binnenkomen ga ik toch vechten.'

'Ik vraag me af hoe het met mijn examens zal gaan,' antwoordde Sabina nu weer wat kalmer. 'Het zou me niets verbazen als alles gewoon doorging, zelfs al horen we de meest angstaanjagende berichten. Maar hoe moet je je hersens dan bij je werk houden?'
'Laten we even praktisch zijn,' zei Izjoe nadenkend. 'We moeten elkaar dagelijks op één of andere manier kunnen bereiken. Ik was van plan bij een vriend van mij te gaan wonen; zijn ouders hebben het me aangeboden want ze bezitten een heel groot huis, maar ik denk dat ik het nu even uitstel en voorlopig bij m'n ouders blijf. Ik zal iedere ochtend een briefje onder jullie kolenhok schuiven, maar ik weet nog niet hoe jij mij moet bereiken. Ik geef je in ieder geval het adres van mijn vriend. Mocht het nodig zijn dan schrijf je een brief daarheen. Ik krijg hem dan nog dezelfde dag. Of als het haast heeft kom je zelf even, het is niet zo ver.'
De volgende middag was Izjoe stil en in zichzelf gekeerd toen hij met Sabina samenkwam.
'Heb je ruzie gehad, thuis?' vroeg ze.
'Nee, Nathan gaat volgende week naar Wenen.'
Sabina wist niet wat ze moest vragen om hem weer aan het praten te krijgen. Ze begreep dat dit moeilijk voor hem moest zijn.
'Heb ik je weleens verteld hoe we vrienden zijn geworden?'
Ze schudde haar hoofd.
'Ik ben iets tussen een vriend en een jonger broertje voor hem. Hij is ook enig kind. Hij is vier jaar ouder dan ik en al lang klaar met zijn doctoraal. Nu specialiseert hij zich op hartziekten, net als zijn vader, die hier een bekende hartspecialist is. Ik was eerstejaars en nog erg onzeker, toen ik een keer in een studenten-eethuis naar een zitplaats zocht. Ik keek rond en ik zag veel tafels waar één persoon aan zat maar ik durfde niet aan te schuiven. Ineens hoorde ik iemand zeggen: 'U kunt gerust hier komen zitten, er is plaats genoeg.'
'Ik vond het vervelend bij zo een vreemde, oudere student te gaan zitten, maar hij zag er niet onvriendelijk uit en ik durfde in ieder geval het aanbod niet af te slaan, dus ik zei

dank u wel en en nam plaats. Nathan vroeg me van alles en ik antwoordde beleefd zoals je tegen iemand doet die veel meer weet dan jij.
'Kom,' zei hij na een poos, 'laten we iets drinken dan wordt uw gedrag misschien een beetje gewoon. We moeten in ieder geval beginnen jij te zeggen want ik denk dat we elkaar nog vaker zullen ontmoeten.'
'Zo vreemd is die vriendschap begonnen. Ik heb daarna bijna geen vrienden meer van mijn eigen jaar gehad. Al de vrienden van Nathan accepteerden me ook. Ik heb veel van ze geleerd en met alle moeilijkheden van de geneeskunde hielp Nathan me. Ik heb meer contact met zijn ouders dan met de mijne. Zij zijn langzamerhand net familie voor me geworden. Ik denk dat zijn ouders mij ook een beetje als hun jongere zoon zien. Nu heeft Nathan, gesteund door zijn vader, besloten zijn studie in Wenen voort te zetten. Zijn vader leek dat beter met die oorlogsdreiging en die Russen zo dicht in de buurt.'

'Zie je wel,' zei Leo na twee weken. 'Die hele toestand met Servië loopt toch nog met een sisser af.'
'God geve, God geve!' antwoordde Dwoira.
Maar nóg twee weken later, toen sommigen al dachten dat het zou meevallen, kwam Dunjo thuis met de krant.
'Het is zover,' riep hij. 'Keizer Franz Joseph heeft Servië de oorlog verklaard. Er is algemene mobilisatie. Kijk.'

'Rusland en Duitsland mobiliseren nu ook al,' kwam Rudek een paar dagen later vertellen. 'Deze oorlog zal langer duren dan we denken nu iedereen zich ermee gaat bemoeien. Ze zeggen dat zelfs de Britten in het geheim hun vloot in paraatheid brengen.'
Diezelfde avond kwam Szlomek nerveus bij de Steinmanns binnen. 'Ik heb een oproep ontvangen,' zei hij. 'Ik moet over drie dagen onder dienst.'
'Over drie dagen al?' riep Fanja.
'Ja, en ik ben bang dat al die kleine conflicten zich zullen uitbreiden tot een grote oorlog, waar we voorlopig nog niet vanaf zijn.' Hij bleef even in gedachten voor zich uit kijken.

'Wat heb ík met al die toestanden te maken,' zei hij toen weer, wat geïrriteerd. 'Zelfs de Engelsen en Fransen gaan zich er nu mee bemoeien. Duitsland zal Oostenrijk wel gaan helpen. Het enige duidelijke gevaar voor ons zijn de Russen als die zich erin gaan mengen. Tegen hen wil ik wel vechten om de joden in Polen te helpen, want joden zullen wel weer de grootste klappen moeten incasseren, daar kunnen we zeker van zijn.'
'Ik zal opletten waar jij ingezet wordt,' zei Fanja. 'Ik vind het onzinnig om zo maar af te wachten tot het afgelopen is; ik zou me iedere dag opvreten van de zenuwen. Soldaten moeten geholpen worden als ze gewond zijn. Ik denk dat ik in de verpleging ga, als vrijwilliger.'
'Denk er nog even goed over na,' zei Dwoira. 'Een mens heeft maar één leven.'
'Ik ben twintig. Ik ben niet zo erg bang en ik vind dat ik verplicht ben iets te doen.'
'Ik ben wel trots op je,' zei haar vader. 'Maar ik zou dit gevoel graag willen inruilen voor de zekerheid dat mijn kinderen buiten deze oorlog blijven.'
Op een stralende dag, begin augustus, stond de hele familie aan de trein die Szlomek, ergens in Europa, naar zijn garnizoen zou brengen, waar hij verder zou worden ingezet. Zijn ouders stonden erbij of ze het koud hadden. Zelfs Dwoira, die niet zoveel sympathie voor hen koesterde, had nu medelijden met ze en begon een gesprek: 'Misschien valt het allemaal wel mee voor Szlomek. Er is veel kleding nodig voor zo een grote mobilisatie, dus laten we hopen dat hij voorlopig nog helemaal niet naar het front moet.'
'God geve,' antwoordde Szlomeks vader en zijn aanroep werd begeleid door de zucht van zijn vrouw, die meestal en ook nu weer, eindigde met de uitroep: 'Reboine Sjaloilom.'
Op het perron kon je bijna geen plaats vinden om te staan, zo druk was het met soldaten, bagage en heen en weer lopende familieleden.
'Schrijf je zoveel je kunt?' vroeg Szlomek aan Fanja. 'Ik denk dat ik erg naar je hele familie zal verlangen en wie weet hoe lang het duurt voor ik weer eens weg mag.'
'Ik schrijf je iedere dag.' Ze streelde over zijn hand. 'Maar

wees niet ongerust als de post niet aankomt; oorlog is onzekerheid. Laten we proberen ons verstand bij elkaar te houden om energie over te hebben voor daarna. Het is niet onze oorlog, al ga je dat hier, tussen al die trotse soldaten, bijna vergeten. Wees een beetje laf, Szlomek. Voor mij is jouw leven alles, beloof je me dat?'
'Ik beloof het. Het zou makkelijker zijn om ergens voor te moeten vechten waar je de zin in kon vinden. Maar dit wordt geen kórte oorlog, zoals je vader denkt.'
Szlomek had tranen in zijn ogen; hij schaamde zich niet. 'Pas goed op jezelf, Fanja, als jij ook misschien naar het front moet. Laten we elkaar in gezondheid terugzien.' Ze huilden in elkaars armen.
Toen Szlomek een beetje tot zichzelf was gekomen nam hij van iedereen afscheid en stapte in de trein. Hij was officier en kon op een goede plaats rekenen.
Izjoe was ook naar het afscheid gekomen maar Sabina durfde bijna niet naast hem te staan, nu Fanja haar verloofde moest missen, terwijl Izjoe gewoon kon doorstuderen.
Zijzelf was voor haar examen geslaagd en was nu klaar met school. Hoe haar verdere opleiding zou gaan kon ze niet overzien. In ieder geval zou zij niet als verpleegster dienst willen doen, ook niet als Szlomek wél opgeroepen zou zijn, dat wist ze zeker.
Sabina zag dat Izjoe naar Fanja toeliep en met haar praatte. 'O nee,' riep Fanja nu zo luid dat Sabina het kon verstaan. 'Integendeel, ik ben blij dat jij dit geluk hebt. Probeer in die moeilijke tijd toch soms bij ons te komen. Je hoort bij ons en het is jammer dat dit zo zelden kan.'
'Kom,' zei Dwoira toen de trein was vertrokken. 'Ik nodig iedereen uit voor de lunch, ik heb erop gerekend.'
'En komt u ook alsjeblieft met ons mee,' zei ze tegen de ouders van Szlomek.
Ze stonden daar bleek, zwijgend en ineengedoken. Ze knikten.
'Graag,' zei Dwoira. 'Zo zijn we nog even allemaal bij elkaar.'

9

De klok van de kerktoren had al twee uur geslagen en nog steeds lukte het Sabina niet in te slapen. In deze stilte prentten zich alle veranderingen van de laatste tijd nog sterker in haar gedachten. Er waren zoveel mensen uit haar omgeving verdwenen dat de leegte haar pijn deed.
Fanja werkte al maanden als verpleegster in een lazaret ergens in de Oekraïne. Sabina had haar sinds die tijd nog maar één keer gezien. Haar zuster had zich toen anders gedragen dan ze van haar gewend was; meer in zichzelf gekeerd. Ze keek vreemd, een beetje angstig of verwonderd leek het. Ze vertelde ook weinig; wel had ze er sterk bij hen op aangedrongen uit Polen te vertrekken.
'Jullie moeten naar Wenen zolang het nog kan,' zei ze.
Maar haar vader vond dat hij zich dat niet kon veroorloven tegenover zijn werkgever. Juist nu hadden ze hem hard nodig; het hotel was vol met vertegenwoordigers van wapenleveranciers. Hij was wel goed beschermd, dacht hij.
Sabina werkte nu ook in het hotel zolang ze niets anders te doen had.
Izjoe assisteerde in een ziekenhuis. 'Ik kan niet rustig doorstuderen onder deze spanningen, de studie komt later wel weer,' zei hij.
Nu zag ze ook hem weinig, al schreef hij haar wel geregeld.
Ook Rudeks vrouw en de kinderen waren niet meer in Lemberg. De zuster van zijn vrouw had er bij hen op aangedrongen zo snel mogelijk naar Wenen te komen. Rudek vond dat zijn familie moest gaan maar dat hij zijn zaak niet onbeheerd kon achterlaten. Ze waren vertrokken met de belofte dat hij, als de toestand zou verslechteren, ook zou komen.
's Morgens stond Sabina vroeger op om met haar vader naar het hotel te gaan; dan was ze tenminste ergens mee bezig. Maar het gevoel van zinloosheid dat ze steeds met zich meedroeg verdween niet.
Ook haar moeder zag er bekommerd uit; haar gedachten waren bij haar broers die ergens in de Oekraïne vochten en

bij Szlomek die ze zo graag mocht. 'Wie weet waar ze nu zitten en hoe het met ze is,' reageerde ze die ochtend aan tafel toen ze de krant inkeek en las dat de Russen steeds dichterbij kwamen.
Sabina voelde zich verkreukeld, treurig en minderwaardig. Ze dacht dat anderen haar minachtten omdat zij niets nuttig deed. Ze zou ook als verpleegster moeten gaan werken, misschien bij haar zusje. Ze rilde als ze het zich voorstelde. Hoe ging dat dan met anderen die geen bloed konden zien? Ze wist dat als er geen andere keus was ze er wel aan zou moéten wennen; ze was laf. Maar als er al een God bestond, kon dit dan allemaal zijn bedoeling zijn; jonge mannen in de oorlog te laten sneuvelen zoals de schoonzoon van hun huisnaaister, mevrouw Fuks?
Hij was vijfentwintig, vorige maand in Galicië gevallen.
Onuitgeslapen en met blauwe kringen onder haar ogen zat Sabina die ochtend bij het ontbijt.
'Je ziet er uit of je ziek bent,' zei haar moeder. 'Voel je je niet goed?'
'Ik zou willen slapen.'
'Blijf dan thuis; je kunt best een dag gemist worden.'
'Ach nee, ik weet niet waarom ik me zo... zo mat voel. Iedereen helpt waar hij kan en ik... Ik wil alleen maar slapen.'
Waarom wilde ze als een mol wegkruipen en wachten tot anderen het werk hadden opgeknapt? Waarom was ze zo bang, vroeg ze zich af. Zwijgend dronk ze haar koffie, die de laatste tijd te slap gezet werd om er echt wakker van te worden.
'IJdelheid,' antwoordde haar moeder, 'en onzin. We krijgen nog allemaal onze portie. Niemand zal kunnen wegkruipen en eigenlijk willen we dat allemaal wél.'
Sabina keek haar aan. 'Is dat zo?' vroeg ze. 'Je leest toch dagelijks over dapperheid van soldaten, en ook in de geschiedenis, daar hebben joden zich op brándstapels laten gooien omdat ze niet tot een ander geloof wilden overgaan. Er zijn mensen die weten dat ze niet meer lang te leven hebben en ze gedragen zich rustig.'
'Ach, een mens wil leven. Al die romantiek is toch onzin.

Kun jij altijd bij een ander naar binnen kijken? De één gedraagt zich zus en de ander weer zo, maar niemand wil vóór zijn tijd sterven.'
'En mensen die zelfmoord plegen?'
'Ja, dat zijn uitzonderingsgevallen. Er zal wel zo een hopeloosheid bestaan dat je niet meer...'
'Kom,' zei Sabina's vader, die niet van die gesprekken hield en er een eind aan wilde maken. 'We moeten gaan.'
Ze liepen in hun gedachten verzonken tot ze elkaar ineens aankeken. Dichtbij klonken harde schoten en daarna gedonder als na een bliksemslag. In de straat was verder niets veranderd; de mensen liepen naar hun werk alsof dit geluid erbij hoorde. 'Duitsland zal nu wel vlug komen helpen, ze laten dit niet zo,' reageerde haar vader op dit geluid. Zijn stem klonk minder zeker dan Sabina van hem gewend was.
'Toch is er deze week minstens een kwart van de hotelgasten vertrokken. Deze mensen weten beter dan wij wat er aan de hand is,' antwoordde Sabina.
Haar vader knikte. Waarschijnlijk hadden de Duitsers toch belangrijkere stellingen te verdedigen. Maar zouden ze Oostenrijk zo aan zijn lot overlaten? Hij kon zich dat niet voorstellen.

'Goede morgen, Herr Steinmann,' hoorden ze toen ze het hotel binnengingen. Voor hen stond de grote chef uit Wenen. 'Ik wil straks een gesprek met u hebben. Vanmiddag vertrek ik weer.'
Leo stelde zijn dochter voor. Ze kreeg een handkus en zakte automatisch even door de knieën.
Op de kamer van haar vader, waar Sabina's schrijfbureau ook stond, zag ze hem bezorgd kijken. 'Gaat u maar meteen praten, dan bent u daar van af,' zei ze.
'Nee, dat is niet goed, dan denkt hij dat ik bang ben.'
Het leek Sabina beter iets te gaan doen en haar vader niet verder te beïnvloeden.
Ze waren al een uur in hun werk verdiept toen ze plotseling van dichtbij schoten hoorden. Het kanongebulder leek op bliksemslagen. Het hield niet meer op en werd harder. Toen het geluid even stopte hoorden ze paardegetrappel en gillen.

Sabina en haar vader holden naar het venster. Daarna leek het of alles tegelijk gebeurde. Het hotel was al omsingeld door Russische soldaten. Ze holden er met hun paarden op af of ze erdoorheen wilden gaan. Aan alle kanten was glasgerinkel te horen. Sabina gaf een gil en deinsde achteruit toen hun vensters met geweerkolven werden ingeslagen.
'Sabina, ga weg! Verstop je vóór je in hun handen komt. Gauw!' hoorde ze haar vader roepen.
Toen was er aan alle kanten geschreeuw van de militairen dichtbij. In plaats van weg te hollen liepen de meeste gasten de trap af, regelrecht in de handen van de soldaten. Ze sloegen om zich heen en keken niet wie ze raakten. Een jood met een baard werd door twee soldaten in elkaar getrapt. Hij had maar twee keer geschreewd. 'Sjma-Jisraeel!' riep hij. 'Reboine sjaloilom!' Toen was hij stil en er lag bloed.
Sabina zag tussen alles door dat haar vader met een soldaat sprak. Hij zei iets in het Russisch op verzoenende toon, toen gilde hij ook. Haar vader gilde!
Daarna had ze hem niet meer gezien, want ze was door een gebroken vensterruit gevlucht en weggehold! Haar hand plakte van het bloed, ze had zich gesneden, haar mantel was gescheurd en dat kon haar verraden! Haar droge keel deed pijn en elk ogenblik kon ze vallen omdat ze dit tempo niet meer kon volhouden. Maar achter haar klonk het getrappel van de Russische paarden. Haar vader had gegild en zij was weggehold. Haar vader had gegild!
Ze zou nu vallen en de paarden zouden over haar heen lopen en de Russen zouden... Ze mocht niet in hun handen komen. Kon ze maar niets meer voelen! Flauw vallen! Het zout van zweet prikte in haar ogen. Ze liep een zijstraat in. Haar hoofd...
Ineens voelde ze dat ze werd vastgepakt. Ze kreeg een ruk aan haar arm, een hand op haar mond en ze werd ergens naar binnen getrokken. Verstijfd, als een muis in doodsnood, lag ze met haar handen voor haar gezicht. Het suisde in haar oren, haar hart bonkte en ze voelde dat het donker om haar heen was. Toen hoorde ze een geluid dat niet bij de situatie paste. 'Sst, stil maar,' zei een vrouwenstem

fluisterend. ‘Als je maar niks zegt. Ik heb je in een rommelkamer gehaald. Als je hier maar zwijgend blijft liggen tot ze voorbij zijn. Jezus Maria, Boze moje, mijn God, wat richten ze aan!’
Katholieken hadden haar dus gered.
Hetzelfde ogenblik zei de vrouw: ‘Ik heb gezien dat je jodin bent. Ik ben hier nu alleen thuis. Als m’n man en mijn zoon komen zul je weg moeten zijn. Want zij... vooral mijn man... Ik weet niet wat hij... Tenslotte hebben jullie ook grote zonden be... Wacht, wil je wat drinken?’
Sabina knikte. Als ze nog maar niet weg hoefde. Ze voelde haar ledematen bijna niet, alsof ze er geen macht meer over had.

Later, op weg naar huis, hield ze haar gescheurde mantel over haar arm. In deze buurt was het weer rustig. Niemand wist hoe de toestand in andere gedeelten van de stad was. Ze wilde zo snel mogelijk thuis zijn, misschien was haar vader daar. Ze moest gewoon rustig lopen, geen haast tonen want dat viel op. Het schieten ging nu zonder ophouden door. De Russen waren dus in Lemberg! Ze had in het hotel al gezien wat joden van hen verwachten konden.
Onwillekeurig liep ze nu toch weer snel. Ze moest horen hoe het met haar vader was afgelopen; ze hadden hem weggevoerd, dacht ze. Ze wist het niet zeker, want door zijn gegil was ze verschrikt weggehold.
Thuis waren er alleen haar broertjes; ze zaten zwijgend en met bleke gezichten op het bed. Haar oudste broer van vijftien zei dat hun moeder door iemand was weggeroepen; ze moest gauw mee, ze wisten niet waarheen.
‘Hoe zijn jullie thuisgekomen?’ vroeg Sabina om haar angst af te leiden.
‘Ze hebben bijtijds de school gesloten toen de schoten dichterbij kwamen. Maar hier in de buurt hebben de Russen al een huis van een gezin in brand gestoken. Je weet wel dat kleine joodse winkeltje met talles en keppeltjes en boeken. Er was gelukkig niemand binnen.’
Nadat Sabina verteld had wat er was gebeurd, konden ze niets anders doen dan wachten op de komst van hun

moeder. Toen ze na lange stilte ineens voetstappen op de veranda hoorden, liepen ze alle drie tegelijk naar de deur. Hun ouders kwamen aanlopen. Voorzichtig hield hun moeder hun vader om zijn middel vast. Hij had zijn hand in een mitella en om zijn hoofd en één oog was een groot verband gewikkeld. Ze liepen heel langzaam.
De eerste ogenblikken zei niemand iets. Toen riep Sabina: 'Papa!' Ze huilde.
'Ja kind,' antwoordde hij zacht. 'God zij dank ben jij er goed vanaf gekomen.'
'Kom Leo, ga liggen. Ik zal je schoenen uittrekken,' zei hun moeder. 'Wees maar zo rustig mogelijk, jongens. Jullie vader heeft een hersenschudding, maar ik heb hem toch meegenomen. Het is niet goed om in zo'n tijd in een ziekenhuis te zijn. Hier zal hij meer rust krijgen, hoop ik.'
Hun vader ging liggen, sloot zijn ogen en zei verder niets.
'Mam,' vroeg Sabina na een poos. Haar stem klonk schuldig. 'Wat hebben ze gedaan? Ik moest toch... Ik kon hem toch niet... Maar het ging vanzelf, ineens stond ik buiten toen dat allemaal gebeurde. Ze vertelde haar moeder haar verhaal.
'De Russen hebben je vader met een geweerkolf op zijn hoofd geslagen,' zei Dwoira. 'Toen hij was gevallen hebben ze met hun laarzen zijn vingers vertrapt. We weten nog niet hoe het met zijn hand zal aflopen, maar het is gelukkig zijn linker.'

Op een ochtend pakte Sabina van de besteller een brief aan en gaf hem aan haar moeder. Hij kwam uit het hotel.
'Ja,' zei Dwoira toen ze hem snel had doorgelezen. 'Precies wat ik al dacht. In die korte tijd dat de Russen hier zijn, is Lemberg een andere stad geworden. In de brief staat dat jullie vader ontslagen is omdat de positie die hij bekleedde niet meer door joden mag worden ingenomen. Hier, lees maar.'
Diezelfde ochtend kwam Rudek ontdaan binnen. 'Al mijn jiddisje boeken hebben ze op straat gegooid en verbrand en de winkel hebben ze ook in brand gestoken,' zei hij. 'In één ogenblik heb ik verloren waar ik jaren aan heb gewerkt.'

Van Fanja en Izjoe hoorden ze niets. 'Misschien laten ze joden die in ziekenhuizen werken met rust omdat er zoveel gewonden verzorgd moeten worden,' zei Leo. Zijn stem klonk zwak.
'Ik denk het wel,' antwoordde Dwoira geruststellend.
Ze liep naar de voorkamer om naar buiten te kijken.
'Op straat zie je bijna geen jood meer lopen. Alleen hier en daar nog een paar vrouwen met boodschappentassen. Ach ja, de kinderen moeten eten. Ik ga er niet uit, we gebruiken voorlopig maar de etenswaren uit de kist. Dan eten we wel bonen en aardappelen. En brood bak ik zelf zolang ik nog genoeg brandstof en meel heb.'

De jongens schaakten veel en hun vader sliep meestal. Hij was erg in zichzelf gekeerd en niet in staat te praten over wat er was gebeurd.
Sabina en Dwoira deden het huishouden. Ze moesten wassen, schrobben, brood bakken, kleren verstellen en zorgen dat er niet te veel brandstof werd verbruikt, want wie wist wat er nog zou komen.
'Ik ben dankbaar voor elke dag dat we nog bij elkaar zijn,' zei Leo, die altijd zo optimistisch was geweest. 'Rudek vertelt over pogroms overal om ons heen. Waarom zouden de Russen vandaag of morgen niet ook in onze straat komen om alles kapot te slaan en in brand te steken.'
'En m'n ouders zijn al zo oud,' antwoordde Dwoira. 'Die kunnen zich niet meer zo snel verstoppen.' Ze ging er nu iedere dag heen om voedsel te brengen. Ze wilde niet dat zìj de straat op zouden gaan.
Rudek was de enige die soms de deur uit ging om berichten te horen en de noodzakelijkste boodschappen te doen. 'Ik ben hier toch alleen,' zei hij.

10

De sneeuw lag hoog in de sraten en iedere ochtend viel er weer een witte laag overheen alsof de vorige bedekt moest worden. In de muren van grote gebouwen en huizen waar de sneeuw niet kon komen of door de wind was weggeblazen zag men, verspreid als confetti, kogelgaten.
Leo was na zijn ervaring in het hotel bang gebleven.
'Ik vind dat we een schuilplaats moeten maken,' had hij gezegd. 'De Russen zitten hier nu al bijna een jaar en als het nog langer duurt, blijft er geen jood meer ongedeerd. Ik ben er nog goed van afgekomen, alleen m'n twee vingers zijn verminkt, maar die bandieten zijn nog geregeld bezig in de dorpen waar veel joden wonen. Ze steken huizen in brand en slaan en moorden. Ik wil dat van ons hier niemand meer iets overkomt.'
In dikke jassen stonden Rudek en zijn neefjes Dunjo en Marek nu in het kolenhok, waar de voorraad flink was geslonken. Van een gedeelte van het hout dat ook voor verwarming gebruikt moest worden maakten ze nu een dubbele muur om als schuilplaats te dienen.

Sabina hoorde nog vaak in haar herinnering haar vader gillen. Hij zou nooit meer zijn optimistische goedgelovigheid terug krijgen, dacht ze. Hij was stiller geworden en ouder ineens.
Ze wist dat hij ook niet goed kon verdragen dat hij niet werkte. Hij las niet veel, hooguit de krant. Het was goed dat Rudek ervoor zorgde dat er bladen in huis kwamen.
'Er zijn de laatste tijd veel joden naar Rusland weggevoerd,' vertelde hij. 'Ze worden verdacht van hulp aan de vijand. Het is voor de Bund voorlopig te gevaarlijk om bij elkaar te komen. Twee van ons zijn van spionage beschuldigd en door de Russen gevangen genomen. En het macabere is dat het Simche en Jacob moesten zijn. Juist die twee, die propaganda tégen deze oorlog hebben gemaakt, omdat die volgens hen niets met de belangen van Polen te maken heeft en alles met die van het kapitalisme.'

'Ach ja,' antwoordde Dwoira. 'Chassidische kinderen komen al lang niet meer op straat en gaan dus ook niet meer naar de cheder omdat ze door hun kleding gevaar lopen.'
Sabina's angst was gebleven. Iedere morgen moest ze zichzelf een reden aanpraten om op te staan. Soms sloot ze haar ogen en liet ze beelden opkomen die niets met de werkelijkheid van nu te maken hadden. Dan was ze weer op haar laatste vakantie in Karlsbad, of wandelde ze aan haar vaders hand in het park. Alleen de brieven van Izjoe en van haar familieleden gaven haar een beetje moed.
'Ik verlang naar jou en naar alles wat gewoon en huiselijk is,' schreef Izjoe in zijn laatste brief. 'Hier leef je met de meest extreme situaties van de oorlog, met de dood en met al die jonge mannen, die verminkt zijn en zonder armen, benen en ogen verder zullen moeten. Wat staat hun te wachten, als de oorlog voorbij zal zijn? De medaille van eer, die ze wel zullen krijgen, zal hun ellende niet verzachten. De vader van mijn vriend Nathan is uit het ziekenhuis ontslagen. De functie die hij daar bekleedde, was hem als jood niet meer toegestaan. Maar hij gaat toch niet weg uit Lemberg. Hij wil zijn bibliotheek, zijn huis en alles wat hij in zijn leven heeft opgebouwd niet verlaten. Hij woont in een niet-joodse villawijk en verwacht snel een eind van de ellende.'
De winter leek kouder en langer te duren dan ooit en het beginnend voorjaar bracht amper verlichting met zijn grauwe, modderige straten, hongerige mensen en de enkele angstige joden die buiten liepen. De tot voor kort nog zo levendige stad gaf een aanblik van verlatenheid.
'Het lijkt wel of er iets aan de hand is,' zei Dunjo op een mooie zomerochtend toen hij van school thuiskwam. 'Het is zo vreemd op straat en zo druk. De mensen vertellen dat er weer iets gebeurt aan het oostelijke front, en over successen van de Duitsers.'
'Misschien,' antwoordde Dwoira. 'Misschien worden we toch nog eens verlost. Geen bezetting kan zo erg zijn als die van de Russen.'
Op een warme dag in juni, toen Dwoira aan het koken was,

stopte ze ineens en liep naar de veranda. 'Kom eens, Sabina, riep ze. 'Hoor jij wat?'
'Ja, ik hoor weer dat geluid of het onweert. Dat is gebulder van kanonnen. Maar dan moet er al in Lemberg gevochten worden...'
Rudek kwam vertellen, dat hij hard had moeten hollen omdat er werd geschoten. 'Ik heb al Duitsers gezien op paarden. Ze zeggen dat de Russen wegtrekken.'

Tegen het einde van de maand werd het weer veilig en Dwoira en Sabina gingen boodschappen doen in het centrum.
'Wat vreemd, wat een andere stad,' riep Sabina verwonderd. 'Kijk mam, kijk eens om je heen. Geen Rus meer te zien!'
'Overal soldaten,' zei Dwoira. ' En in alle soorten uniformen.' Ze zagen vierkante Poolse petten en Duitse helmen met pieken.
De joden die niet waren gevlucht haalden weer opgelucht adem en de Duitsers maakten van de situatie gebruik om zich zo sympathiek mogelijk voor te doen. Joden die hun positie in officiële functies waren kwijtgeraakt mochten die weer bekleden en snel probeerde iedereen de stad opnieuw enigszins leefbaar te maken.

'Kijk, wat ik hier heb,' kwam Rudek op een middag vertellen. 'De Duitsers zien ons weer voor vol aan. Ongelooflijk sluwe troep! Stel je voor, een brief van officiële Duitse instanties, geschreven in het jiddisj!' Hij las voor: "Joden in Polen. Onze vlag brengt jullie recht en vrijheid, gelijkheid en algehele burgerrechten. Werkelijke vrijheid van godsdienst en alle vrijheden op economisch en cultureel gebied. Té lang hebben jullie onder de knoet van Moskou geleden! Wij komen jullie bevrijden!"
'Die brief is in alle joodse buurten aan de muren geplakt en naar verenigingen en joodse instanties gestuurd.'
'Laten we blij zijn,' antwoordde Leo.
'Natuurlijk zijn we blij,' beaamde Rudek. 'Maar zíj willen kanonnenvlees. Of vinden de Duitsers ons echt ineens zo sympathiek, denk je?'

'Ach,' zuchtte Leo.
'Jij bent het voorbeeld,' zei Rudek weer. 'Zou jij je niet vrijwillig voor dienst hebben willen melden na zo een hartverwarmende brief, als je niet dit ongeluk had gehad?'
'Ja. En ik denk dat veel joden dat zullen doen.'
'Dat denk ik ook. Helaas. Die paar die hier niet in Russische handen zijn gevallen, zullen nu wel slachtoffer aan het front worden.'
'Ik ben te egoïstisch om verder te denken, Rudek,' zei Leo vermoeid. 'Ik ga volgende week weer aan mijn werk in het hotel. Van mijn chef heb ik een bijzonder vriendelijke brief ontvangen. Wat de oorlog nog zal brengen weten we niet maar voorlopig zijn we díe duivels kwijt.'
'Dat is zo,' knikte Rudek.

Kort na de bevrijding van Lemberg ontving Sabina een brief van Izjoe. Hij schreef haar dat hij terugkwam en maakte een afspraak voor een week later in het café waar ze gewend waren elkaar te ontmoeten. 'De rest hoor je wel,' besloot hij zijn briefje.
Op weg naar de stad was Sabina zo nerveus dat ze steeds harder ging lopen. Meer dan een half jaar hadden ze elkaar niet gezien. Voor de deur voelde ze haar hart bonken en ze bleef even staan om tot zichzelf te komen. Binnen zag ze Izjoe al zitten aan hun tafel in de hoek. Hij stond op en nam haar bij de hand.
'Kom,' hoorde ze, en hij leidde haar naar de plaats naast zich. Zonder los te laten schoof hij zijn stoel dichter bij, nam ook haar andere hand en keek haar dromerig aan. Hij was magerder geworden en leek ouder, vond ze.
'Kus me, Sabina,' zei hij zacht. 'Alsjeblieft.'
Zonder eraan te denken dat zoiets niet hoorde kuste ze hem. Izjoe liet haar handen niet los. Hij kuste haar terug; tenslotte omhelsden ze elkaar.
Toen hij haar weer aankeek stonden zijn ogen vol tranen. Hij streek haar haren uit haar gezicht en legde zijn hoofd tegen haar wang. 'Sabina,' zei hij. 'Je zit naast me! God zij dank! Laten we wodka drinken op ons en op de goede afloop.'

Toen ze elkaar toedronken reageerde Sabina voor het eerst met: 'Na zdrowie, Izjoe. Gezondheid!'
'Vertel,' vroeg hij, nu weer rustiger. 'Ik heb je stem nog haast niet gehoord. Vertel alles, ik wil alles weten.'
Nu pas kwam het verhaal over wat haar vader en haar in het hotel was overkomen.
Als antwoord knikte Izjoe alleen en nam haar opnieuw in zijn armen. Hij had te veel gezien. Hij kon geen woorden vinden voor het gevoel van opluchting nu hij hoorde dat zij en haar familie er nog op deze manier vanaf gekomen waren.
'Ik ga niet meer naar het ziekenhuis,' zei hij na een poos. 'Ik wil nu weer hard studeren, misschien kan ik dit jaar een beetje inhalen. Na de oorlog zal er veel werk te doen zijn.'
Sabina glimlachte en streelde voorzichtig over zijn arm. Ze was gelukkig met dit bericht. Nu zouden ze elkaar weer geregeld zien.
Toen Sabina naar huis liep leek de lucht helderder en de mensen opgewekter. Izjoe was er weer. Misschien zou ze hem vertellen hoe angstig ze was, alleen, zonder hem naast zich.

Een maand later ontvingen ze een brief van Szlomek van de grens bij Italië. 'Het gaat mij goed en ik word bij de gevechten bij Isonzo uitsluitend met de organisatie van het uitdelen van uniformen belast. Hoop jullie snel in goede gezondheid terug te zien,' schreef hij.
Toen ze kort daarna bericht van Fanja kregen dat het ook haar goed ging, dat ze alleen moe was en wachtte op verlof om weer bij hen te zijn, was voorlopig bij de familie Steinmann alles in orde.

11

Vermoeid, mager, bleek en met dikke wallen onder haar ogen was Fanja uit het lazaret aan de grens van Rusland teruggekeerd.
'Waarom ben je niet eerder gekomen?' vroeg haar moeder. 'Geen mens is onmisbaar! Je had beter op jezelf moeten letten.'
Fanja wuifde het probleem weg. 'Ach,' zei ze. 'Ik heb alleen een tijd rust nodig. Dáár kijk je niet hoe je eruit ziet; er zijn ergere dingen. Je werkt door tot je niet meer kunt. Ik wist niet dat m'n gezondheid zo slecht was toen ik naar de dokter ging, en dat hij me zou afkeuren.'
'Hoe komen we aan voldoende eten; want die paar aardappelen en bonen met af en toe dat kleine stukje vlees dat we op ons bord krijgen zal je niet helpen.'
'Misschien kan ik iets van het hotel vragen,' zei Leo.
'Dat heb je toch al geprobeerd,' antwoordde Dwoira. 'Zo goed is dat eten daar ook niet meer. En de mensen die in de keuken werken hebben ook hun gezinnen en zij zijn het dichtst bij de pot.'
Dunjo en Marek, opgroeiende jongens, hadden echt hónger. Ze moesten op school hard werken. Dwoira bakte koeken van roggemeel dat ze nog soms kon krijgen. Ze moesten de roggekorrels dan eerst zelf malen. Maar dat soort voedsel kon Fanja niet helpen
Sabina had zich weer schuldig gevoeld maar langzamerhand kwam er een plan in haar op. 'Ik heb een idee,' zei ze. 'Ik kan misschien zorgen dat er eten komt.' Haar stem klonk zelfverzekerder dan gewoonlijk. De familie keek haar aan. 'Ik kan kleding gaan maken in ruil voor eten. Papa moet dan in het hotel en overal vertellen dat ik van oude jurken, gordijnen of dekens, modieuze japonnen en mantels kan ontwerpen en naaien. Dat ik bijna afgestudeerd ben aan de mode-kunstacademie, dat ik niet goedkoop ben maar wel goed en alleen met voedsel betaald wil worden.'
Dwoira glimlachte. 'God weet, misschien is dat niet eens zo gek,' zei ze nadenkend. 'Er zijn mensen die nog kelders vol

eten hebben en waarschijnlijk zijn dat dezelfde die mooi gekleed willen gaan, maar geen stof meer kunnen kopen. Een goed plan.' Toen lachte ze tegen Sabina. 'Zo ken ik je niet. Onze zakenvrouw!'

Kort daarna stond de naaimachine bij het raam in de kamer. Sabina had veel werk gekregen. Ze vertelde haar moeder hoeveel geld ze voor het werk moest hebben en Dwoira verrekende dat met de waarde van de etenswaren.
Sabina had ook nog wat opdrachten voor haar eindexamen. Na de oorlog zou ze misschien iets voor het theater kunnen doen. Ze was een goede leerling op de school geweest en sommige leraren wilden haar wel aan contacten helpen.
Izjoe was ook dit jaar klaar met zijn artsenstudie. Hij had zich de laatste tijd bijna geen vrije tijd meer voor zichzelf gegund, zo hard werkte hij.
Nog steeds wisten zijn ouders niets van zijn contact met Sabina. Om elkaar een beetje ongestoord te ontmoeten gingen ze als ze tijd hadden naar buiten. Ze kenden elkaar al zo lang; maar nu werd alles verschoven tot na de oorlog.
'Als ik klaar ben met mijn studie en het is weer vrede, ga ik met m'n ouders praten,' zei Izjoe toen ze in een park op een bank zaten. 'Dat duurt niet lang meer Sabina, misschien een half jaar nu de Amerikanen zich ermee zijn gaan bemoeien, want daarop hebben de Duitsers niet gerekend. Als de Russen ons met rust laten is het voor ons gelijk of de één of de ander wint. Heus, die hele ellende is nu gauw afgelopen.'
'Ik zou best in Wenen willen wonen. Dan zijn we ook niet zo dicht bij de Russen. Ik zal daar wel werk kunnen krijgen.'
'Samen in Wenen.' Izjoe keek haar aan, streelde haar hoofd en omarmde haar. 'Ik vind het zó moeilijk om zo naast je te leven. Er wordt toch iets onmogelijks van mannen gevraagd. Sabina, ga eens met me mee naar het huis van mijn vriend. Ik heb de sleutel. Op zondag is daar niemand. Ik wil je heel dicht bij me hebben; je kunt me vertrouwen, er zal niets gebeuren.'
Haar hoofd zonk naar beneden, ze bloosde diep en schudde zacht haar hoofd. Ze nam hem zijn opwelling van hartstocht

niet kwalijk, want hoe vaak had ook zijzelf deze fantasieën niet gehad. Waarom dachten mannen dat het alleen voor hen moeilijk was? Maar zíj kon dat niet, zo was ze niet opgevoed. Ze zouden moeten wachten. Alleen bij de boeren kwamen deze dingen voor.

Sinds zijn vrouw en kinderen in Wenen waren at Rudek op vrijdag en zaterdagavond nog bij de familie Steinmann. Hij kreeg goede berichten en hoefde zich dus niet over zijn familie bezorgd te maken.

'Ik ga weer naar Berlijn,' vertelde hij tegen het eind van december. 'De toestand schijnt in het 'Scheunenviertel' nog verslechterd te zijn, maar het is er ook interessanter geworden. Door de revolutie van de Bolsjewieken zijn ook veel Russische joden naar Duitsland gevlucht. Niet alleen chassidische, ook geassimileerde. En al die joden uit Polen en Rusland zitten op dat kleine stukje bij elkaar gepropt. Met eten kunnen we ze niet helpen. Maar ik ga zien wat er nu nog wél gedaan kan worden, of in ieder geval meteen na de oorlog. Als Bella met de kinderen terugkomt zal dat moeilijker worden. Straks is die ellende voorbij en komt er overal werk; dan zullen we aan alles tegelijk moeten denken. Ik moet ook weer mijn zaak gaan opbouwen.'

'Ja,' antwoordde Dwoira. 'Je vergeet al die mensen; iedereen is met zijn eigen zorgen bezig. Wanneer ga je?'

'Over een paar dagen, denk ik. Ik krijg nog geregeld brieven van Josl; toen de Russen hier kwamen is hij óók naar zijn neef gevlucht. Ik heb hem nog het adres gegeven van dat logement waar ik de eerste nacht heb geslapen en hij woont daar nog steeds. "Ik heb alleen een bed," schrijft hij. "Dat is mijn huis en verder zal ik hier niet komen. Misschien helpt de goede God nog dat ik naar Amerika kan."'

'Heeft hij dan geld om naar Amerika te gaan?'

'Dat is het juist, die mensen geloven écht in wonderen. Zo'n jongen die niets heeft en alleen van het schnorren moet leven.' Rudek schudde zijn hoofd.

Toen hij die woensdag vertrok waren de treinen bijna uitsluitend met soldaten bezet. Veel van hen liepen op

krukken, anderen hadden hun armen, benen of gezicht in verband. Er heerste een matte stemming onder hen.
Rudek moest denken aan het begin van de oorlog, toen hij soldaten in de trein naar Duitsland had gezien. Het goud op de uniformen glansde en ze waren opgetogen. Hijzelf had ook niet kunnen denken dat Duitsland ooit zou verliezen, want betere soldaten waren er waarschijnlijk niet. Maar Amerika was met frisse troepen gekomen en met goed materiaal. Dat was het genadeschot en dat begrepen de Duitsers nu ook wel. Daarom vond hij het zo treurig dat ze nog steeds hun mensen alleen voor hun prestige offerden.
Toen Rudek in Berlijn aankwam liep hij meteen naar het logement waar Josl woonde. Al dadelijk merkte hij dat de straten veel voller waren dan toen hij daar de eerste keer had gelopen. Zelfs in de donkere zijstraten, waar destijds bijna niemand liep, wandelden ouders met hun kinderen. Waarschijnlijk was dat altijd beter dan in hun huizen te blijven waar ze bijna geen adem konden halen. De kinderen waren meestal nog heel jong en smoezelig gekleed. Ze hingen aan hun moeders rokken.
Toen hij in het logement aankwam leek het of de eigenaar die daar achter de tafel zat niet was opgestaan sinds Rudek de laatste keer in Berlijn was geweest.
Josl was aanwezig. Rudek moest maar naar boven gaan.
In de hem bekende kamer zat Josl op zijn bed met een boek dicht bij zijn ogen in een donkere hoek, ver van het raam. Hij wiegde met zijn lichaam en het leek of hij geen deel aan dit leven had, zo geconcentreerd was hij in zijn gebed.
Toen hij voelde dat iemand de kamer binnenkwam ging zijn hoofd langzaam omhoog. Daarna veerde hij op: 'Rudek, U,' riep hij. 'Wat een verrassing! Kom, gaat u zitten aan het voeteneind van mijn bed. Ik kan u helaas geen betere plaats aanbieden dan daar. En dit is ook nog de donkerste hoek, maar wel de warmste; dat is nu ook wat waard. Wanneer bent u aangekomen?'
'Zojuist, jij bent mijn eerste bezoek.' Rudek keek om zich heen. 'Je houdt het hier ook vol, hè?'
Naast Josls bed zag hij een stapel boeken op een kartonnen doos. Op een klein vierkant tafeltje lag de donkerrode,

geborduurde, fluwelen tas met gebedsriemen en gebedsmantel. Aan de andere kant van het bed stond een juten zak, waarschijnlijk met kleren gevuld, en aan de muur hing een zwarte jas.

'Wie kan hier kiezen? Wie heeft hier iets te vertellen? Er wordt voor ons toch geen streepje meer plaats gemaakt. En de huren zijn nu zeker niet meer te betalen met zoveel vraag. U zult het wel zien, ik woon nog in een paleis vergeleken met veel anderen. Overdag kan ik hier meestal ongestoord lezen en 's avonds zijn de mensen die van hun werk terugkomen, als ze al werk hebben, zo moe dat ze als een blok in slaap vallen. Ze hebben honger en wie slaapt vóelt zijn lege maag niet.'

'En waarvan leef jij? Je ziet er slecht uit.'

'Van wat moet ik er goed uitzien? Van de lekkere vette kippen die ik op mijn bord krijg? Godzijdank ben ik een kleine eter en ik denk dat ik minder last heb van de honger dan de meesten hier.'

'Maar iets moet je toch hebben en daarvoor is geld nodig. Kan de rebbe zovéél van zijn getrouwen onderhouden?'

'Dat kan hij al lang niet meer. Hij heeft amper zelf nog iets te eten met zijn vrouw en zijn zeven kinderen. Maar voor mij heeft hij nog een uitzondering gemaakt. "Jij bent hier alleen," zei hij. "Of we wel of bijna niets op tafel hebben, jij gaat na sjoel op vrijdagavond met mij mee." En zo is het gebleven. Maar God helpt en laat ons niet verhongeren. Altijd geeft hij nog net genoeg om niet te sterven.'

'En de andere zes dagen?'

'Het einde van de sjabbes, op zaterdagavond, eet ik bij m'n neef. Die heeft het nog slechter. Bij hem wordt nog minder eten door zijn geloofsgenoten thuis gebracht; hoewel, toch nog sóms, door ouders van de kinderen die hij onderwijst. Ouders die in vreemde handeltjes zitten. Mijn neef heeft niet meer leerlingen gekregen door de toeloop van joden hier. Er zijn alleen meer sjtibel, meer melameds en meer leraren bijgekomen maar niet meer eten voor die kinderen. Ik ben soms bij m'n neef als zijn leerlingen komen. Kleine jongetjes die vaak vies en koud en meestal met een lege maag van huis gaan.'

Josl ging verder: 'Ik heb nóg een paar adressen waar ik wat geld kan halen. Er zijn een paar sigarenmakers die werk hebben en wat onduidelijke geldverdieners. Sommige mensen zijn blij het te kunnen afbetalen als het ze beter gaat dan anderen.'

De eerste paar dagen liep Rudek door de stad. Hij zat in koffiehuizen en luisterde naar de gesprekken. Toen hij dacht dat hij de situatie een beetje aanvoelde ging hij naar het 'Volksheim' om te zien wat daar gebeurde.

Die ochtend was er een klasje met kinderen. Jonge vrouwen speelden met ze en leerden ze liedjes en versjes. 'Het waren eerst de meest verwaarloosde kinderen, die we hier kregen,' vertelde de kleuterleidster. 'Maar langzamerhand beginnen de moeders te begrijpen dat het voor hun kinderen misschien ook beter is om hier te zijn dan thuis en nu kunnen we de vraag haast niet meer aan.'

Rudek sprak die middag met de organisator van het 'Volksheim'. 'We proberen in de eerste plaats de jonge mensen die door de oorlog niets geleerd hebben en hele dagen in de stad rondhangen en in koffiehuizen zitten, een beetje aan het werk te krijgen,' zie hij. 'Daarvoor hebben we een meubelwerkplaats ingericht. Ze kunnen daar het vak leren en voor hun ouders of voor zichzelf meubels maken. Sommigen van hen hebben geen stoel in huis om op te zitten. Daarnaast organiseren we culturele avonden. Er is de laatste tijd veel sympathie en belangstelling voor joden uit Oost-Europa. Veel vooraanstaande mensen komen hier lezingen houden. Zelfs Martin Buber en Joseph Roth zijn geweest. Die interesse zal door de oorlog ontstaan zijn, denk ik.

Ik ben zelf aan het front geweest; ze hebben me afgekeurd. Ik had een schotwond in mijn been. Wat in het dagelijkse leven niet mogelijk was gebeurde daar wél. Dezelfde joden die onze buurt hier een schande en een gezichtsverlies vonden zochten daar ons gezelschap. In den vreemde, zonder hun families, voelden ze zich waarschijnlijk minder op hun gemak. Ze merkten dat de niet-joodse soldaten geen contact met ze zochten. Natuurlijk blijven de Duitsers en

de Oostenrijkers antisemieten wat ze altijd al zijn geweest. Ze moesten zich alleen inhouden nu iedereen voor dezelfde zaak vecht.
De joden bij ons en, zoals ik hoorde, ook in andere regimenten, vormden daardoor hechte groepen. Als we elkaar verhalen vertelden luisterden zíj, die hun afstamming al bijna waren vergeten, met grote belangstelling naar ons. Ze kenden deze wereld, waarin hun grootouders nog geleefd hadden, niet meer; maar waarschijnlijk zijn de wortels toch nog aanwezig.
Er ontstond een grote verbondenheid. Ze wilden alles weten over het 'Scheunenviertel'en hoe de joden in Oost-Europa de laatste tijd hadden geleefd. Als we jiddisje liederen zongen waren sommigen tot tranen toe geroerd. We wisselden adressen uit en beloofden elkaar wéér te zien als alles voorbij zou zijn. Maar zelfs nu de oorlog nog niet voorbij is merken we hoeveel meer mensen uit hun buurt nieuwsgierig naar het leven hier zijn.
Veel jonge, ontwikkelde, geassimileerde joden zijn zionist, socialist of communist en allemaal willen ze hier in het 'Volksheim' over hun politieke richting spreken. Langzamerhand worden het politieke partijen die tegenover elkaar staan. De zionisten willen de mensen naar Palestina praten en de socialisten willen dat ze hun blik verruimen en een betere kijk op het maatschappelijk leven krijgen. De communisten willen nog geen kleur bekennen, die weten dat ze hier weinig aanhang krijgen. Ze werken op een indirecte manier, alsof ze ook socialisten zijn. Soms, als er toevallig goed geïnformeerde Bundisten in de zaal zitten, ontstaan er hevige discussies.
Het is wél zo dat de opgroeiende kinderen van chassidische ouders hier niet allemaal meer volgens de wet leven. Sommigen maken zich los en anderen proberen uitsluitend aan hun voordeel te denken en eten wat er te krijgen is. Het lijkt wel of er alleen chassidiem in onze buurt wonen als je hier als buitenstaander komt, maar dat is al lang niet meer zo. Zíj vallen alleen het meest op. We hebben hier, in het 'Volksheim', iedere zondagavond een lezing; als u komt, kunnen we erna nog wat verder praten. Er is bij ons, veel

in beweging en het zou me interesseren wat u, die het van een afstand kan bekijken, ervan vindt.'

Toen Rudek die zondag binnenkwam zat de spreker aan de tafel op het podium. Hij was sociaal-democraat, vertelde de organisator hem; en econoom. Zijn referaat over de arbeidersklasse in een kapitalistische maatschappij zou hij in het Duits houden.

Rudek kreeg een plaats voorin. Er zaten daar al een paar goedgeklede jonge mannen en vrouwen; zij spraken ook Duits. Even later kwamen er meer kennissen van hen. Ze schudden elkaar de hand, omhelsden elkaar en kusten elkaar op de wangen. Naast Rudek ging een meisje op de grond zitten met haar hoofd tegen de benen van iemand achter haar.

'Kom naast me zitten, Marga,' zei de jongen.

'Nee, laat maar, ik zit graag op de grond. In de drosjka hierheen heb ik al zo lang op een bank gezeten. En als ik geen mensen voor me heb kan ik me beter concentreren.'

Rudek keek achter zich en zag dat er nog stoelen vrij waren. Hij wilde liever een plaats tussen de bewoners van de wijk hebben; misschien zou hij nog met iemand kunnen praten. De Duitse gasten hadden het druk genoeg met hun eigen vrienden en kennissen.

De lezing vond Rudek niet zo interessant; hij werd te droog gebracht, te technisch.

'Wat vindt u ervan?' vroeg hij aan de man die naast hem zat.

De man glimlachte: 'Ach, díe mensen willen praten en wíj hebben een goed verwarmde ruimte, we drinken thee, ontmoeten elkaar in de pauze en vertellen elkaar de laatste nieuwtjes. Ik zou liever dingen horen waar we hier iets aan hebben. Dat kapitalisten veel geld verdienen wist ik al en dat kan me niet zo veel schelen; als wij óók maar wat zouden verdienen.'

Rudek vroeg later aan de organisator of ze niet meer lezingen in het jiddisj konden krijgen.

'Wat smeuïger. Deze kost jaagt de mensen op den duur weg.'

En hij vertelde wat zijn buurman had gezegd.

'Natuurlijk, die hebben we ook. Maar er zullen altijd mensen zijn die meer voor elkaar dan voor de lezingen komen en dat is ook goed,' beaamde de organisator lachend. Voor Rudek terug naar Lemberg ging maakte hij nog een afspraak met mensen die in de organisatie van het 'Volksheim' zaten. 'Ik zou graag contact willen houden,' zei hij. 'En rapport uitbrengen aan de Bund, zoals vijf jaar geleden. Ik wil dat er in de naaste toekomst hulp uit Lemberg geboden wordt. En binnen een half jaar hoop ik hier terug te zijn.'

12

Sinds Fanja terug was uit het hospitaal werd ze met de beste hapjes verwend. Ze mocht niets doen in huis, moest veel rusten, maar ze herstelde niet. Integendeel, de blauwe kringen onder haar ogen werden dieper en ze hoestte voortdurend. 'Zullen we nu niet eens de dokter laten komen?' vroeg Dwoira bezorgd.

Alsof Fanja daar zelf al aan gedacht had maar dat niet had willen voorstellen, antwoordde ze: 'Ja, laat hem maar komen.'

Haar moeder fronste haar voorhoofd. Ze had, haar dochter kennende, een storm van protest verwacht en dat ook liever gehoord.

Toen de dokter pas in de avond kwam verontschuldigde hij zich. 'Ik kon niet eerder hier zijn. Het is druk. Veel patiënten zijn verkouden en hebben griep. Met dat kleine beetje eten worden mensen steeds vatbaarder.'

Fanja lag op het bed van haar ouders met een deken over zich heen. Ze begon weer te hoesten en de dokter keek haar kant uit. 'Ah, jij bent de zieke hier. Al lang verkouden? Doe je bloes even uit, ik wil horen hoe het daar binnen werkt.'

Hij beluisterde Fanja's borst en rug met de stethoscoop.

Dwoira keek scherp naar zijn gezicht, maar ze zag alleen hoe geconcentreerd hij was. Dat hij, daarna, zonder iets te zeggen, eerst zijn doppen weer uit zijn oren haalde en de stethoscoop in de doos legde, kon ze niet goed verdragen.

'Nou?' vroeg ze. 'Erg verkouden?'

Toen wreef hij met één hand in zijn nek, alsof hij daar pijn had, kuchte, richtte zijn blik naar Fanja en vroeg haar: 'Was dat nodig om zo flink te willen zijn? Je had toch eerder kunnen zeggen dat je pijn op je borst voelt.'

'Ik was bang.'

'Ja,' knikte hij begrijpend. 'Het is niet in orde van binnen; kom morgen maar op mijn spreekuur in het ziekenhuis. Ik wil je grondiger onderzoeken.'

'Denkt u aan t.b.c.?' gooide Fanja er nu op agressieve toon uit.

'Er is in ieder geval wat met je longen aan de hand. En ik moet zien hoe ernstig.'
Toen de dokter weg was zei niemand iets.
'Ik ga naar m'n bed,' doorbrak Fanja de stilte. 'Die begrafenis-stemming hier. Ik leef nog.'
'Natuurlijk,' zei haar vader. 'Josl is ook weer gezond geworden.' Maar hij had beter niets kunnen zeggen, voelde hij. Er had angst in zijn stem geklonken en iedereen keek hem aan.

Nadat de dokter haar de volgende dag in het ziekenhuis had onderzocht, zei hij dat ze voorlopig, als het buiten niet te vochtig was, in de kamer bij het open venster in bed moest liggen. Zodra het weer beter zou worden, raadde hij haar aan, naar buiten te gaan, in hun vakantiehuis misschien. Ze moest zoveel mogelijk frisse lucht hebben.
Fanja durfde niets te vragen. Ze wou voorlopig nog niet alles weten. Haar moeder die met haar was meegegaan en die wél meer wilde weten, nam zich voor een keer alléén met de dokter te praten. Hij had haar niet gerustgesteld met een mededeling dat het meeviel.
In de drosjka naar huis wist Dwoira niets te zeggen. Fanja was niet iemand die je met onzinnige argumenten kon troosten.
Thuisgekomen opende Fanja dadelijk het venster in de kamer, ging in haar bed liggen en keerde zich om, met haar gezicht naar de muur.
Ze begreep zelf niet waarom ze kwaad was op iedereen en zich tegen haar familie afzette. Kon ze maar huilen. Ze hadden medelijden met haar. Dat had ze zelf toch ook. Haar leven moest nog beginnen! Maar ze hoefde toch niet dadelijk aan het ergste te denken. Inderdaad was Josl ook beter geworden. Ze zou alles doen om weer op te knappen. Als ze die benauwdheid op haar borst niet voelde, dacht ze er bijna niet aan dat ze zo ziek was. Maar ze moest er toch ernstig aan toe zijn, zoveel had ze wel begrepen. Ze had van de dokter een spuugbakje meegekregen om anderen niet te besmetten.
En Szlomek dan, wat zou hij zeggen? Ze wilden trouwen

als de oorlog voorbij was. Híj zou wel wachten tot ze beter zou worden. Hij zou haar helpen, bezorgd voor haar zijn en op zijn rustige manier met haar praten. Ze zou willen dat hij nu bij haar was. Hij moest het toch weten! Ze wou weer met de familie, die nu aan de lunch zat, als een normaal mens de dingen bespreken die geregeld moesten worden.
Ze stapte haar bed weer uit, deed haar dikke ochtendmantel aan, ging naar de keuken en nam haar vaste plaats in. 'Geef mij het bord met de scherf maar,' zei ze. 'Dan weten jullie waar je niet uit mag eten.' Toen huilde ze toch.
De pijnlijke stilte aan tafel werd doorbroken door een diepe zucht van Dwoira. 'Fanja,' zei ze. 'Ik begrijp het allemaal, ook die woede van je. Maar geef ons de kans om samen te zorgen dat je zo gauw mogelijk beter wordt. God weet hoe moeilijk dit ook voor óns is.'
'Ja,' antwoordde Fanja en ze probeerde zich te herstellen. 'Ik moet m'n verstand weer gebruiken. 'Dunjo en Marek,' zei ze toen weer wat rustiger, 'willen jullie straks de naaimachine naar de keuken brengen. Dat werk is te stoffig, ik kan dat niet goed verdragen.'

Die avond schreef Fanja een brief aan Szlomek waarin ze hem haar toestand uitlegde. Daarna had ze het gevoel of alles van haar was afgevallen. Ze hoefde niets meer te regelen. Ze moest alleen wachten, rusten en hopen.
Er waren dagen waarin ze zich graag aan die rust overgaf, dagen waarin ze meegaand was en met mildheid naar de gesprekken van anderen luisterde.
Haar vader had een grote ligstoel voor haar meegebracht, waarvan de rugkant ver naar achteren gebracht kon worden, zodat ze er ook in kon slapen als ze moe was. Als ze zich niet zo ziek voelde wilde ze ook vaak bij de anderen in de keuken zitten.

Na twee weken kwam er een korte brief van Szlomek terug. 'Lieve Fanja,' schreef hij. 'Ik heb dadelijk huwelijks-verlof aangevraagd. Zodra ik weet wanneer ik komen kan, stuur ik je bericht. Dan gaan we trouwen en ergens wonen waar de lucht zuiver is. Wees inmiddels verstandig en doe wat de

dokter zegt. Als ik bij je ben bepraten we alles. Ik verlang naar je.'
Nadat ze de brief had gelezen stopte ze hem in de zak van haar ochtendjas en keek wat verwonderd voor zich heen.
'En?' vroeg Dwoira. 'Wat zegt hij?'
Sabina zag van haar werk op, fronste haar voorhoofd en keek haar moeder verwijtend aan.
'Hij komt,' antwoordde Fanja. Toen ging ze op een cynische toon verder. 'Hij komt om te trouwen.' Ze snikte kort.
Toch had dit bericht haar goed gedaan. Ze voelde haar stemming beter worden en ze knapte weer wat op. Ze zou heel goed op zichzelf passen en als ze zich niet te ziek voelde zou ze zich aankleden en Szlomek in de japon ontvangen die haar het beste stond.
Vaak keek ze in de spiegel hoe ze eruit zag. Ze moest mooi blijven. Het leek of alleen haar longen ziek waren maar de rest van haar lichaam gezond. Anderhalf jaar hadden ze elkaar niet gezien. Ze verlangde ook erg naar hem.
Maar toen ze een brief ontving dat hij een week later zou komen, werd haar angst groot. Ze begon er tegenop te zien hem in deze toestand te ontmoeten. Haar gezondheid verslechterde en de koorts steeg. Hoe moest dat allemaal, dacht ze. Ze konden toch niet gaan trouwen. Ze hoefden elkaar toch niets wijs te maken.

Szlomek zat in de trein terug naar Lemberg. Hij hield zijn ogen gesloten. Dit was zijn afscheid van het front. Hij had zich al, vóór hij dit bericht van Fanja had ontvangen, voorgenomen te deserteren, niet toch nog de onzinnige dood te vinden bij een verloren oorlog. Hoe anders zou dit weerzien dan geweest zijn. Het was voor hem moeilijk zich voor te stellen dat Fanja zo ziek was. Ze had hem niet geschreven of ze in een ernstige toestand verkeerde. Dat had zijn ongerustheid nog vergroot.
Om zijn besluit niet naar zijn regiment terug te keren maakte hij zich verder geen problemen. Veel soldaten deserteerden en waren niet meer te achterhalen met al die gesneuvelden die soms aan het front bleven zonder dat hun vrienden ze konden begraven. Wilson was al lang bezig met

zijn 'veertien punten' voor de vrede en inmiddels rukten de Duitsers nog in Rusland op terwijl er in Berlijn en Wenen politieke stakingen waren.
Toen hij in Lemberg was aangekomen nam hij snel een drosjka naar het huis van de Steinmanns. Fanja lag in haar bed, gesteund op twee kussens. Hij zag de blauwe kringen onder haar ogen en de rode wangen, die niet bij haar uiterlijk pasten. Ze ademde zwaar.
Toen hij voor haar stond, glimlachte ze hem toe en hij ging op de rand van het bed zitten. 'Fanja, liefje,' zei hij. Hij deed zijn handen om haar hals en streelde haar schouders en armen.
'Over een paar dagen knap ik wel weer op,' zei ze. 'Ik wou je liever niet zien, zo, in deze toestand. Maar nu ben je er.' Ze huilde.
'Als je je weer een beetje beter voelt, gaan we trouwen en ik zal zien of ik een huisje in Zakopane kan vinden. Daar is de lucht zuiver.'
'Hoe kunnen we trouwen, Szlomek. Je houdt jezelf voor de gek; we zijn toch geen kleine kinderen.'
'Omdat we geen kleine kinderen zijn. We zullen verstandig zijn, maar wel bij elkaar. Als je je weer wat beter voelt bepraten we alles verder.'

Fanja en Szlomek trouwden op dezelfde dag in het stadhuis en in de synagoge. Szlomek had dat zo geregeld om haar zo weinig mogelijk te vermoeien. Alleen de naaste familieleden waren aanwezig geweest en Dwoira had ze na afloop thuis uitgenodigd voor een diner.
De volgende dag haalde Fanja opgelucht adem dat alles voorbij was.
'Ik ga deze week nog naar Zakopane,' zei Szlomek, 'om te zien of ik er een huisje kan vinden. Het is ook voor mijn veiligheid beter om niet in Lemberg te zitten als ik niet terug wil naar het front. De Duitsers rukken aan alle kanten Rusland binnen en het kan hier wel wéér eens een vuurlinie worden. Sinds de geallieerden hun samenwerking met de bolsjewieken verbroken hebben durven de Duitsers de Russen weer aan. Ze zullen ook alles doen om hun macht

over óns te houden. Het wordt een toestand zonder einde. Maar voorlopig moet jij in Zakopane wat rust vinden. Het is allemaal te veel voor jou de laatste tijd.'
'En als het nog lang duurt, waar moeten we dan van leven in Zakopane?' vroeg Fanja bezorgd.
'Voorlopig heb ik nog wat geld; verder zien we wel.'

13

'Het laatste ogenblik sterven soldaten nog als vliegen. En de Duitsers vechten maar door aan het westelijke front. Ze denken dat ze daarmee een voordelige vrede kunnen krijgen,' zei Sabina's vader. 'Voor ons joden zal het een bittere capitulatie worden zonder Franz Joseph.'
'Ach, wat!' antwoordde Rudek. 'De geallieerden zijn blij dat Polen tussen Rusland en Duitsland in zit. Pilsudski komt heus wel gauw vrij.'
'Dan zal Pilsudski ons tegen de Russen laten vechten,' kwam Sabina ertussen.
'We hebben nog geen vrede en jij praat al weer over oorlog,' reageerde haar vader geïrriteerd.
'Dan wil ík misschien zelfs in dienst.'
'Jij ook nog. Is het soms niet genoeg dat Fanja ziek is geworden?'

Fanja en Szlomek zaten nog steeds in Zakopane.
'Ik lig maar in bed en ik zou zo graag bij de familie willen zijn,' zei Fanja. 'Daar zijn veel mensen, die elkaar van alles vertellen. Zal het daar, ondanks de spannende toestand, niet toch minder somber zijn dan hier? Wat denk jij, Szlomek?'
'Ja, misschien. Maar zullen we het niet van de politieke ontwikkeling laten afhangen of we vóór de winter teruggaan?'
Vermoeid schudde Fanja haar hoofd. 'Nee, ik genees hier toch ook niet, zelfs met de goede lucht. Ik denk dat ik me beter zal voelen als we allemaal bij elkaar zijn.'

Nog voor de zomer voorbij was ontvingen de Steinmanns een brief van Szlomek waarin hij schreef dat hun plannen waren veranderd. 'Fanja wil de winter in ieder geval niet hier blijven. Ik denk ook dat het beter voor haar zal zijn als ze bij jullie is. Misschien dat haar toestand van neerslachtigheid dan wat zal verminderen. Ze huilt veel en voelt zich schuldig tegenover mij, omdat ze bang is dat ik een te grote last op me heb genomen.

Misschien dat meer afleiding haar goed zal doen. En nu we besloten hebben terug te gaan, zullen we haast moeten maken om woonruimte in Lemberg te vinden. Als iedereen terugkeert zal de woningnood groot zijn, vooral nu er ook nog zoveel kapot is. Kunnen jullie hier en daar alvast naar iets uitkijken, zo dicht mogelijk in jullie buurt?'

Daarna gebeurde alles tegelijk.
Dwoira had nog op tijd woonruimte gevonden, ongeveer vijf minuten van haar huis. 'Komen jullie zo vlug mogelijk,' schreef ze naar Zakopane. 'De wegen en treinen stromen straks vol.'
Ze kwamen zodra de brief hen had bereikt. 'Ik kon niet wachten,' zei Fanja. 'Schrijven zou te lang geduurd hebben. En als ik toch niet beter word, wil ik bij jullie zijn.'
'Ga hier zitten, op je stoel,' zei haar vader. Die laatste opmerking van zijn dochter kon hij niet verdragen.
'Jongens, zetten jullie de koffers van Szlomek in de kamer,' riep Dwoira haar zonen toe. 'Konden jullie nog een zitplaats in de trein vinden?' vroeg ze. 'Jullie zien er moe uit.'
'Fanja heeft de halve reis op de koffers gezeten en nog wel in de eerste klas; in de tweede en derde kon je niet eens staan! Het lijkt wel of de soldaten de dienst verlaten hebben zelfs voordat de oorlog afgelopen is.'
'En straks, als álle millitairen naar huis moeten. Onvoorstelbaar! Rusten jullie nu eerst wat uit. Ik zal eten maken. Ik heb eieren gekregen van m'n tante die aan de buitenkant van Lemberg woont.'
Fanja hield een zakdoek voor haar mond. Ze ademde zwaar en kuchte af en toe.
'Wil je niet even op bed gaan liggen?' vroeg Sabina bezorgd.
'Straks,' antwoordde ze, 'straks ga ik misschien een paar uurtjes slapen, maar ik wil nog even hier blijven. Het was soms zo stil in Zakopane.'
Sabina kon dat moeilijk begrijpen. Zij verlangde er juist naar om met Izjoe in een stille omgeving alleen te zijn.
's Avonds kwam Rudek. 'Ik heb Bella ook geschreven dat ze gauw met de kinderen terug moet komen,' zei hij. 'Zoals de toestand nu is houden de Duitsers het geen maand meer

vol. Dan zijn we allemaal weer bij elkaar en heb ik m'n gezin bij me na al die jaren. Jammer om een stuk te hebben moeten missen van het opgroeien van de kinderen, maar iedereen van ons is er in ieder geval redelijk goed doorheen gekomen. En als jij dat wilt, Fanja, kan ik ervoor zorgen dat je in een kliniek komt waar je misschien gauw beter wordt. De 'Bund' heeft deze contacten, maar daar praten we nog wel over.'

'Hebben wij een rood-witte vlag, mam?' vroeg Marek toen hij van de straat kwam. 'Overal hangen vlaggen uit de ramen en op gebouwen hele grote.'
'Ik denk het niet; of je vader moet er één hebben. Wacht maar tot vanavond.'
Die middag wandelde Sabina met Izjoe door de straten. Ze voelden zich meegezogen in de feestvreugde. De cafés waren stampvol. Eindelijk was de vrede gekomen.
'Het is te hopen dat het Pilsudski lukt,' zei Izjoe.

'Kijk eens,' kwam Rudek met een kranteberícht bij Leo. 'Heb ik het je niet gezegd? Pilsudski is alweer in Polen terug. En de Amerikaanse president heeft geëist dat er een onafhankelijke Poolse staat moet worden gesticht. Pilsudski heeft de Duitsers zelfs dadelijk ontwapend.'
'Na meer dan een eeuw is Polen weer een vrij land,' antwoordde Leo met een glimlach.
'We zijn wel blij dat we nu zelfstandig zijn,' zie Izjoe tegen Sabina. 'Maar hoe lang zal die blijheid duren? De mensen willen vlees en brood en aardappelen. Er zal geen manna van de bomen vallen en we zijn verarmd na die oorlogsjaren.'
'Een verenigd Polen, na meer dan een eeuw! Zet een Russische Pool naast één die onder Franz Joseph heeft geleefd. Of een Oekraïner of een andere boer die door de 'Pans' wordt opgevreten. Er zijn zoveel verschillende belangen. Hoe maak je daar één Polen van?
In het joodse weekblad heb ik gelezen dat joden Pilsudski brood met zout hebben aangeboden, zo blij zijn ze met

hem. Voor ons is het in ieder geval een geluk dat hij tenminste de leiding heeft.'

'Laten we hier binnen wat gaan drinken,' zei Sabina toen ze langs een café kwamen waar het minder druk was. 'Ik ben moe.'

'Ja, we nemen wodka op onze voorlopige vrede.'

'Na zdrowie, Izjoe!' zei Sabina als eerste.

'Na zdrowie, liefje, op ons. We gaan er iets goeds van maken hè?' Hij kuste haar. 'Ik zal nog deze maand met m'n vader praten maar ik moet daar een geschikt moment voor vinden.'

'Zou je ook in Wenen aan goed werk kunnen komen? Ik heb zo genoeg van dat alles hier. Daar is het rustiger en dan zijn we ook verder van de Russen vandaan.'

'We proberen het. Ik wil hier ook wel weg en als het ons bevalt blijven we daar. Ik moet toch nog pas beginnen en misschien is het zelfs goed om dat in Wenen te doen. We hoeven er toch niet te blijven. Ik wil een aanstelling vinden als assistent, om wat ervaring op te doen.'

'Ik kan daar ook wel iets geschikts vinden, denk ik. Wenen heeft veel theaters. Ik ben wel verlegen maar niet als het m'n werk betreft. Ik zal alle schouwburgen aflopen.'

14

Izjoe zat in de kamer en las een boek in een grote, leren fauteuil. Aan de andere kant bij het raam stond er nog een, die voor zijn vader was bestemd. Zijn moeder zat meestal aan de eettafel. Izjoes boeken lagen gestapeld op een rond tafeltje, binnen handbereik. Voor de grote olielamp was er nog amper plaats. Daarnaast stonden de betegelde, donker geglazuurde, ingebouwde kachel en een enorme bruine klerenkast. Om de eettafel in het midden waren vier stoelen met leren zittingen en ruggen neergezet. Het donkere, gepolitoerde hout was zwaar bewerkt met engelen, trossen druiven aan takken en krullen. Bij de deur van de keuken waren nog twee gelijke stoelen voor de eventuele gasten die zelden kwamen. Aan de muur, tegenover de kachel, stonden de twee bedden. Eén van zijn ouders, met een scherm ervoor, daartussen een grote theekast en erachter Izjoes bed met eveneens een scherm.

Het geheel maakte op hem altijd een sombere indruk, waarschijnlijk ook omdat er te veel stond in die kamer. Maar de meeste gegoede burgers in Lemberg hadden dit soort drukke, barokke, Oostenrijkse meubelen.

Izjoe was al de tweede keer aan dezelfde bladzijde begonnen. Hij kon zich niet concentreren. De hele week al had hij geprobeerd een geschikt ogenblik te vinden om met zijn vader te praten over Sabina, maar steeds stelde hij het uit. Het was geen angst maar hij had een hekel aan ruzie die hij zeker verwachtte. Hij sloot zijn boek en probeerde te bedenken hoe hij het gesprek zou inleiden.

Na een kwartier kwam zijn vader; hij groette kort, zei verder niets, pakte een jiddisje krant en ging in de andere stoel lezen.

Izjoe zat als op spelden. Het had geen zin het gesprek nog langer uit te stellen. Toen zijn vader de krant had dichtgeslagen begon hij dadelijk: 'Ik moet met u praten.' Hij merkte vastberadenheid in zijn eigen stem. 'Ik wil me gaan verloven.'

'Zó.' Zijn vader ging rechtop zitten. 'En wie is die gelukki-

ge?' Z'n stem klonk cynisch. Hij zag in zijn zoon nog niet een volwassen man.
'Ik ga me verloven met Sabina Steinmann.'
'Met wíe zeg je!'
'Met Sabina, ons buurmeisje.'
'Jij met Sabina?' Z'n vaders gezicht verstrakte. 'Laat me niet lachen. Met de dochter van die nebbisje pennelikker? Je bent niet goed bij je hoofd! Díe zal een grote bruidsschat geven.'
'Die man verdient zijn geld op een eerlijke manier en ik heb geen bruidschat nodig.'
'Heb ik je dáárvoor, God zij geprezen, levend door die oorlog gesleept, met die slechte ogen van je? Alle instanties heb ik voor je afgelopen! Heb ik dáárvoor zo'n dure studie voor je betaald,' schreeuwde zijn vader, 'opdat ik je met de dochter van die armoedzaaier zal laten trouwen?' Hij was opgestaan en dreigde met zijn vinger.
'Sabina en ik zijn al bevriend sinds we elkaar vijf jaar geleden in Karlsbad hebben ontmoet. Ik wou alleen eerst afstuderen, voor ik me met haar zou gaan verloven.'
'Jij gaat je níet verloven met die slons met haar vieze, lange haren!' schreeuwde zijn vader en bonsde bij elk woord op de tafel.
Izjoe ging ook staan. Hij voelde een koude woede in zich opkomen. Hij keek zijn vader strak aan: 'Ik verloof me met Sabina.' Zijn stem klonk kil.
'Niet zolang ik leef! Zolang ik m'n ogen open houd zal ik je nooit toestemming geven om te trouwen met die rooie, stomme koe!'
Toen was het ineens gebeurd. Izjoe voelde zijn vuist keihard op zijn vaders gezicht terechtkomen. Er was bloed. Er werd gegild en geschreeuwd.
'Gietel! Gietel! Je zoon heeft zijn hand tegen zijn vader opgeheven! Weg met hem! Eruit met hem!'
Zijn moeder kwam binnen. Haar gezicht was asgrauw. Ze stond als versteend. Het bloed liep uit de neus van z'n vader, over zijn lichte hemd en langs zijn jasje. Even keek Izjoe zijn moeder verontschuldigend aan. Met haar voelde hij medelijden.
'Eruit! Eruit! Uit mijn huis!' schreeuwde zijn vader en wees

naar de deur. 'Ik heb geen zoon meer! Nooit meer komt hij over mijn drempel!'

Voor Izjoe het huis verliet zocht hij nog de blik van zijn moeder. Hij zag tranen over haar wangen lopen maar ze wendde haar blik af. Toen pakte hij zijn jas en vertrok.

De sneeuw kraakte onder zijn voeten. Hij deed de bontkraag omhoog en stopte zijn handen in zijn diepe zakken. Daar vond hij zijn handschoenen en muts die z'n moeder er altijd instopte.

Hij kon niet helder denken. Hij liep met zijn schouders opgetrokken, tot hij merkte dat hij aan het station stond.

Hij pakte geld uit zijn portemonnaie en ging naar een loket.

'Een enkel Wenen, derde klas,' hoorde hij zichzelf zeggen.

De stationsruimte leek somberder dan ooit. Hij voelde zich alleen, dof en treurig. Ook in de trein lukte het hem niet zijn gedachten te ordenen. Als een blok viel hij in slaap.

Door druk gepraat werd hij wakker. Hij voelde zijn maag knorren, maar sliep dadelijk weer in. Steeds als de trein op een station stopte werd hij even wakker en realiseerde zich dat hem dat geruststelde.

Laat in de nacht kwam hij in Wenen aan. Hij voelde honger en wilde slapen maar hij had niet voldoende geld meer bij zich voor een hotel. De stekende hoofdpijn die in de trein was opgekomen werd erger.

Het sneeuwde met zachte vlokken; er was geen wind. Langzaam liep hij door de verlaten straten. Hij zag een park. Onder een boom, op een bank die nog niet zó besneeuwd was ging hij zitten. Zijn hoofd voelde aan als een opgeblazen ballon waarvan het ventiel was afgesloten. Soms kwam er even lucht door, dan kon hij denken maar dat wou hij niet. Zijn oogleden werden zwaar en hij sliep weer in.

Hij werd wakker omdat iemand wat zei en hij iets op zijn wang voelde.

'Je moet hier niet slapen, schatje,' hoorde hij een vrouwenstem.

Ook zijn andere wang werd bedekt door een warme hand.

'Je wordt hier ziek, liefje. Kom. Kom maar met me mee.'

De vrouw schoof haar arm door de zijne, tilde hem uit de bank en omhelsde hem. Haar handen gingen langs zijn rug

en over zijn billen, ze drukte hem tegen zich aan en hij voelde nu een warme hand tussen zijn dijen.
'In mijn bed is het lekker,' fluisterde ze. 'Ik zal je weer op temperatuur brengen. Ik zal je strelen tot je het niet meer houdt van de hitte.'
Aangetrokken door het idee van een bed ging hij gewillig mee.
Haar kamertje was klein. Het rook er benauwd en er brandde zo'n klein olielampje dat hij niet kon onderscheiden hoe het er uitzag. Het kon hem ook niet schelen. Hij wou slapen en in de armen van een vrouw leek hem dat nog fijner.
Die nacht was hij door haar meegnomen in een wereld die hij nog niet eerder had gekend. Als een baby voerde ze hem mee. 'Jij bent nog een kleine jongen,' hoorde hij haar fluisteren. 'Je hebt nog nooit met een vrouw geslapen, hè schatje?'
Hij vond het best allemaal. Tussen zijn slapen door voelde hij haar handen, haar adem en haar kussen.
In een smoezelig bed met een vreemde vrouw naast zich, die vast sliep werd hij de volgende morgen wakker. Langzaam herinnerde hij zich alles weer. Hij stond op, kleedde zich aan, liet bijna al het geld dat nog in zijn portemonnaie zat achter en bewaarde alleen nog wat om iets te drinken en te telefoneren.
Buiten zocht hij naar een koffiehuis, hij wilde zijn vriend Nathan proberen te bereiken die in een ziekenhuis in Wenen werkte. Hij voelde zich vies en verlangde naar een bad.
In een café dronk hij koffie en belde hij op.
'Hallo, spreek ik met Nathan Frenkel?'
'Ja, met wie?'
'Je spreekt met Izjoe. Ik ben hier in Wenen,' antwoordde hij zonder de vreugde in zijn stem, die bij een weerzien, na zo'n lange scheiding van vrienden, paste.
'Ben je in Wenen? Is er iets? Waarom heb je niet geschreven dat je zou komen?'
'Dat vertel ik je wel. Heb je tijd voor me?'
'Ik zal tijd maken, kom maar dadelijk. We hebben elkaar zó lang niet gezien!'

'Het duurt wel even, want ik moet lopen.'
'Wat?'
'Ik kom zo snel mogelijk. Tot direct.'
Binnen een uur zat Izjoe in de spreekkamer van Nathan en vertelde hem de geschiedenis.
'Wat een toestand,' zei Nathan bezorgd.
'O God,' riep Izjoe, geschrokken. 'Ik was zo in de war dat ik geen bericht voor Sabina heb achtergelaten. Ik moet haar dadelijk schrijven!'
'Waar heb je vannacht geslapen?'
Die vraag wuifde hij weg. 'Ik heb in ieder geval sinds gistermorgen niet gegeten en me niet gewassen.'
'Ga in bad, neem van mij wat schoon ondergoed, ik zal je laten zien waar het ligt. Ik bestel in die tijd een ontbijt voor je.'
Onder het eten vertelde Izjoe hoe de situatie in Lemberg, dat nu weer Lwow heette, was. Hij kon zijn gedachten weer beter ordenen. 'Ik moet aan werk zien te komen,' zei hij. 'Ik heb als arts een beetje ervaring opgedaan in het ziekenhuis bij gewonde soldaten. Zou ik hier een aanstelling kunnen krijgen, denk je?'
'Zeker, dat is op het ogenblik geen enkel probleem. Ik zal zo gauw mogelijk een plaats voor je zien te vinden. Heb je geld?'
'Geen cent meer.'
'Ik zal je geld geven zodat je in ieder geval voorlopig voort kunt. Die procedure van een aanstelling kan nog wel een maand duren.'
'O graag, ik geef het je zo snel mogelijk terug.'
'Verder kun je hier in één van de kamertjes, naast m'n spreekkamer, logeren. Ik heb er twee met slaapgelegenheid tot mijn beschikking, waarvan één voor mijzelf, voor nachtdienst.'

Al een kwartier zat Sabina te wachten in het café, waar ze met Izjoe had afgesproken. Hij kwam zelden te laat; hij wist hoe naar ze het vond alleen in een koffiehuis te zitten.
Toen de ober voor de tweede keer langs kwam bestelde ze maar vast wat en vroeg naar een krant. Ze moest zich een

houding geven, want ze vond het vervelend dat de mannen zo naar haar keken. Meisjes kwamen niet alleen in een café. Ze wist niet wat ze las, ze was te onrustig en keek steeds naar de deur.
Toen Izjoe na een half uur nog niet was gekomen besloot ze naar huis te gaan. Waarschijnlijk had hij, zoals eerder was gebeurd, een briefje bij oom Rudek achtergelaten. Ze was al een paar uur van huis om boodschappen te doen.
Vaak al had ze zich treurig gevoeld dat hun verhouding geheim moest blijven voor zijn ouders. Zelden kwam Izjoe bij haar thuis, alleen als zijn vader en moeder weg waren of een tijd met vakantie gingen. Hij klaagde niet over hen, hij probeerde het probleem een beetje te omzeilen. Waarschijnlijk schaamde hij zich om zijn eigen familie te bekritiseren.
Maar de keren dat hij wél de gelegenheid had gehad bij hen te komen, zei hij dat hij zich opgenomen voelde in een, voor hem volkomen onbekende, levendige sfeer.
Hij dacht, dat het altijd alleen zijn met zijn ouders, die al niet jong meer waren geweest toen hij werd geboren, zijn leven sterk had beïnvloed. Maar deze reden moest hij verwerpen want zijn vriend Nathan was ook enig kind en had daar geen hinder van ondervonden, ook al waren zijn ouders niet veel jonger dan die van Izjoe.
Toen ze thuis kwam liep Sabina dadelijk naar haar moeder, in de vanzelfsprekende veronderstelling dat ze bericht voor haar had.
'Wat ben je vroeg,' was haar moeders reactie. 'Is er iets?'
'O, heeft Izjoe geen boodschap achtergelaten? Hij is niet gekomen; ik heb een half uur op hem gewacht. Ik zal zien of er iemand thuis is bij oom Rudek.'
Zenuwachtig en met een angstige blik kwam ze even later terug. 'Er is de hele dag iemand thuis geweest maar Izjoe heeft geen bericht achtergelaten. Er moet iets aan de hand zijn.'
'Ga naar z'n ouders en vraag wat er is gebeurd,' zei haar moeder. 'Als er werkelijk iets is moet je het weten.'
'Ik durf het niet, misschien richt ik wel de grootste moeilijkheden voor hem aan. En ik ben ook bang voor die

mensen. Maar het is niets voor Izjoe om me zo ongerust achter te laten.'
'Als je vanavond nog niets hebt gehoord ga ik wel.'
'Ja, graag.'
Sabina kon nergens rust vinden. Die avond na het eten vroeg ze haar moeder of ze alsjeblieft dadelijk wilde gaan.
'Je hebt gelijk, ik begin het ook vreemd te vinden.' Ze deed haar schort af en vertrok.
In de donkere gang klopte ze bij Izjoe's woning aan. Ze hoorde voetstappen, de deur werd op een kier geopend en ze keek in het verschrikte gezicht van de moeder.
'Oj wei!' zei de vrouw en de deur ging dadelijk weer dicht.
Toen Dwoira opnieuw wilde aankloppen opende de vader de deur weer. 'Laat u ons met rust,' riep hij luid en geïrriteerd, nog vóór zij iets had kunnen vragen. 'Ik heb niets met u te maken. Laat u ons met rust en klopt u niet meer!'
'Ja maar, ik wil weten hoe...'
De deur werd dichtgeslagen.

Alleengelaten op zijn logeerkamer in het ziekenhuis in Wenen, probeerde Izjoe z'n rust terug te vinden. Er was te veel gebeurd in de laatste vierentwintig uur. Het wanhopige van de situatie, waarover hij tot nu toe niet had willen denken, werd hem duidelijk.
Zijn vader had geen enkele reden om het huwelijk tussen Sabina en hem, zijn zoon, te dwarsbomen. Het was alleen macht en hebzucht geweest. Z'n vader had een bloeiend lopende zaak in goud en sieraden.
Izjoe ging naar het bureau, pakte papier en pen en schreef een brief. 'Sabina, lief. Wat doe ik je aan. Hoeveel geduld heb ik al van je gevraagd. En dit was allemaal voor niets. Waarom moest je juist míj ontmoeten, die het je steeds moeilijker maakt en nog meer geduld van je vraagt.'
Daarna beschreef hij uitvoerig wat er thuis was gebeurd, waardoor hij genoodzaakt was te vertrekken. 'Maar ik beloof je,' schreef hij verder, 'dat ik hier alle mogelijkheden zal onderzoeken om in Wenen te trouwen.
Nathan heeft me voorlopig een kamer in het ziekenhuis

gegeven, en werk is ook geen probleem, zegt hij. Hoe anders had ik me het weerzien in Wenen voorgesteld. Ik wilde samen met jou door die mooie, grote straten wandelen. Schrijf alsjeblieft gauw terug en wees niet boos dat ik je zonder bericht, in onzekerheid heb achtergelaten. Ik was te veel in de war.
Ik houd van je en verlang naar je. Izjoe.'

15

In de tijd dat Izjoe wachtte op zijn aanstelling in het ziekenhuis, waarvoor, zoals Nathan verzekerde, alleen nog enkele formaliteiten moesten worden verricht, voelde hij zich onbehaaglijk. Hij had weinig zin in ontspanning, lag veel op bed en dacht er vaak aan hoe hij Sabina ineens alleen had gelaten, na alles wat ze zich hadden voorgenomen.
De laatste dagen voelde hij een lichte pijn in de liezen en ook daardoor had hij weinig zin in wandelen.
'Ik krijg de indruk dat je erg naar Lwow terugverlangt,' merkte Nathan op. 'Je ziet er niet goed uit.'
'Ik weet niet wat er met me aan de hand is,' antwoordde Izjoe lusteloos.
'Ach, zo zonder Sabina en met al die rompslomp de laatste tijd; als je eenmaal aan het werk bent zal je stemming waarschijnlijk verbeteren.'
Maar een paar dagen later werd hij in de nacht wakker door een pijnlijk gevoel aan zijn penis. Hij zette zijn bril op, deed het licht aan en bekeek de pijnlijke plek nauwkeurig. Hij zag er wat rood-ontstoken uit.
Zoals al enkele dagen daarvóór, waarin een vage onrust hem had aangegrepen over die vreemde verschijnselen, wilde hij er ook nu niet verder over denken. Hij schoof de angstige gedachten weg en probeerde weer te slapen.

'Nathan,' begon hij de volgende middag schuchter een gesprek. 'Ik moet je iets vragen.'
Hij zat tegenover zijn vriend in de spreekkamer op een grote stoel met zijn handen achter het hoofd. Toen ging hij rechtop zitten. 'Ik heb vreemde pijnlijke toestanden. Misschien vind je het onzin maar het maakt me ongerust en ik wil er met je over praten.'
'Goed,' reageerde Nathan lachend. 'Zeg het maar.'
'Waarom lach je?'
'Omdat het bij beginnende artsen hoort om alle bestaande ziekten aan hun eigen lichaam te voelen.'
'Ja, maar het is een zeer onaangenaam verschijnsel. Ik heb

pijn in m'n liezen en... Je moet even kijken. M'n penis is ontstoken, er zit een zweertje.'
'Je maakt grapjes!'
Izjoe deed zijn gulp open en liet de pijnlijke plek zien.
Even keek Nathan nauwkeurig en het leek of hij door zijn knieën zakte toen hij weer ging zitten. Met een blik vol ongeloof keek hij Izjoe aan: 'Mijn God,' zei hij. 'Mijn God,' kwam weer zijn verslagen stem. 'Waar heb je dat opgedaan? Hoe kán dat? Je bent arts, het is niet moeilijk om de diagnose te stellen.'
Izjoe keek voor zich uit alsof daar, in de verte, iets te zien was. Zijn gezicht werd krijtwit en stond strak. Er vormden zich zweetdruppels op zijn hoofd die langs zijn slapen liepen.
'Arme jongen,' zei Nathan weer, in uiterste verslagenheid. 'Dit is te... We moeten proberen onze hersens bij elkaar te houden, want anders... Maar hoe... komt het?'
Met zwakke stem vertelde Izjoe over zijn contact met de vrouw die hij die eerste nacht in Wenen op een bank had ontmoet. 'Ik ben pas zesentwintig,' zei hij nog.
Nathan hoorde een droge snik.

Izjoe lag al een week in bed maar het was voor Nathan nog steeds niet mogelijk geweest een gesprek met hem te beginnen. Ook van het eten dat Nathan voor hem neerzette at hij bijna niets.
Hij had syfilis en zou sterven of, als hij het al zou overleven, blijvend aan een ruggemergaandoening of aan een hartafwijking lijden of krankzinnig worden. In golven boorden zich gedachten door zijn hoofd over de consequenties die deze ziekte met zich mee bracht. Het verlammende gevoel en de hartkloppingen beletten hem dan weer een tijd verder te denken. Dat wilde hij het liefst. Niet te hoeven denken.
Door de schok van de ontdekking was alles om hem heen vaag geworden. Hij realiseerde zich nog wel dat er niemand anders dan Nathan zijn kamer was binnengeweest sinds hij op bed lag. Nathan had hem ook gewassen en de zweer behandeld, die nu groot was geworden en pijn deed. Hij herinnerde zich ook nog dat Nathan de vorige avond zijn

kamer ergens mee had schoongemaakt, met lysol, dacht hij. Hij had hem helemaal schoongemaakt, wist hij nog. Want eerst zag hij hem met een dweil over de vloer gaan en later met een lap over zijn bed.
Hij had nog geprobeerd tegen Nathan te zeggen dat hij het zo vreselijk vond wat hij hem allemaal aandeed maar het lukte niet. Hij was toen dadelijk weer ingeslapen. Al dagen achtereen had hij het gevoel dat hij in een cocon was ingesponnen, waaruit hij wilde ontsnappen, maar het niet kon.
Als hij door moest gaan met leven, voorlopig, dan... dan... Hij moest praten, anders zou hij nù al gek worden!
Een grote triestheid en medelijden met zichzelf overvielen hem en hij begon te huilen, zo hard en diep dat hij dacht dat zijn hart het niet zou kunnen verdragen.
Toen hij langzaam weer tot zichzelf kwam zag hij Nathan naast zijn bed zitten. Hij droeg witte handschoenen en had zijn doktersjas aan. 'Dat is goed, je hebt tenminste gehuild,' zei hij fluisterend. 'In ieder geval een teken dat je weer aanwezig bent. Misschien lukt het ons vanavond een gesprek te hebben, nu kan ik helaas niet. Je hoeft niet bang te zijn dat er iemand anders in de kamer komt want ik heb tegen het personeel gezegd dat ik een depressieve vriend te logeren heb en dat hij niemand wil zien; dat ik de kamer voorlopig zelf zou schoonhouden en dat ik ook zelf het eten bij je zou brengen.'

Die middag, toen Izjoe alleen was, kwamen veel gedachten bij hem op die hij al die dagen daarvóór zo goed had kunnen wegduwen. Hij herinnerde zich weer dat Sabina hem had teruggeschreven dat ze geen andere keus had dan te wachten tot ze een mogelijkheid zouden vinden om in Wenen te trouwen.
'Ik voel me zo alleen hier,' schreef ze, 'nu de oorlog voorbij is en veel mensen weer met hun toekomst bezig zijn, waarover wij ook zo vaak hebben gesproken. Jij bent de eerste en enige man van wie ik houd, Izjoe, ik kán in geen andere richting denken. Er móet op één of andere manier een oplossing voor ons komen.'

Waarom had hij, door dit onbeduidende gebeuren met die vreemde vrouw, waarvan hij zich amper bewust was geweest, zoveel ongeluk om zich heen gezaaid? Sabina, z'n moeder en Nathan; ze zouden door zijn slepende ziekte bijna net zo lijden als hijzelf.
Hij zag Sabina nu voor zich, hij hoorde in gedachten die zachte, voorzichtige klank in haar stem en zag haar handen met de slanke vingers die hem zo behoedzaam konden strelen. Hij had haar, met haar nerveuze en angstige karakter, zo graag willen beschermen. Wat moest er nu met haar gebeuren? En hijzelf, wat moest hij beginnen met zijn dagen, maanden en misschien zelfs jaren?
Hij zou morfine willen hebben om zijn bestaan dragelijker te maken. Misschien dat Nathan hem dat zou willen geven. Hij wist niet hoe dit anders te verdragen zou zijn, met als toekomstbeeld krankzinnigheid of verlamming.
Hij was moe. Kon hij maar weer even van zijn gedachten verlost worden. Maar nadat hij een week bijna voortdurend geslapen had, lukte deze manier van vluchten niet meer.
Die avond stelde Nathan hem gerust dat alleen hijzelf hem in de kritieke maanden zou behandelen.
'Maar ik ga ook een beroep op jou doen,' zei hij. 'We moeten samen zoveel mogelijk over de ziekte en de behandeling ervan lezen. Al zijn er nog steeds geen genezende medicijnen, toch ben ik ervan overtuigd dat je bij uiterste hygiëne de minste complicaties zult hebben. Daar moeten we samen aan werken.'
Izjoe had daar niet op geantwoord.
'Het lijkt mij ook een onverdraaglijk idee,' praatte Nathan verder, 'om veel over een ziekte te moeten lezen waar je zelf aan lijdt, maar je zult er toch meer over willen weten en weer actief moeten worden op den duur.'
'Waarvoor?' bracht Izjoe er toonloos uit.
'Omdat ik denk dat een mens niet alleen behoefte aan voeding heeft om zijn lichaam in stand te houden maar dat ook hersens die werken ernaar verlangen gevoed te worden. Het is niet anders, Izjoe! Je zult door de crisis van misschien een half jaar heen moeten en daarna, ook als je niet helemaal geneest, kun je nog tien tot twintig jaar doorleven. En zelfs

totale genezing komt voor. Het is toch mogelijk dat er wél medicijnen gevonden worden. Dan ben ik de eerste die ze heeft, dat beloof ik je,' praatte hij op hem in. 'Natuurlijk is je gedrag van nu begrijpelijk. Maar over een poos zul je je weer gezond voelen en zolang een mens leeft moet hij zijn dagen ergens mee vullen.'
'Vind je het goed dat ik wat ga slapen,' reageerde Izjoe bijna geïrriteerd. 'Je moet me niet kwalijk nemen dat ik nog moet verwerken dat Sabina en m'n werk niet meer bestaan.'
Maar bijna dadelijk daarna pakte hij Nathans gehandschoende hand vast. 'Sorry,' zei hij met een wat schorre stem. 'Ik doe je onrecht aan, ik weet dat je alles voor me doet.' Hij liet de hand weer los, zweeg even en vervolgde met een vastere stem: 'Maar het is onmenselijk en oneerlijk.'

In het huis van Dwoira was de gezellige sfeer verdwenen. Fanja had zich al enkele maanden geleden in een kuuroord laten opnemen, vijftig kilometer van Lwow vandaan. Ze had erin toegestemd omdat ze veel bloed opgaf en het erg benauwd had.
Szlomek nam ieder weekeind de trein naar haar toe. Maar die avond, toen hij van het bezoek uit het sanatorium terugkwam, ging hij eerst naar Dwoira. Hij had behoefte om nog wat te praten. Zijn gemoed was zwaarder dan voordien. Het was misschien nog wel mogelijk dat ze zou genezen maar diep in hemzelf werd de twijfel groter en vroeg hij zich af waarop zijn hoop was gebaseerd. Er stierven dagelijks mensen aan t.b.c. En in het kuuroord was dat zelfs heel normaal.
Die middag had Fanja nog gezegd: 'Als je hier bent, zie je dat zoveel mensen om je heen het niet halen maar al stijgt je koorts en snak je naar adem, je gelooft toch dat jíj tot de uitzonderingen zult behoren die wél weer gezond naar huis zullen keren. Ik praat er soms met andere patiënten over en de meeste voelen dat net zo.'
'Szlomek,' zei Fanja, alsof hij troost nodig had, en ze pakte zijn hand. 'Wie weet gaan we nog wel weer samen toneelspelen en wordt alles als vroeger.'
Maar tegen de avond voelde ze zich weer heel benauwd,

haar adem piepte en haar ogen waren groot van angst. Toen zei ze, met een bijna onhoorbare stem: 'Szlomek, ik ben bang. Denk je dat er nog ergens een beter kuuroord is dan hier?'
'Ik weet het niet,' had hij haar geantwoord. 'Maar morgen voel je je misschien weer net zo goed als vanmiddag. Het is nu ook wel erg warm.'
Tot het afscheid had hij alleen nog haar warme hand vastgehouden en toen hij vertrok sliep ze.

Voor Sabina was alle hoop verdwenen. In de eerste brief die ze een maand geleden van Nathan had ontvangen, had hij haar uitvoerig geschreven wat er met Izjoe was gebeurd en ook dat deze zelfs te ziek was om te schrijven en het ook niet durfde.
Nathan had in die brief begrip voor zijn vriend gevraagd en medelijden. 'Ook al ben ik me ervan bewust dat hij hierdoor ook jouw leven heeft beïnvloed, toch zal er voor jou nog wel een toekomst zijn.'
Er was voor haar geen tijd en plaats geweest voor veroordeling. Alles was gaan draaien, ze voelde zich zwak worden en toen werd het zwart om haar heen.
Later zag ze haar moeder voor zich staan die iets tegen haar neus hield waaraan ze moest ruiken. 'Drink maar,' had ze gezegd en hield toen een glas water voor haar mond. 'En probeer diep adem te halen.'
Sindsdien zat Sabina als een bezetene achter haar naaimachine die nog steeds in de keuken stond, praatte zelden tegen iemand en nam zoveel werk op zich dat ze het amper aan kon.
Maar de uitdrukking van paniek en schrik verdwenen niet uit haar bleke gezicht. Haar ogen waren roodbehuild en vertoonden diepe blauwe kringen.
Al probeerde ze haar dagen op een manier te vullen dat ze zo weinig mogelijk gelegenheid tot denken zou hebben, al had de dokter haar medicijnen voorgeschreven om 's nachts te kunnen slapen, ze kon zich niet voorstellen dat haar situatie ooit weer draqglijk zou worden.
Vooral in de ochtend, wanneer ze wakker werd uit een

beschermende slaap, waarin haar dromen soms nog gevuld waren met vroege jeugdherinneringen en zorgeloosheid, overvielen haar soms misselijkheid en een tegenzin tegen alles en speciaal tegen weer een nieuwe dag als ze langzaam tot het besef kwam van de toestand waarin ze verkeerde. Maar ze was nuchter genoeg en ze besefte dat de dagen en jaren gewoon door zouden gaan, ook voor haar, ondanks haar onverdraaglijk toekomstbeeld.

16

Izjoe's lichamelijke malaise weerhield hem er nog steeds niet van om veel te slapen maar zijn behoefte daaraan werd steeds minder en langzaamaan begon hij de boeken te lezen die Nathan van thuis en overal waar hij ze kon vinden vandaan haalde.

Izjoe zat nu vol natte, etterende puisten, vooral op zijn handen en zijn gezicht. De toppen van zijn vingers bleven kleven aan de bladzijden van de boeken en lieten gele en rode vlekken achter. Hij wist dat elk boek, nadat hij het had gelezen en niet meer wilde herlezen, werd verbrand.

Hij hoefde niet bang te zijn onder de ogen van iemand anders dan Nathan te komen. Zolang hij onder de puisten en bulten zat bleef de deur op slot. Hij had ook gemerkt dat als er geen andere keus was, je je vanzelf aan je ziekte overgaf. Als een baby liet hij de behandeling aan Nathan over die hem waste, verbond en ook dagelijks de hele kamer ontsmette. Als hij veel tobde kreeg hij een medicijn van hem om weer in te slapen. Maar de boeken die Nathan meebracht en die Izjoe in het begin alleen wat had doorgekeken maakten hem nieuwsgierig en hij las er steeds meer in.

Die avond zag hij, onder het doorkijken van de krant, dat Rosa Luxemburg en Karl Liebknecht op transport naar de gevangenis waren mishandeld en vermoord.

'Heb je dat gelezen?' vroeg hij Nathan toen die binnenkwam. Hij hield hem de krant voor.

'Ja, die zwijnen.'

'Wat was ze eigenlijk voor iemand?'

'Een moedige vrouw, ze schreef ook veel in de gevangenis.'

'Je geeft me zoveel boeken over het communisme, sympathiseer je met ze?'

'Ja, sinds ik in Wenen woon en al die hongerige mensen om me heen zie. Misschien lukt het de communisten om voor iederéén een beetje welvaart te brengen. Revolutie is altijd verschrikkelijk maar de houding van de Tsaren tegenover de Russen en de joden was ook afschuwelijk. Veel joden in Rusland zijn communist geworden, ze bezetten zelfs belangrijke posten in de partij. Ik sta er in ieder geval niet meer vijandig tegenover.'

Izjoe las nu ook de werken van Karl Marx en Friedrich Engels. Van het geld dat op een bank in Lwow stond en dat hij naar Wenen had laten overschrijven liet hij Nathan boeken kopen. Hij studeerde hele dagen en soms ook de nacht door.

'Ik denk dat ik Russisch ga leren, dat lijkt mij niet zo'n moeilijke taal, met onze kennis van het Oekraïnsch. Zou je wat leerboeken voor me willen meenemen? Dat is meteen ook een goede oefening voor m'n hersens.' Hij lachte ironisch. 'Ik heb toch alle tijd van de wereld, een luizeleven! Het leven van een parasiet. Stel je voor dat ik in de toekomst misschien nog van m'n vaders geld zal moeten leven. Maar eerst ga ik goed Russisch leren, als tijdvulling.' Toen lag hij stil, met z'n handen achter het hoofd.

'Ik ga in het voorjaar m'n ouders bezoeken,' zei Nathan alsof hij voelde dat Izjoe aan Lwow dacht.

'Waarschijnlijk zal ik daar nooit meer naar toe gaan,' antwoordde Izjoe in gedachten. 'Niemand kan ik daar meer onder ogen komen. Misschien zal alleen Sabina me vergeven, als ik met haar praat. Maar wat heeft dat voor zin, ik kan haar toch niet in een nog groter ongeluk storten?' Hij schudde zijn hoofd. 'Het komt steeds weer terug; waanzinnig, dat dit bijna onschuldige gebeuren, je hele leven...'

Het was zaterdagavond. Rudek en zijn familie aten bij de Steinmanns. Szlomek was bij Fanja en Sabina zat stil aan tafel. Ze was vermagerd alsof ook zij een ziekte onder de leden had maar de dokter die haar had onderzocht zei dat ze niets mankeerde en vooral goed moest eten.

Ze kon nog steeds niet verwerken wat haar was overkomen.

'Sabina, zou jij deze keer met me mee willen gaan naar Berlijn?' vroeg Rudek. 'Het lijkt me goed als je wat afleiding zoekt en ik ga er niet langer dan voor één week heen dus dat hoeft niet zo bezwaarlijk te zijn met je werk. Ik wil deze keer ook iets van het andere Berlijn zien en dat lijkt me voor jou ook interessant. Ik moet naar de sociale dienst daar en naar Josl. Hij heeft me geschreven dat de Duitsers, die de buurt tot nu toe met rust hebben gelaten, daar ineens te keer gaan en naar geldige papieren vragen. Hij schrijft dat zolang de Engelse blokkade duurt en zolang iedereen daar nog steeds weinig te eten krijgt, de mensen die een winkel hebben er niet zeker van zijn dat ze niet de één of andere dag worden beroofd. En natuurlijk speciaal als het joodse winkels zijn. In het begin van de maand, bij de algemene staking, hebben ze in hun wijk geplunderd en winkels in brand gestoken. Ook hele kleine winkeltjes, met een appel en een ui.'

'Wat hebben die stakkers in die jodenbuurt nou met stakingen te maken?' vroeg Sabina. 'Of met de O.W 'ers van Berlijn?'

Rudek trok z'n schouders op. 'Heb je er inmiddels over nagedacht of je me op m'n reis wilt begeleiden?'

'Ik wil wel, maar ik ben geen prettig gezelschap en ik weet niet hoe ik ooit weer... Goed, oom Rudek, ik ga mee.'

Diezelfde week kwam Nathan naar Lwow. Sabina ontving een brief van hem dat hij haar zou willen ontmoeten voor de lunch en hij schreef meteen waar en op welke tijd. 'Het duurt te lang om op je antwoord te wachten,' maakte hij duidelijk, 'want ik blijf maar een paar dagen. Ik kom op de afgesproken plaats en als jij verhinderd bent, schrijf ik je wel uit Wenen voor een andere afspraak; ik ben vaker in Lwow.'

Sabina was uiterst gespannen dat ze al de volgende dag met Nathan zou spreken.

Bij het binnenkomen in het restaurant voelde ze dat ze klappertandde toen ze hem achter een krant zag zitten en zijn tafeltje naderde.

Hij keek op. 'Ach, Sabina,' zei hij zacht. 'We hebben elkaar in jaren niet gezien en dan nog maar enkele keren. Ik mag toch jij zeggen?'

Sabina knikte, gaf hem een hand en ging zitten. Ze voelde haar lichaam trillen.

Nathan keek haar aan. 'Zou een glas wodka je helpen? Heb ik je overvallen met m'n afspraak?'

'Ja, maar ik ben blij, vooral om van jóu iets over... Izjoe te horen.' Ze slikte en haar stem klonk nerveus. 'Ik... kan er

nog niet zo goed mee overweg... Dat zal nog wel een tijd duren. Ja, ik wil graag wodka.'
'Ik moet over dingen met je praten die mij in wezen niets aangaan maar als arts heb ik m'n verplichtingen. Wat ik met jou bespreek zal ik Izjoe vertellen. Hij weet wat hij kan verwachten.'
'Hoe is hij nu?'
'Hij studeert veel. Hij leest over problemen waarvoor hij vroeger geen tijd had en ik stimuleer hem daar zoveel mogelijk in.'
'Zou ik hem kunnen bezoeken, denk je?'
'Hij ziet er nu weer goed uit. Als ik terugkom gaat hij een kamer in Wenen zoeken maar hij laat me je vragen om begrip. Hij kan je niet ontmoeten.'
Sabina pakte een zakdoek en verfrommelde hem. Ze voelde tranen komen. 'Ja, natuurlijk.' Ze huilde nu. 'Maar het idee dat hij er gewoon uitziet en toch...'
'Dat is waarover ik met je wil spreken. Er is weinig voor nodig om je met hem te verzoenen, zeker nu hij weer een betrekkelijk normaal leven gaat leiden. Zijn beroep zal hij niet kunnen uitoefenen en misschien zul je hem over een tijd wel ontmoeten, ook al wil hij dat zoveel mogelijk verhinderen. Hij moet ook vechten. Het heeft weinig zin je uitvoerig duidelijk te maken dat hij jou net zo mist als jij hem. Toch kan het nooit meer, Sabina! Ik weet hoe hard het klinkt maar het zou onverantwoordelijk zijn. Izjoe voelt zich goed, toch bestaan er nog geen genezende medicijnen.'
Nathan vertelde over de ernstige verschijnselen waaraan Izjoe hoogstwaarschijnlijk op den duur zou gaan lijden.
'Deze toestanden kunnen zich nog tien jaar na het ontstaan van de ziekte manifesteren en zelfs nog later. Het gevaar om krankzinnige kinderen te krijgen is groot en dat is het belangrijkste. Ook al ben je nog zo voorzichtig, er blijft toch altijd kans dat je een kind krijgt.'
Onderweg naar huis kon Sabina niet ophouden met huilen. Alles wat Nathan haar had gezegd wist ze; toch was er nog hoop op een wonder gebleven en nu was er niets.
Thuis merkte ze dat de deur op slot was. Ze opende hem met haar sleutel en was opgelucht dat ze even alleen kon

zijn. Ze ging op de stoel van haar zuster zitten en ze dacht eraan hoe hun familie de laatste tijd was getroffen. Hoe haar vader, wiens optimisme was verdwenen nadat de Russen zijn hand hadden verminkt, nooit meer onbekommerd had kunnen zijn. Ze herinnerde zich ook hoe trots en gelukkig hij vroeger met zijn twee dochters was geweest.
Nu zag ze ook Izjoe in gedachten voor zich, met zijn ernstige, lichtgrijze ogen. Eén ding wist ze zeker; zijn plaats zou niemand ooit kunnen innemen.

In de zomer vertrok Rudek met Sabina naar Berlijn. Er was al bijna een jaar wapenstilstand maar nu pas had Wilson de blokkade van Duitsland opgeheven zodat er weer voedsel binnenkwam. Polen was in het verdrag van Versailles als zelfstandig land erkend.
'Waarschijnlijk zijn de mensen in Duitsland nu wat meer opgelucht,' zei Rudek. 'Maar er zijn in Berlijn veel communistische opstanden en als de antisemieten daar één jood tussen de communisten vinden wreken ze zich weer op de rest. En natuurlijk weer het eerst op arme sjlemielen, die daar niets mee te maken hebben.'
'Is het niet gevaarlijk voor ons Polen, al die onrust tussen de Duitsers en de behoefte van de Russen om ze te helpen?' vroeg Sabina.
'Ja, het is gevaarlijk, vooral met de problemen tussen de Polen en de Oekraïeners. Pilsudski heeft de macht goed in handen; een conservatievere regering zou de strijd zeker nog bloediger maken.'

In Berlijn namen ze een goed hotel en gingen de eerste avond naar een cabaretvoorstelling in de buurt van de Alexanderplatz.
'Wat een tekst,' zei Sabina en haar stem klonk opgeruimd. 'Bij ons wordt zelden met de politieke toestand gespot. Polen zijn altijd ernstig.'
'En het is ook afgelopen met die dure aankleding, hè?' antwoordde Rudek.
'Weet u nog, vóór de oorlog, hoe alles Oostenrijks en weelderig was?'

De volgende dag gingen ze naar Josl. Sabina was verwonderd toen ze in de winkelstraat kwam.
'Het is hier net de joodse buurt in Lwow,' zei ze. 'Het lijkt ook of de mensen zich, ook al zijn ze arm, toch prettig voelen zo bij elkaar.'
Maar toen ze zag hoe Josl en de anderen woonden werd de werkelijkheid haar duidelijk. 'Hoe kunnen mensen zo leven,' zei ze toen ze weer op straat stonden. 'Josl vond het ook vervelend om een vrouw op z'n kamer te hebben. Hij heeft niet gevraagd of ik wilde gaan zitten.'
'Ja, dat is waar, ik heb daar niet aan gedacht. Hij is toch nog te benijden naast die andere jongens die daar op hun bedden zaten. Hij hoopt nog altijd op Gods hulp.'
In de kleine straatjes zagen ze, net als Rudek al van twee jaar geleden kende, kleine kinderen voor hun deuren zitten. Sommige sliepen; een klein meisje huilde, ze had een duim in haar mond en het snot liep uit haar neus.
'Waar is je moeder?' vroeg Rudek.
'Ik weet het niet.' Het kind huilde nog harder.
'Ze werkt,' antwoordde een jongetje, van een jaar of vijf. 'Straks als ze komt krijgen we brood met haring.'
Hij leek minder ongerust. Het was duidelijk dat hij zich op zijn lekkere hap verheugde.
'Is daar geen andere oplossing voor?' vroeg Rudek die middag bij het 'Volksheim'.
'Nee,' antwoordde de maatschappelijk werker. 'Nu de lokalen worden ingenomen door de zionisten, de socialisten en de communisten, is er voor de kinderen geen plaats meer, helaas. Het lukt me ook niet om daar begrip voor te krijgen. Alle groepen zeggen hetzelfde: 'Als het socialisme, communisme of zionisme komt, worden deze toestanden vanzelf opgelost'. Daarom vinden ze het verantwoord de problemen met de kinderen te verwaarlozen.'
'Wat kunnen we in Polen voor ze doen?' vroeg Sabina. 'Daar was het gezin van onze chassidische buren niets bij. Wat moeten die kinderen in de winter?'
'Ik denk, met véél kleren over elkaar heen, op hun ouders wachten.'
Rudek hield op één van de avonden ook een referaat. Hij

probeerde de mensen voor te houden dat het geen zin had om naar een politiek doel te streven en praktische problemen niet aan te pakken. 'Hier mogen de kinderen niet de dupe van worden,' zei hij. 'Het is weliswaar voor hen dat we onze strijd voeren voor een betere maatschappij maar zij leven nú! Ze hebben niet om dit leven gevraagd. Ze hebben er recht op niet overgeslagen te worden door alle goede bedoelingen van verschillende politieke groeperingen. We zullen een grote actie in Europa voor ze houden! Voor de kinderen die nú verwaarloosd worden en die beter verdienen!'

17

'Dat wordt onze grootste ramp,' zei Sabina's vader nerveus. 'Ik wist wel dat we zonder Oostenrijk niets zijn. Pilsudski doet z'n best, en Godzijdank is hij ook geen antisemiet. Maar de bolsjewieken tegenhouden zal hem niet lukken.'
'Ach, het Westen zal niet toelaten dat ze hier komen,' zei Dunjo. 'Iedereen was in het begin enthousiast toen hij tegen de Russen won.'
'Ja, en nu twee jaar na de afloop van de oorlog, heeft Polen nog geen dag echte vrede gehad,' antwoordde Leo.
'Pilsudski is steeds bezig Polen te versterken en alle grensproblemen met wapens op te lossen,' zei Rudek geërgerd. 'Dat was niet de afspraak. We hebben niets met die oorlog te maken. Pilsudski heeft het socialisme opgegeven om een groot Polen te stichten. Hij had zich alleen tegen de Russen moeten verdédigen, niet overal vechten en tot Kiev doordringen.'
'Onzin!' zei Dwoira fel. 'Je weet best dat we de bolsjewieken in de weg staan die naar Duitsland door willen stoten waar ze zoveel sympathisanten hebben. Ze laten ons toch niet met rust. Ze willen overal de revolutie uitbreiden waar ze de kans krijgen!'
'Zullen we toch naar Wenen gaan?' vroeg Leo. 'Misschien kan ik in dezelfde hotelketen iets te doen krijgen. Tenslotte kennen ze me daar.'
'We moeten afwachten,' antwoordde Dwoira. 'Fanja is te ziek om mee te gaan en we kunnen niet weg zonder haar.'
Szlomek keek van Leo naar Dwoira. Het ging slecht met Fanja, hij moest er niet aan denken dat hij hen in die moeilijke tijd ook nog zou moeten missen.
'Fanja is te zwak,' scherpte hij Dwoira's argumentatie aan. 'Ze moet in het sanatorium blijven.'
Leo knikte, hij schaamde zich dat hij daar niet aan had gedacht.
Sabina kon het niet meer schelen. Zonder Izjoe wou ze zijn waar de anderen ook waren.

'Zie je wel, het lukt Pilsudski niet de Russen die Polen steeds verder binnen trekken, tegen te houden,' zei Leo. 'Duizenden mannen en vrouwen, waaronder veel joden melden zich als vrijwilligers. En toch, ik weet dat ik egoïstisch ben, maar ik hoop dat mijn kinderen niet daaronder zullen zijn. Al heb ikzelf bij de pogrom van het eerste oorlogsjaar begrepen wat we van de Russen kunnen verwachten, ik wil niet dat jullie ook nog iets overkomt.'
'De Poolse bataljons die in Frankrijk zitten, zijn op weg hierheen om te helpen,' zei Dunjo. 'Wie weet lukt het Pilsudski nu wél.'
'O!' zei Dwoira onder het doorkijken van de krant. 'Nou hebben de joden aan het front twee vijanden. Hier staat dat joodse soldaten gevangen worden genomen onder verdenking van spionage voor de communisten. Weer een mooie stok om de hond te slaan.'

'Ik ga naar Fanja,' zei Szlomek midden in de week. 'Ik moet haar geruststellen nu hier in de straten van Lwow met de bolsjewieken wordt gevochten. Het moet in haar toestand helemaal angstaanjagend zijn. Het lijkt wel of aan die oorlog nooit meer een einde komt.'
De treinen waren vol, Szlomek stond op de overloop en dacht eraan hoe Fanja zich moest voelen als er overal geschoten werd en ze zelf te zwak was om te vluchten. De leiding van het sanatorium had al gewaarschuwd dat, bij te veel gevaar, de mensen tijdelijk naar huis zouden worden gestuurd.
'Hé, ik had je vandaag niet verwacht,' zei Fanja met een zachte stem toen Szlomek aan haar bed kwam. Ze ademde zwaar, had een felle kleur en haar ogen glansden onnatuurlijk. 'Ik mag voorlopig m'n bed niet meer uit.' Het praten kostte haar moeite. 'Maar het kan me niet schelen, het is wel prettig om weg te dromen. M'n temperatuur is hoog en ik ben te moe voor alles.'
Szlomek keek haar bekommerd aan: 'Zeg maar niets, als het je vermoeit. We kunnen toch gewoon bij elkaar zitten.'
'Arme jongen.' Fanja glimlachte naar hem, pakte zijn hand en streelde over zijn arm. 'Het kan nog zó lang duren, je

kunt niet alles opgeven en wachten tot ik beter ben. Je moet gewoon weer toneel gaan spelen en me vertellen hoe het met de mensen in de toneelgroep gaat. En je moet ook weer stukken gaan zien. Neem Sabina mee als je naar het theater gaat. Zij heeft het ook moeilijk. Ik denk dat ze wel zal willen.'

Een week later nodigde Szlomek Sabina uit om naar een voorstelling te gaan.
'Het was Fanja's idee en ik wil graag dat je meegaat. Het is prettiger om te kunnen praten over wat je hebt gezien.'
'Graag,' zei ze een beetje verlegen, zich bewust van wat hen verbond. Toch voelde ze zich ongemakkelijk; ze had nooit zoveel contact met Szlomek gehad. Ze mocht hem wel graag maar hij en Fanja hadden altijd zoveel belangstelling voor activiteiten gehad waarvoor zij bang was.

'Waren we toch maar naar Wenen gegaan,' zei Leo. 'De Russen zitten nu al in Warschau.'
'Maar Pilsudski roept op tot een nieuw offensief, met hulp van de Polen die uit Frankrijk zijn gekomen,' antwoordde Dwoira.
'Godzijdank,' zei Leo uit de grond van z'n hart, toen het de Polen uiteindelijk toch was gelukt de bolsjewieken terug te dringen tot hun eigen grenzen.
'Nu moet het Poolse leger de joodse officieren en soldaten nog vrijlaten, die ze hebben geïnterneerd,' antwoordde Dunjo. 'Een schande om antisemitische campagnes op te zetten tegen mensen die aan de frontlinies vechten, en om ze te beschuldigen van hulp aan de Russen.'
'Dat blijft zo,' gaf Dwoira haar mening. 'Als joden laf zijn is het niet goed en als ze moedig zijn is het ook niet goed, dan komt de jaloezie. Zo is het door de eeuwen heen gegaan.'
'Daarom vertrekken er nu zoveel naar Palestina,' zei Dunjo. Hij was sinds kort lid van een zionistische vereniging. 'Ik wil er misschien ook naar toe, na m'n studie.'
'Ja,' antwoordde Dwoira weer. 'Dat vinden de Polen wel fijn! Ze schreeuwen toch al steeds harder: "Weg met de

joden! Naar Palestina met de joden! Naar Madagaskar met de joden!"'

'We zijn een vrij land met rechten voor allen, dat moet duidelijk worden. Misschien krijgen de Polen een wat redelijker gedrag als het hier wat meer rust komt,' zei Dunjo weer, op zelfverzekerde toon.

Voor Izjoe in Wenen had het bolsjewisme niets angstaanjagends meer. Hij kende de communistische theorieën waarvan hij goede resultaten in Rusland verwachtte. Hij ging ook vaak naar communistische vergaderingen, ontmoette daar veel mensen tot wie hij zich aangetrokken voelde en raakte met verschillende bevriend.

Men had hem al snel gevraagd of hij bereid was lid te worden van de partij. Hij had daarin toegestemd en werd ingedeeld in een belangrijke groep.

Hij woonde nu op een kamer, zag Nathan geregeld, voelde zich lichamelijk goed en probeerde zijn tijd te vullen met alle mogelijke bezigheden om weinig in verleiding te komen over zijn toekomst na te denken.

De leiding van de partij nam vanzelfsprekend aan dat haar leden alles opzij zetten voor het goede werk en niemand verwonderde zich er daarom over dat Izjoe zoveel uren kon missen.

'We zullen onze kaders moeten versterken,' zei de voorzitter. 'In deze tijd van revolutie, die misschien een groot deel van Europa zal gaan bestrijken, moet de partij het grootste werk op theoretisch gebied verrichten. Wij zullen de mensen die nog niet zo ver zijn en door het kapitalisme op een verkeerd spoor worden gezet, maar waarvan velen hoogstwaarschijnlijk zeer bruikbaar voor ons werk zijn, langzamerhand moeten overtuigen. Het heeft weinig zin om dat met je communistische vlag te doen. Mensen die niet willen, worden daardoor afgeschrokken. Er zullen sportverenigingen en natuurvrienden-clubs moeten komen die zich ook wezenlijk met sport en natuur bezighouden. Maar we moeten daardoorheen persoonlijke contacten met deze mensen aanknopen en hen op subtiele manier tot onze overtuiging brengen. Dit sneeuwbaleffect is succesvol gebleken. De

waarheid is glashelder en zal daarom ook tot anderen doordringen. Ik praat hier alleen over de meer ontwikkelden. Het is de taak van ónze groep deze mensen te benaderen.'
Zo was het ook met hem gegaan, overdacht Izjoe. Ook hij was door Nathan op deze manier tot overtuiging gebracht, door literatuur en gesprekken.
Na elke vergadering werd leden, met wie de groepsleider een persoonlijk gesprek wilde hebben, gevraagd te wachten. Hun namen werden van tevoren genoemd. Nadat hij enkele besprekingen had bijgewoond hoorde Izjoe ook zijn naam. Hij voelde zich nog een betrekkelijke beginneling en vroeg zich af wat een apart gesprek met de voorzitter inhield. Partijleden waren zeer geheimhoudend, had hij al gemerkt, en niemand vertelde iets over het gesprek dat op het kantoor werd gevoerd.
'Ik heb gehoord dat je uit Polen komt en ook Russisch spreekt en schrijft,' begon de leider. 'Wij zullen daar graag gebruik van maken want de beheersing van deze twee talen, waarvan zeker het Russisch belangrijk voor ons is, geeft ons mogelijkheden tot nog betere contacten. Ik vroeg je hier te komen om je te zeggen dat we in de toekomst beroep op je zullen doen en dat we van je verwachten dat de partij altijd vóór je persoonlijke leven zal gaan.'
'Vóór je persoonlijke leven zal gaan,' herhaalde Izjoe voor zich zelf op weg naar huis. Deze laatste zin had op hem een treurige uitwerking. Hij wou daar niet over denken. Hij zou even naar Nathan gaan. Waarom voelde hij zich ongerust bij de gedachte aan Nathan?
Er schemerde al een tijd iets van jaloezie in hem wanneer hij aan Nathan dacht. Zou de reden echt kunnen zijn dat hij zich zorgen maakte over de vriendschap die deze al geruime tijd met een vrouw had, met wie hij zich wilde gaan verloven? Was hij echt bang dat Nathan niet meer genoeg aandacht aan hem zou besteden?
Nathan was de enige echte vriend in zijn leven die hem in zijn ernstigste perioden had bijgestaan, hij mocht niet uit zijn leven verdwijnen. Nathan was niet alleen een vriend, hij was ook een beetje een vader. Elke subtiele moeilijkheid

die met niemand besproken kon worden, besprak hij met hem.

'Er zal een grote ommekeer komen in de joodse gemeenschap nu we eindelijk, door het verdrag van Versailles, in de grondwet gelijke rechten en culturele autonomie krijgen,' vertelde Rudek. 'Je weet dat ik niet met de joodse communisten sympathiseer, maar ik kan toch met ze meevoelen nu ze het zo moeilijk hebben. Dat geldt trouwens ook voor ons Bundisten, omdat we ons buiten de Russisch-Poolse oorlog hebben gehouden. Misschien zullen de reactionaire Polen nu eindelijk eens ophouden met hun antisemitische rellen tegen onschuldigen en tegen eenvoudige joodse boeren, die niets van het communisme afweten. Het zal nu echt beter worden, denk ik. Er zullen joodse afgevaardigden in het parlement komen. En we zullen proberen onze economische achterstand te herstellen.'

'Als ze ons nu alsjeblieft een beetje met rust laten,' zei Bella tegen Dwoira. 'We moeten aan het werk kunnen gaan, nu alle posten voor joden weer vrij zijn. Ik hoop dat er bij Rudek in de zaak ook weer wat meer leven komt. Hij heeft nog amper geld om nieuwe boeken in te kopen. Als de leeshonger terugkomt en er weer mensen de zaak binnengaan, wordt hij ook wat gelukkiger. Tot nu toe was het maar steeds afwachten tot het écht vrede zou zijn.'
'Ach ja,' antwoordde Dwoira nadenkend. 'Als wij niet die gebeurtenissen met onze dochters hadden gehad, zouden we alles bij elkaar nog kunnen denken dat we er redelijk vanaf gekomen zijn. Leo is weer een beetje over zijn angst heen, hij kijkt niet meer steeds naar z'n hand, hij is al gewend dat hij hem slecht kan gebruiken. De jongens ontwikkelen zich als verstandige mensen; maar als ik naar Sabina, naar Fanja en naar Szlomek kijk...' Ze schudde haar hoofd. 'Voor hen verandert er niets, vrede of geen vrede.'
'Van Izjoe horen jullie niets meer?'
'Nee, hij heeft zich laten verontschuldigen en het contact verbroken. Wat moest hij anders doen?'
'Wat een gewetenswroeging voor die ouders!'

'Dat is het minste wat ze nog kunnen hebben.'

Fanja's koorts was niet meer gezakt, integendeel. Als Szlomek bij haar was, hield hij haar hand vast en vroeg haar zo weinig mogelijk te spreken omdat haar dat moeite kostte. En wanneer ze tot luisteren in staat was vertelde hij over de politieke ontwikkelingen, waarvoor ze zich nog steeds interesseerde.

Het was inmiddels voorjaar en ze hoopte dat ze dan misschien wat zou opknappen, maar toen Szlomek haar op een stralende dag weer was gaan bezoeken, werd hij bij de dokter van het sanatorium geroepen.

'Waarschijnlijk begrijpt u waarom ik een gesprek met u wil hebben. Ik voel het als een plicht u duidelijk op de hoogte te stellen.'

Szlomek keek de dokter gespannen aan. Hij voelde dat hij niet de hele waarheid wilde horen. Misschien bestond er toch nog een mogelijkheid; Fanja was flink en had doorzettingsvermogen getoond tot nu toe.

'Het heeft geen zin de zaken anders te zien dan ze zijn,' ging de dokter verder. 'Het kan nu niet lang meer duren. Uw familie mag dagelijks op bezoek komen maar niet meer dan met twee tegelijk. De koorts van uw vrouw loopt hoog op in de nacht, maar overdag is ze nog wel aanspreekbaar zoals u hebt gemerkt.'

De dokter had hem nog duidelijk verteld waarom er geen hoop op herstel meer was en Szlomek ging in een schemertoestand terug naar het station. In de trein kon hij zich nog steeds niet voorstellen hoe zijn leven zou worden zonder Fanja. Zij was de laatste jaren altijd ziek geweest; dat had zijn dag toch op een bepaalde manier gevuld. Maar wat zou hij moeten doen als...

De familieleden gingen nu dagelijks naar Fanja. Soms was ze redelijk aanspreekbaar en dan glimlachte ze. 'Ik ben blij dat jullie zo vaak mogen komen,' zei ze. 'Maar het zegt genoeg. Ach, ik wil er verder niet over denken.'

Maar er waren ook dagen dat ze hoge koorts had en zich

niet bewust was van haar omgeving. Ze ademde steeds moeilijker.
Langzamerhand kwam er een blik van begrip en leek het of ze in haar situatie berustte. 'Het is minder erg dan ik dacht,' zei ze eens, 'om... als alles afgelopen is. Ik voel me al zo ver en ik ben zo moe...'
Binnen een maand kwam het telegram dat de familieleden al hadden verwacht. Er stond in dat Fanja's dood rustig in de nacht in haar slaap was ingetreden.

Na de rouwdagen lukte het Szlomek niet zijn gedachten te ordenen. Hij kon niet denken, niet werken en niet aan zijn dag beginnen. 'Ik hoop dat jullie het me niet kwalijk nemen maar ik vertrek voor een tijd. Ik ben tot niets in staat, ik ga naar Wenen. Misschien dat ik in een andere omgeving weer wat tot mezelf kan komen.'
Leo, die nu zijn derde familielid aan de volksziekte had verloren, liep gebogen als een oude man door het huis. Het lukte Dwoira niet hem te helpen. Hij ging wel naar zijn werk.
Alleen Sabina had nog enige invloed op haar vader. Ze vroeg hem soms mee te gaan om wat te lopen. Dan vertelde hij over heel vroeger, toen haar echte moeder nog leefde. Sabina liet hem praten, ze hoopte dat hem dat goed zou doen. Hij had nooit over zijn leven vóór Dwoira's komst in hun huis met haar gesproken. En zij was nu nog de enige die tot de vroegere familie behoorde.

18

‘Misschien moesten we ook proberen naar Amerika te komen,’ zei Dwoira aarzelend. ‘Hier is geen toekomst meer en zeker niet voor de jongens.’
‘Wat moet ik nu nog in Amerika? Ik ben te oud om iets nieuws te beginnen,’ antwoordde Leo weinig enthousiast. ‘Ik wist altijd al dat het hier slecht zou gaan met een vrij Polen. Eerst trekt Pilsudski zich terug uit de regering omdat hij die te slap vindt, dan hebben we eindelijk een eerste president, Nukowicz, en die wordt vermoord. Ach, we krijgen nooit meer het goede land terug dat we voor de oorlog hebben gehad.’
‘Maar Nukowicz is door antisemieten vermoord. Hij had goede plannen.’
‘Ja, dus we moeten wachten tot er een goede antisemiet in de regering komt.’
‘Dwoira,’ zei Leo verontschuldigend, ‘al wordt het hier slechter, ik kan niet meer weggaan. Ik heb geen beroep voor een vreemd land. Engels leer ik niet meer. En ik ben moe. Laat de jongens, als ze klaar zijn, hun eigen weg kiezen.’ Hij zuchtte.
‘Zoveel mensen emigreren nu massaal naar Amerika en naar Palestina,’ antwoordde Dwoira nadenkend. ‘Maar misschien heb je gelijk, zo graag wil ik ook niet weg. Onze grootste zorg, die voor de kinderen, is voorbij. En jij zult, wel of geen crisis, in het hotel kunnen blijven werken.’
Kort na hun gesprek daarover besloten de Verenigde Staten tot een tijdelijke emigratiestop en er werd niet meer over gesproken.

‘Ik heb vanavond vergadering,’ zei Dunjo. ‘We voeren een discussie met de Bundisten.’
‘Dat zal een spektakel worden,’ antwoordde Dwoira. ‘Willen jullie proberen elkaar te overtuigen?’
‘Zij hebben om een discussie gevraagd. Er zijn nu eenmaal veel zionisten en ook veel Bundisten hier. Ook veel sociaaldemocraten, maar daarmee hebben we geen contact. De

Bundisten hebben wel contact met ze, geloof ik. Maar joden blijven in de politiek in hun eigen groepen, ook door de taal. Veel Bundisten spreken bijna geen Pools. In Warschau is nu toch zelfs een jiddisje universiteit. De jiddisjisten willen hun taal onafhankelijk kunnen ontwikkelen en vernieuwen. Voor joden in de buurt van Warschau ligt dat toch anders. Daar was ook bijna geen mogelijkheid tot assimilatie in de tijd van de Russen. Bij ons zal vanavond in het Pools en in het jiddisj gesproken worden.'
'Hebben jullie ook contact met andere verenigingen, ik bedoel met niet-politieke?'
'Nee, er zijn er na de oorlog zoveel bij gekomen: voor sport, toneel, muziek, zangverenigingen. Wij houden ons alleen bij de politiek. We gaan soms wel kijken als de Macabbi één of andere sportwedstrijd geeft, maar die mensen hoeven we niet te overtuigen.'

Ook in Wenen, net als in Polen na de oorlog, waren veel politieke partijen ontstaan. Izjoe kreeg de leiding over een groep mensen die hij theoretische kennis over het communisme moest bijbrengen.
'Kameraden,' begon hij in zijn eerste ontmoetingscontact. 'Het is voor ons allemaal nodig, zo veel mogelijk uitgebreide politieke kennis te vergaren om die aan anderen door te geven. Het is de bedoeling dat mensen uit onze groep op den duur nieuwe kaders gaan begeleiden. We zullen in deze bijeenkomsten ook actuele situaties bespeken. En we beginnen natuurlijk met het grote probleem, dat Lenin, die we zo moeilijk kunnen missen, zwaar ziek is. Maar de hoop op het voorlopige bestuur van Stalin, een krachtige persoonlijkheid, vervult ons met moed voor de toekomst van het bolsjewisme.'

Wekelijks bestudeerde de groep van Izjoe communistische brochures en stukken uit 'Het Kapitaal'. Daarnaast voerde hij geregeld gesprekken met Gerhart, de ongeveer veertigjarige partijvoorzitter uit zijn groep. Ze waren zelfs een beetje bevriend geraakt.
Dat vriendschappen tussen partijleden nooit hecht mochten

worden omdat iedereen zijn persoonlijke taak te vervullen had die voor anderen verborgen moest blijven, maakte het voor Izjoe alleen maar makkelijker in zijn situatie.
'Kom binnen,' hoorde hij Gerhart roepen, toen hij zich had gemeld in diens grote kantoorruimte die hij in zijn leidinggevende functie bezat en waar hij geregeld zijn partijgenoten onder zijn werk ontving.
'Zeg, ik denk dat er iets binnen de zionistische beweging moet gebeuren,' begon Gerhart dadelijk het gesprek. 'Hun aanhang is sterk en groeit voortdurend. We moeten wat joodse kaderleden daar aan het werk zetten. Ik wilde beginnen met jou, omdat we duidelijkheid moeten krijgen hoe daar gereageerd wordt. Je zult lid moeten worden van de socialistisch-zionistische beweging. Als jij er een beetje de weg hebt gevonden wil ik je er weer weghalen en anderen voor jou in de plaats sturen want ik ben voor jou bezig met iets belangrijks dat nog niet helemaal rond is.'
'Ik denk dat ik in mijn groep twee verstandige, rustige jongens heb; Boris en Manfred. Ze zijn zo tussen de vijfentwintig en dertig en waarschijnlijk geschikt voor dit werk,' antwoordde Izjoe.
'Probeer het zelf een tijd, zie welke vriendschappen je kunt maken en praat dan met Boris en Manfred. Stel je nieuwe contacten aan hen voor en als je voelt dat het mogelijk is trek jij je weer terug. Ik wil wel op de hoogte gehouden worden van de ontwikkelingen.'

Szlomek zwierf doelloos rond in Wenen. Hij had Izjoe nog niet ontmoet en voelde daar ook geen behoefte aan. Hij wilde niemand zien en zeker niet iemand met problemen. Dagenlang liep hij door de straten, bezocht musea en viel in de avond meestal uitgeput op zijn bed in de kamer die hij had gehuurd. Voor lezen kon hij geen concentratie opbrengen en denken durfde hij niet. Hij had een dokter bezocht, kreeg sterke slaappillen en had zich nog niet aan toekomstbespiegelingen durven wagen. Hij reeg de dagen aan elkaar en wist amper in welke maand hij leefde. Alleen toen de zon weer meer warmte verspreidde steeg zijn

melancholie zó sterk dat hij erover dacht toch weer naar Lwow terug te keren.
Die avond zond hij voor het eerst een meer uitgebreide brief aan de Steinmanns.
'Lieve familie. Ik hoop dat ik jullie ook in de toekomst zo mag blijven noemen, want jullie hebben mij een thuis gegeven dat ik nu nog minder zal kunnen missen. Hier in Wenen is het een warme, zonnige dag geweest; de terrasjes zaten vol en de mensen keken vrolijk. Ik voelde me ellendiger dan ooit. Dit verloren jaar heeft niets aan mijn stemming veranderd. Maar wat is verloren tijd als je niet weet wat ermee te beginnen? Ik ben van plan naar Lwow terug te gaan, misschien zal een sterke werkdiscipline me helpen. In ieder geval leidt dit bestaan dat ik hier voer tot niets.'

'Arme jongen,' zei Dwoira toen ze de brief had gelezen. 'Goed dat hij terugkomt.'
'Ja,' antwoordde Leo. 'Het is erg rustig hier de laatste tijd. Ik zal blij zijn als hij weer bij ons is. Maar onze jongens worden wat ouder, misschien brengen zij straks weer vrienden mee.'
Dwoira wist dat Leo altijd mensen om zich heen moest hebben. De laatste tijd was hij zo stil geworden. Hij had in het goede van het leven geloofd maar weinig was hem bespaard gebleven en hij werd steeds meer aangegrepen door wat hij had meemaakt.
Leo voelde de laatste tijd een grote band met Sabina, zijn enig overgebleven familielid uit z'n eerste huwelijk. Hun stemmingen pasten bij elkaar.
Sabina keek als ze alleen was soms nog keurend in de spiegel. Ze bleef mooi, constateerde ze. Haar donkerrode haar glansde. Dan kwam er een treurige glimlach over haar gezicht. 'Voor wie?' dacht ze dan. Ze was nu zesentwintig, een leeftijd waarop vrouwen als overblijvers bestempeld worden. Het was haar, na het gebeuren met Izjoe, niet meer mogelijk geweest zich zo te herstellen dat ze zich in staat achtte om, zoals ze zich had voorgenomen, naar theaters te gaan en haar tekeningen te laten zien om opdrachten te

krijgen voor kostuums. Ze voelde zich onzeker, alsof aan haar gezicht gezien kon worden wat haar was overkomen. Werk had ze genoeg en ze deed het niet tegen haar zin maar daarvoor had ze niet deze uitgebreide, dure opleiding gevolgd.

Toen Szlomek na ongeveer een jaar weer bij hen kwam omhelsde hij Dwoira en Leo; hij slikte ontroerd en had tranen in de ogen. Sabina en de anderen gaf hij een hand. Later kwamen ook Rudek met zijn vrouw binnen. Ook hij werd door Szlomek omhelsd.
'Het is goed dat je weer onder ons bent,' zei Rudek tegen hem en hield even zijn arm om Szlomeks schouder. 'Kan je je werk eigenlijk weer terugkrijgen?' vroeg hij even later. 'Want er is een nieuwe stemming in Polen om joden te weren uit leidinggevende banen. Officieel hebben we vrijheid gekregen en worden minderheden gelijkgesteld voor de wet maar... nou ja, het zal nooit beter voor ons worden, hier.'
'Ik denk dat ik wel weer m'n baan terug kan krijgen, als mijn werkgever tenminste niet inmiddels ook is geëmigreerd; ik heb geen contact met hem onderhouden. Maar hij beloofde me destijds dat ik zelfs na twee jaar nog kon terugkomen.'
Later op de avond was iedereen in gesprek, alleen Sabina zat stil voor zich uit te kijken. Szlomek voelde voor het eerst weer wat warmte om zich heen; hij zat hier met mensen die het goed met hem voor hadden. Hij schonk zich uit de samowar nog een kop thee in en ging bij Sabina zitten.
'Hoe is het jou dit jaar gegaan?' vroeg hij.
'Ik durf het me niet af te vragen,' antwoordde ze zacht en boog haar hoofd. 'Heb je Izjoe in Wenen nog gezien?' vroeg ze even later. Ze bloosde bij die vraag.
'Nee,' antwoordde hij bijna verontschuldigend. 'Ik had hem niets vrolijks te vertellen en zorgen heeft hij zelf al genoeg. Maar ik voelde me er ook niet toe in staat. Hoe ik daar de tijd ben doorgekomen begrijp ik zelf niet; als in een waas.'
'Je moet toch weer beginnen,' zei Sabina begrijpend.
Szlomek roerde zijn thee nog eens door. Zijn blik was in

de verte gericht. Hij knikte, stond op, legde even zijn hand op Sabina's schouder en nam ergens plaats waar hij met niemand hoefde te praten.

Aan zijn huis, dat nu leger leek dan toen Fanja nog in het herstellingsoord was, kon Szlomek moeilijk wennen. Zijn gevoel van eenzaamheid bleef diep en er was nu geen hoop op verandering.
Als hij 's avonds van zijn werk kwam, waar de afleiding hem goed had gedaan, verviel hij in pijnlijke gedachten en vroeg hij zich af wat hij alleen in een huis moest beginnen; maar kamers waren ook duur. Het gevolg was dat hij dan weer snel zijn jas aantrok en naar de Steinmanns ging, waar hij met warmte werd ontvangen. Hij zat er bijna dagelijks.

Na enige weken dacht Szlomek erover om weer naar een toneelstuk te gaan. Hij was er met Sabina voor het laatst geweest, herinnerde hij zich. Hij zou haar vragen of ze weer zin had met hem erheen te gaan. Sabina ging nooit uit en ze was veel te schuw om zich bij een vereniging aan te sluiten. Het was voor een meisje na de schooltijd of studie bijna niet meer mogelijk om contacten te krijgen. Alleen nog door een huwelijksmakelaar maar dat zou Sabina nooit willen, dacht hij.
Ze ging graag mee naar de schouwburg, zei ze. 'Ik weet helemaal niet meer wat er de laatste tijd speelt. Ik heb me er helemaal niet meer op geconcentreerd.'
Toen hij haar die avond afhaalde zag ze er goed uit. Ze droeg een mosgroen mantelpakje met een donkerder getinte bloes in dezelfde kleur.
'Als je wilt kunnen we ergens nog een kop koffie gaan drinken,' zei Szlomek met een beetje onzekere stem na de voorstelling.
'God, wat heb ik dat al lang niet meer gedaan; gewoon ergens in een café een kop koffie drinken. Ja graag! Als vrouw kun je nergens zo maar een koffiehuis binnenlopen. Vroeger deed ik dat nog wel, maar als ik dan te lang moest wachten op... Izjoe, dan kreeg ik het al benauwd omdat iedereen keek.'

'Als je wilt kunnen we wat vaker naar het theater gaan, ik ga liever niet alleen. En ach, we zijn allebei verloren zielen.' Sabina knikte.
'Vreemd,' ging Szlomek bedachtzaam verder. 'Het leven is alleen maar verdriet. Vallen, opstaan, weer vallen, op school een veilige plaats zoeken, met je ouders zo goed mogelijk zien uit te komen. En dan, als je eindelijk volwassen bent, merken dat jouw leven door hen bepaald wordt en dat verkeerde ouders toch onze toekomst bepalen. Al sinds ik een kind was, wou ik toneelspeler worden en schilderen maar dat mocht niet. Als je niet de juiste ouders hebt groei je scheef. Of je doet wat je zelf wilt, verbreekt een band en dat doet pijn, of je doet wat je ouders van je verlangen en dat doet ook pijn.'
Hij ging verzitten. Toen besloot hij op een andere toon: 'En dan wordt er iemand van je weggenomen, met wie je dit moeilijke leven toch had kunnen delen, en sta je weer alleen met alles.'

19

Op weg naar het station moest Izjoe steeds denken aan zijn opdracht die hij voor de partij moest vervullen. Hij had de vorige avond van Nathan en diens vrouw afscheid genomen en vertrok naar Moskou; voor het eerst van zijn leven.
Daar zou hij aan het werk gaan als afgevaardigde uit Wenen en als publicist. Hij had aanbevelingen meegekregen en moest zich in Moskou bij een afdeling van de partij vervoegen; daar zou men hem verder de weg wijzen.
Hij reisde eerste klas en had een rustige coupé. Bij de Russische grens moest hij zich legitimeren en steeds meer papieren voor de dag halen die door drie spoorweg-ambtenaren werden gecontroleerd. Daarbij keken ze Izjoe strak aan alsof er iets niet klopte, tot ze zijn officiële aanbeveling voor de Komintern in handen kregen. Toen salueerde plotseling iedereen en was men één en al gedienstigheid.
In de Sovjet-Unie kregen het perron en de trein ineens een heel andere aanblik. Een beetje teleurgesteld keek Izjoe naar de armzalige omgeving.
Mensen liepen te sjouwen in kapotte kleren, gepakt en gezakt, met versleten koffers. Boerinnen waren in doeken gewikkeld; één op hun hoofd, één om hun lichaam en één waarin iets bewaard werd, waarschijnlijk proviand voor een lange reis. Alleen de militairen waren perfect gekleed en zagen er weldoorvoed uit.
De mensen met wie Izjoe in zijn coupé geplaatst was keken voor zich uit met ernstige en bitse gezichten. Hij begon zich al onbehaaglijk te voelen toen een man binnenkwam die er intelligent en sympathiek uitzag. Hij knikte, opende een boek en ging dadelijk lezen.
Ach, dacht Izjoe zichzelf geruststellend, alles zou er hier binnenkort wel anders gaan uitzien. Er zou een planmatige economie komen, de mensen zouden hard werken om hun land vooruit te helpen en de armoede zou hier eerder verdwijnen dan onder het kapitalistische stelsel. Lenin was nu ernstig ziek, hij kon niet meer zoveel naar buiten optreden maar hij zou er ongetwijfeld voor zorgen dat er

een sterke persoonlijkheid voor hem in de plaats zou komen. Men praatte over Trotski, of Stalin, een meer bescheiden man. Een rustige doorzetter. Zo iemand hadden ze nodig in zo'n groot, verarmd land.
Iets belangrijks was hier al gebeurd tenslotte: mensen in kleine dorpen, die nog nooit eerder een alfabet onder hun neus hadden gehad, leerden nu onder het bolsjevisme lezen. De literatuur, het theater, de hele kunstwereld in het Westen waren betrokken bij wat in de Sovjet-Unie plaats vond. Het was alleen jammer dat het volk te ongeduldig werd, sommigen waren natuurlijk ook nog te onwetend.
Op het station in Moskou zag Izjoe uitgehongerde kinderen die hem met grote ogen aankeken. Hij pakte het eten dat hij nog over had uit zijn tas en verdeelde het. Zijn hart bonsde hevig; hij had wel geweten dat het moeilijk ging met de Sovjet-economie, dat was in het Westen wel bekend, maar hij dacht dat dit onder de invloed van de kapitalistische pers werd overtrokken.
Hij nam zich voor al zijn energie aan dit land te besteden, hij zou alles wat in zijn mogelijkheid lag doen, hij zou hier hard werken, waar, zoals hij nu zag, nog heel veel te doen was. Dit land moest als voorbeeld dienen voor een betere toekomst; hier zou duidelijk getoond worden welke grote kansen boeren en arbeiders hadden in een klasseloze maatschappij.

Het gebruik van de Russische taal, die hij nog weinig gesproken had na zijn lessen, ging hem betrekklijk goed af, merkte hij toen hij op het station voor het eerst naar enkele dingen informeerde. Waarschijnlijk kwam dat ook door zijn kennis van het Oekraïens.
Met een drosjka ging hij naar zijn eerste adres dat een groot hotel bleek te zijn. De koetsier bracht zijn zware koffers naar binnen en dankte overvriendelijk toen hij zijn geld en een goede fooi kreeg.
Aan de balie hoorde Izjoe verschillende talen spreken en hij begreep dat hier partijfunctionarissen en waarschijnlijk ook reporters waren ondergebracht. Hij hoorde ook Duits en Frans.

Voor zijn maaltijden was hij naar een zaal verwezen waar tafels perfect, als in kapitalistische landen, waren gedekt met overdadige hoeveelheden glazen en bestek. Hij had een eenvoudiger, meer kameraadschappelijke omgeving verwacht waar ook onder de kameraden soberheid werd betracht.

De eerste dag zat een Fransman aan zijn tafel. 'U bent zeker nieuw hier,' zei hij. 'Ik heb u nog niet eerder gezien.'

'Vanmiddag ben ik gekomen. Wat is hier alles groot,' antwoordde Izjoe die nog een beetje wazig om zich heen keek. 'De straten, de kamers en deze eetgelegenheid ook.'

'Er wordt op veel toeloop van journalisten uit Europa gerekend, men interesseert zich voor de Sovjet-Unie. Als de telegraaf en telefoonverbindingen maar beter werden, want het duurt nog steeds erg lang voor je je artikelen kunt doorzenden.'

'O ja? Wat jammer.'

'Ja, je zult aan veel dingen moeten wennen, kameraad, er is geen andere keus.'

Die avond, toen hij, terug in zijn te ruime, luxueuze kamer in het eveneens te grote bed kroop, voelde hij voor het eerst eenzaamheid en heimwee. Veel buitenlandse medewerkers waren hier met hun echtgenoten gekomen, had hij gezien, en waarschijnlijk hadden ze niet altijd allebei een actieve dienst te vervullen.

Het gebouw had wel iets van de gemoedelijkheid van Wenen maar alles was erg officieel, de mensen waren afstandelijk en er was geen Nathan bij wie hij wat warmte kon halen. Hij voelde dat dit een groot verschil voor hem uitmaakte. Zijn gedachten gingen verder dan hij zich tot nu toe had veroorloofd; laag voor laag namen ze na lange tijd ook weer een loop naar het verleden. Eerst voelde hij hevige hartkloppingen uit angst voor wat hij opriep en niet meer kon wegdringen. Toen zag hij, eerst wat schemerig maar steeds duidelijker het beeld van Sabina voor zich; ze keek bedroefd naar hem, met haar hoofd een beetje schuin. Eén van haar houdingen die ze aannam als ze teleurgesteld was om iets waar geen andere mogelijkheid voor gevonden kon worden. Altijd moest ze wachten en tenslotte troostte ze hém meestal

nog omdat ze wist dat hij daar ook onder leed en ze streelde dan zacht over zijn arm. Hij had haar al vijf jaar niet meer gezien, zou hij haar ooit weer terugzien? Zou hij ooit nog eens een vrouw in zijn nabijheid hebben?
Hij stond op en pakte zijn slaappillen die hij al lang niet meer had gebruikt uit zijn koffer. Hij wilde niet verder denken.

De eerstvolgende dagen moest hij veel tijd besteden aan alle mogelijke toestemmingen. Hij moest formulieren invullen voor de meest normale benodigdheden; alles moest worden aangevraagd.
Hij liep door de veel te ruime straten en de veel te ruime gebouwen van Moskou waarvan hij zich zo heel iets anders had voorgesteld. Weliswaar had hij niet het beeld verwacht dat hij uit de literatuur kende; daarvoor had hij te veel over moeilijkheden van de revolutie gelezen. Maar er zaten, zoals in de boeken van vóór de revolutie, uitgehongerde en dronken mensen op stoepen en voor huizen. Hij dacht eraan hoe lang het nog zou duren voor dit grote, ruwe land leefbaar zou worden.
Nu begreep hij duidelijker waarom hij al in Wenen een formulier had moeten invullen met alle mogelijke afspraken. Hij moest zich verplichten zware ontberingen te verdragen. Zich de grootste moeite getroosten om maximale produktiviteit te leveren die de kapitalistische normen nog ver overtrof en hij moest zich ook verplichten, in geval van conflicten, dit aan de hoogste Sovjet-autoriteiten voor te leggen en hun beslissingen op te volgen.
In tegenstelling tot de honger die overal heerste was in de omgeving waar de partijmensen huisden de welstand zo groot dat je je niet in de U.S.S.R. waande. Zij merkten niets van gebrek aan voedsel, integendeel, Izjoe vond dat ze overladen werden door luxe.
Hij bezocht hier grote en kleinere vergaderingen, waar ook veel vrouwen op het podium bij de leiding zaten. Hij vond dat velen er streng en belangrijk uitzagen. Enkelen droegen een kort, mannelijk kapsel en keken alsof ze nog nooit hadden gelachen.

Op de grote vergaderingen van de Komintern merkte hij hoeveel plannen nog moesten worden verwezenlijkt, hoe moeilijk het produktieapparaat op gang kwam en hoe problematisch het was zo'n groot volk te voeden. Hij schreef over deze toestanden en over internationale besluiten naar Wenen en ontving brieven terug.
In de kantoorruimten van de Komintern waren verschillende typisten die net als hij in hun land Russisch hadden geleerd. Velen van hen waren mooie westerse vrouwen, getrouwd met functionarissen van de Komintern. Ze kleedden zich nog sjiek zoals ze in hun thuisland gewend waren, merkte hij. In ieder geval konden zij zich, door de beheersing van het Russisch, ook produktief maken.
Langzamerhand leerde hij meer mensen kennen, werd vaker aan tafels uitgenodigd en voelde zich minder alleen. Tegen het eind van het jaar, toen het kouder werd, begon hij te begrijpen hoe goed het was dat hij warme kleding uit Wenen had meegebracht. De Russische stoffen waren grof en hard en voor alles moest ook weer vergunning worden aangevraagd.
Maar hij nam het zichzelf kwalijk dat hij er nog zulke burgerlijke, westerse ideeën op nahield en zich met uiterlijkheden als kleding bezighield. Hij moest leren deze bijkomstige kritiek te laten verdwijnen; hij was hier gekomen voor belangrijker zaken. Hij vond zichzelf nog een verwende rijkelui's zoon; hij moest niet alleen als communist leren leven maar ook contact met het proletariaat zien te krijgen. Maar hoe?

Sabina had inmiddels van Nathan, die ze soms sprak, gehoord dat het met Izjoe goed ging, dat hij communist was geworden en als correspondent naar Rusland was vertrokken.
'Die jongen zal het werkelijke gezicht van de communisten nog wel leren kennen,' zei Rudek toen hij het hoorde. 'Hij is intelligent genoeg en een goed mens. Hij denkt dat hij op deze manier kan helpen. Ach, in ieder geval is het nog gelukkig dat hij zo ver is opgeknapt en dat hij zijn tijd ergens

aan kan besteden. Een arts die zijn beroep niet mag uitoefenen, dat is verschrikkelijk.'
Sabina zei niets. Ze wilde liever geen berichten over Izjoe horen; ze wilde rust en niets meer oprakelen. De volgende keer zou ze proberen om Nathan dat duidelijk te maken. Maar ze wist niet of ze daartoe in staat zou zijn want als ze Nathan zou zien zou ze toch weer van alles vragen.
Dat Izjoe dacht voor een goede zaak te vechten wist ze zeker.
Het was al zo lang geleden dat ze hem had gezien en toch deed het nog pijn als ze iets over hem hoorde. Haar leven had daarna uit wachten bestaan, ze wist niet waarop. Misschien toch op een wonder?
Szlomek, die begreep dat praten over Izjoe haar onaangenaam was, probeerde het gesprek op een ander thema te brengen. 'Lenin heeft alweer een hersenbloeding gehad,' zei hij. 'Die zal wel gauw dood gaan. Dat zal weer een gevecht om de macht worden daar.'
'Ja,' antwoordde Dunjo. 'Trotski is misschien de intelligentste maar die zal nog minder rust in Europa brengen met zijn socialistische wereldrepubliek.'
Sabina stond op. Even later kwam ze terug. Ze had laarzen aan en droeg haar bontjas en bontmuts. 'Ik ben klaar,' zei ze tegen Szlomek.
Hij deed ook snel zijn jas aan, ze groetten en verdwenen.
Geregeld vroeg Szlomek Sabina mee naar de opera of het toneel te gaan; dat was al bijna vanzelfsprekend geworden. Toen ze na de voorstelling in een café zaten, was hij duidelijk in gedachten.
'Waar denk je aan?' vroeg Sabina.
'Ja, ik denk eraan hoe ik en jij waarschijnlijk ook... nog erg vastzitten aan ons... verleden, er is... haast geen plaats voor een toekomst. Nog steeds kom ik bijna iedere avond bij jullie, al meer dan tien jaar. En ik weet dat ik jullie familie nooit zou willen verwisselen voor welke andere dan ook. Ik vraag me de laatste tijd ook vaker af... Zou het voor ons... beiden niet mogelijk zijn om... te proberen elkaar... ook op een andere manier... We zijn toch eenzame wezens. Misschien zouden we wat meer tot elkaar kunnen komen.'

Sabina keek op; al die tijd had ze met haar hoofd naar beneden naar hem geluisterd.
'Ik wil je niet overhaasten, Sabina maar toch; ik ben al bijna tweeëndertig en jij zesentwintig. Ik hoef niet dadelijk antwoord te hebben, want ik heb er al eerder over gedacht en voor jou is het misschien iets... Denk er nog over na.'
En voor het eerst voelde Sabina Szlomeks hand even over haar haren gaan. Ze had al lang geen mannenhand gevoeld en het beroerde haar aangenaam.
'Goed,' zei ze verlegen. 'Ik zal erover... nadenken... Ik... Misschien... Laat me nog even. Mijn gedachten gaan nog in een andere richting.'

20

Op weg van zijn werk naar huis dacht Szlomek aan het veschil tussen Fanja en Sabina, met wie hij nu twee maanden getrouwd was. Nu ze in één huis woonden werd dat pas goed duidelijk. Fanja was flink geweest, ze had veel zaken geregeld en haar had hij, ondanks zijn gesloten karakter, toen ze nog gezond was, al zijn moeilijkheden verteld. Bij haar had hij zich geborgen gevoeld. Maar Sabina was overgevoelig; met haar moest hij voorzichtig zijn. Hij moest haar beschermen. Soms leek het of er bij Sabina een heel andere kant van zijn wezen naar boven kwam.

'Goed!' zei Szlomek toen hij op een warme lentemiddag thuis kwam en Sabina op de veranda zag zitten met een schetsboek naast zich. Even bleef hij kijken hoe ze bezig was.
'Wacht,' zei hij. 'Het is nog zo lekker buiten, ik haal wat te drinken en papier en potlood, dan ga ik een portret van jóu maken. Ik heb al zo lang niet meer getekend.'
'Het gaat nog,' zei hij na een poos. 'Ik wil ook weer verf kopen, dan ga ik je schilderen. Mooi, met dat glanzende, donkerrode haar van je en die groene bloes. Weet je dat ik vroeger kunstschilder wilde worden?'
'Ach ja,' antwoordde Sabina dromerig; ze stopte met tekenen. 'Een mens kan zich van alles voornemen maar al die dingen die in één leven gebeuren...' Ze keek triest voor zich uit en sloot automatisch haar schetsboek.
Even tekende Szlomek nog verder maar toen hij merkte dat ze niet verder praatte stopte hij ook. 'Zullen we bij je ouders gaan eten?' vroeg hij.
Hij kon niet verwachten dat ze ineens zou veranderen. Ze was in haar ouderlijk huis ook weinig mededeelzaam geweest. Hij was in de regel ook stil en kon dit gedrag wel begrijpen. Bij haar ouders verbeterde Sabina's stemming meestal en haar vader had hun ook gevraagd zo vaak mogelijk te komen. Hij kon het niet verdragen dat er steeds minder kinderen in huis waren.

‘Ah, goed dat jullie er zijn, kom zitten,’ zei Dwoira toen ze binnen kwamen. ‘We hebben muziek bij het eten. Je vader is met een pathefoon thuisgekomen.’
‘Het is een duur ding maar je kunt er mooie muziek op horen,’ zei hij wat verlegen. Dunjo en Marek waren ermee bezig. Dunjo werkte sinds kort op een advocatenkantoor en Marek specialiseerde zich als voetspecialist. Marek bracht de hoorn van de pathefoon in de richting van de tafel, draaide aan de zwengel van de kast en zette een plaat op.
‘Dat is van Richard Strauss,’ zei hij.
Een man zong, het klonk een beetje blikkerig. ‘Aan dat geluid zullen ze op den duur nog wel iets kunnen veranderen denk ik, maar het is toch een wonder!’
Later op de avond kwamen Rudek en Bella binnen. ‘O, goed,’ zei Rudek enthousiast, toen hij de pathefoon zag. ‘Mag ik jullie een jiddisje plaat als geschenk geven? We hebben in de Bund ook zo’n kast gekocht en ik heb prachtige platen gehoord.’
Na een tijd zetten ze de muziekkast af omdat ze maar drie platen bezaten. Even zweeg iedereen.
‘Stalin krijgt steeds meer te zeggen, hè, sinds Lenin dood is,’ doorbrak Rudek de stilte.
‘Laten we blij zijn,’ zei Leo. ‘Stalin wil tenminste niet vechten voor het internationale communisme waar ze in het begin de mond van vol hadden; dan laat hij z’n buren in ieder geval met rust; wat willen we nog meer!’
‘We zullen nog genoeg gerommel van ze horen,’ antwoordde Rudek.
Later die avond maakten Szlomek en Sabina nog een korte wandeling voor ze weer naar huis gingen.
‘Soms gaan er gedachten door m’n hoofd of we niet ook zouden gaan emigreren,’ zei Szlomek. ‘Nu, zes jaar na de oorlog, zijn er hier nog steeds stakingen en is er nog voortdurend armoede. Ik zou ook wel eens iets anders willen doen dan op dat kantoor zitten.’
‘Lijkt het je niet moeilijk in een vreemd land zonder familie en vrienden? Misschien kun je je hier langzamerhand wat meer van je ouders losmaken en eindelijk doen waar je plezier in hebt. We hoeven ons toch niet bezorgd te maken

om ons inkomen. Ik zal in ieder geval altijd genoeg verdienen als jij iets nieuws wilt proberen.'
'Hier lukt het me niet, met m'n ouders in de buurt, om aan het toneel te gaan, ik kan ze dat verdriet niet aandoen. Misschien wil ik daarom ook soms weg. In New York is er nu ook een grote jiddisje gemeenschap, daar zou ik me misschien vrijer voelen.'
'Helemaal in Amerika?' zei Sabina geschrokken. Ze probeerde weg te drukken waarom ze niet zo ver wilde en ze in Europa wou blijven.
'We zien nog wel, het heeft toch geen haast, het was maar zo een zeepbel.'
In huis was het erg warm. Ze kleedden zich uit en vielen loom op bed. Na een tijdje voelde Sabina Szlomeks hand op haar heup. Zacht keerde hij haar naar zich toe. Toen zij ook haar hand om zijn middel deed kuste hij haar.
Sabina had haar ogen gesloten en ze voelde de angst voor haar verbeelding weer bovenkomen. Om zich ertegen te verweren had ze soms onder het vrijen gevraagd: 'Szlomek, praat tegen me.' Dan had hij lieve en poëtische woorden voor haar gevonden. Maar ze was nu te moe, werd wat wazig en weer voelde ze, ondanks een zwak innerlijk verzet, de vervorming in haar geest.
Ze kon het niet meer tegenhouden. Ze probeerde zich nog te realiseren dat het Szlomek was die naast haar lag maar alsof iets sterkers de macht over haar had gekregen kon ze haar fantasie niet stopzetten. Weer lag ze in gedachten in de armen van Izjoe. Izjoe zette altijd zijn zware bril af voor ze elkaar kusten. Ze zag zijn gevoelige glimlach en zijn neusvleugels die, in overgave, even trilden. Ze kuste zijn mond, zijn lichtgrijze ogen, die nu gesloten waren en hoorde zijn opgewonden ademhaling. Hij streek over haar haren, over haar gezicht en kuste haar borsten, haar hals en haar schouders. Ze kreunde toen hij haar tegen zich aandrukte. Niet eerder had ze deze intense diepte beleefd.
Szlomek sliep, hij ademde nu rustig. Sabina keek naar hem. Hij vertrouwde haar... hij was aardig... hoe kon ze hém... op deze manier... Medelijden overspoelde haar en tranen drupten op haar kussen.

21

Na de lunch was Izjoe even aan tafel blijven zitten en stak een pijp op; hij had nog een half uur de tijd. Maar toen iedereen vertrok en er werd afgeruimd, pakte hij zijn jas, zijn sjaal en zijn bontmuts en liep ermee naar de koffiekamer. Daar zakte hij in een makkelijke fauteuil.
Hij was nu al twee jaar in de Komintern werkzaam en vaak dacht hij erover na hoe de veranderingen in het Politbureau ook voor hem moeilijk te begrijpen waren, al was hij theoretisch goed onderlegd.
Er liep een man langs hem, die even weifelde, toen terugkwam en groette. Zijn gezicht kwam Izjoe bekend voor, toch was hij er bijna zeker van hem niet eerder in het hotel ontmoet te hebben.
'Dat is een lange tijd geleden,' beantwoordde de man Izjoe's vragende blik glimlachend. 'We hebben ook nog nooit een woord met elkaar gewisseld. Ik kan me u alleen nog herinneren omdat ik een keer bij u in de coupé heb gezeten. Dat is alles.'
Ineens zag Izjoe het vriendelijke gezicht weer voor zich van de man die toen een boek had gepakt en was gaan lezen.
'Ach ja,' antwoordde hij. 'Nu weet ik het; u was de eerste over de Russische grens die lachte. Maar waarom heb ik u dan later nooit meer ontmoet?'
'Zullen we in het Duits verder praten? Dat valt mij makkelijker, ik ben hier nog niet zo veel geweest; ook toen was ik hier alleen voor een kort bezoek.'
'En nu?'
'Nu woon ik voorlopig in dit hotel.'
'Ach, en u komt uit het westen?' Onwillekeurig haalde Izjoe zijn klokje uit z'n vestjeszak. 'Jammer, nu moet ik bijna weg; kunnen we vanavond niet ergens een ontmoeting hebben. Ik ben zo benieuwd hoe alles daar gaat.'
'Graag, ik wil ook meer weten, over... nou goed; dan op dezelfde plek?'
'U eet toch ook in het hotel? Ik zie u dan in ieder geval aan het diner.'

'Afgesproken, mijn naam is Walter Hirsch.'
'O,' reageerde Izjoe even verrast op die joodse naam. Toen noemde hij ook de zijne, klopte zijn pijp uit, groette en vertrok.
Die avond aan tafel werd over algemene zaken gesproken.
'Zullen we ergens anders heen gaan?' vroeg Izjoe toen ze alleen waren. 'Hier word je steeds gestoord.'
'Goed, leidt u me maar heen waar u wilt.'
Buiten zwiepte de sneeuw in hun ogen, ze trokken hun oorkleppen naar beneden en hun bontkragen omhoog.
'Br,' zei Walter Hirsch, toen ze door de niet geruimde straten baggerden. 'Daar moet ik nog even aan wennen.'
'Maar ik ben er goed op gekleed, dat is de hoofdzaak.'
'En hoe is het nou in het westen?' vroeg Izjoe even later onder het lopen. Hij kon niet langer met vragen wachten. 'Uit brieven is niet alles altijd duidelijk; is het er net zo zwaar als hier?'
'Ik kom uit Berlijn en in Duitsland is het heel zwaar, er zijn daar veel werklozen; terwijl jullie te weinig arbeiders hebben.'
Izjoe keek Walter even van opzij aan. 'Te weinig?' antwoordde hij weifelend. 'Dat weet ik niet, maar ze wonen niet altijd daar waar ze nodig zijn. Dit grote land heeft zoveel moeilijkheden waar ze in Europa geen voorstelling van hebben. Als iemand in Berlijn geen werk kan vinden zoekt hij iets verder in de buurt. In de buurt is hier ook niets te doen. We hebben veel stakingen, veel protestdemonstraties en veel communisten maar dat brengt geen brood op de plank.'
Even bleef het stil, Izjoe was het afgewend zo openlijk op kritische manier te praten maar als hij informatie wou krijgen, moest hij die ook geven.
'Mensen zijn idividualisten, ze willen liever voor zichzelf werken, al blijft hun inkomen laag, dan voor de gemeenschappelijke zaak. Ze begrijpen niet dat we dit land alleen krachtig kunnen maken door ons er samen voor in te spannen; en ik denk dat hen te veranderen nog een lange tijd in beslag zal nemen en in die tussentijd verbranden de boeren het koren en wordt er in de steden honger geleden. Weet u daar een goeie oplossing voor?'

'Ik dacht dat die hier... Ik vind sommige oplossingen moeilijk te begrijpen. Misschien als je in het land zelf woont en de werkelijke toestand kent... Goed, laat ik het zelf bekijken.'
'En hoe reageert het westen op de veranderingen en op de moeilijkheden in het Politbureau?' vroeg Izjoe.
'De communisten begrijpen het, of... proberen het te begrijpen. Maar er zou meer sympathie uit de omliggende landen gekomen zijn als het anders was gegaan.'
Izjoe knikte voor zich uit. 'Het is ook hier soms te... Al die belangrijke medewerkers: Boecharin, Zinovjev, Trotski... ze hebben tijdens de hele revolutie mee...'
'Misschien zal de spanning wat verminderen als de economie verbetert.'
'Die verbetert hier alleen onder grote veranderingen, de plannen liggen er... maar die consequenties! Kun je mensen verplaatsen als werktuigen? Het zal erg moeilijk worden,' reageerde Izjoe met een zucht.
'Kom, laten we hier binnengaan,' wees hij even later op een huis. 'Dat is één van de partijgebouwen, hier is de koffie wel te drinken.' Hij werd door de deurwacht als bekende gegroet en liep met Werner Hirsch naar de koffieruimte.
'Zullen we beginnen met elkaar met jij aan te spreken?' stelde Werner voor, die zeker tien jaar ouder was dan Izjoe.
'Graag en laten we wodka drinken om wat warm te worden. Heb je je gezin ook meegebracht, of...'
'Ja, ik heb wel een gezin maar dat is in Berlijn achtergebleven. Ik zal hier niet zo lang zijn, denk ik, en de kinderen moeten naar school. Het lijkt me allemaal een te grote omschakeling voor ze. Waarschijnlijk heeft de Partij mij hier alleen naartoe gestuurd als versterking. De communistische Internationale moet meer inlichtingen hebben. We moeten begrijpen hoe en waarom alles gaat zoals het gaat. Goed! Op onze gezondheid, kameraad; die zullen we in ieder geval nodig hebben.'

Izjoe en Werner zaten nu vaker samen aan tafel. Ze praatten veel en na een poos vertelde Werner dat zijn moeder niet joods was en zijn vrouw ook niet; dat hij twee dochtertjes had. Dat, omdat het zo hoorde in zijn vaderlijk huis, hij rechten had gestudeerd en daarna in diens schoenenfabriek had gewerkt en dat de zaak nu op springen stond. 'Maar hoe dan ook,' zei Werner. 'M'n vader zal nog altijd genoeg hebben om van te leven.'

'Zou ik voor een tijd een steno-typiste kunnen krijgen bij m'n werk?' vroeg Izjoe op een ochtend aan de organisator. 'Er zijn zoveel nieuwe besluiten en veranderingen de laatste tijd, ik raak wat achterop.'

'Dat komt in orde, ik zal je, zolang het nodig is, iemand sturen.'

Zijn tijdelijke secretaresse Vera bleek een intelligente vrouw van een jaar of vijfentwintig te zijn. Ze luisterde goed naar opdrachten en was vlot van begrip. Op den duur merkte Izjoe ook dat ze geestig was en soms, als ze ergens om moesten lachen, vond hij haar mooi. Haar aanwezigheid maakte hem onrustig en iedere ochtend verheugde hij zich op het weerzien en hij zorgde, ook als er niet veel werk was, dat hij iets voor haar te doen had.

Langzamerhand praatten ze ook over dingen die niets met hun dagelijkse bezigheden te maken hadden en ze wisselden boeken uit.

Het was opvallend dat Vera nooit haast had.

'Heb je geen gezin?' vroeg hij haar eens. 'Je werkt alsof je de tijd aan jezelf hebt.'

'Dat heb ik ook; ik ben alleen.'

'Waarom?'

'Ja.' Ze lachte. 'Misschien wil ik dat zelf maar dat weet ik niet zeker; in ieder geval heb ik m'n laatste vriendschap verbroken. Het was een aardige man, hij werkt bij de krant; maar 's avonds verwachtte hij dat ik ook nog zou koken en het huishouden zou doen. Hij wou trouwen en door een vrouw ontvangen worden.' Ze praatte nu ernstig. 'De gedachte met hem in één huis te moeten wonen gaf me een gevoel van eenzaamheid. Misschien hield ik niet genoeg van hem. Maar het gebonden zijn, in ieder geval met hem, vond ik benauwend.'

Toen ze Izjoe naar zijn persoonlijke leven vroeg bleef het

een tijd stil. 'Vera,' antwoordde hij toen met een nerveuze stem. 'Het is geen hoogmoed van me dat ik... Ik wil het je wel vertellen maar dat kan ik niet hier, het is te... Heb je er bezwaar tegen om me te komen bezoeken?'
'Nee, graag.'

'Wat is er?' zei Vera die avond op zijn kamer, toen ze naar hem keek. 'Kunnen we hier niet net zo gewoon met elkaar praten als tijdens ons werk?' Izjoe slikte even en Vera zag hoe bleek hij was geworden.
'Je zult het gauw genoeg begrijpen,' zei hij. 'Ik ga je iets vertellen waarover ik in negen jaar alleen met één mens, een goede vriend heb gesproken.'
Toen hij klaar was met zijn verhaal, bleef het zo stil dat het op zijn oren drukte. Hij had zich door dit te vertellen aan Vera overgeleverd; zijn hart kon het bijna niet verdragen en hij sloot even zijn ogen.
Ineens voelde hij twee handen op zijn wangen. 'Izjoe,' zei Vera. Ze omhelsde hem en kuste hem op zijn mond.
Hij legde eerst voorzichtig een arm op haar schouder, daarna tilde hij haar met zijn andere hand op zijn knieën, omhelsde haar, legde zijn wang op de hare en bleef een tijd zo, zonder een woord te kunnen uitbrengen, zitten. Toen ze elkaar weer aankeken was zijn gezicht nat van tranen. 'Wat moet er nu?' vroeg hij in verwarring. 'Hoe moeten we nu met elkaar...?'
Vera streek over zijn haren: 'Je bent waarschijnlijk niet meer ziek,' zei ze zacht. 'Het is al zo lang geleden en je ziet er goed uit. 'En ach, tenslotte is het hele leven een risico.'
Sindsdien ging Vera door voor de officiële vriendin van Izjoe maar ze bleef haar eigen huis behouden.

'Izjoe, ik moet even alleen met je praten, kan dat nu?' vroeg Werner op een avond fluisterend na het verdwijnen van belangrijke figuren op het Politbureau. 'Maar niet hier. Laten we ergens koffie gaan drinken.'
'Ik wil liever niet meer over politieke zaken praten in de hotelkamers,' zei hij onderweg. 'Misschien wordt er wel op één of andere manier meegeluisterd. Nu ook Trotski uit de

partij is gezet, en al die veranderingen ook bij ons plaats vinden, heb ik het gevoel dat het beter is als we voorlopig voorzichtig zijn. Maar nu is er zo iets merkwaardigs gebeurd dat ik het je móet vertellen.

Ik hoorde een paar dagen geleden onbekende geluiden bij de kamer van Philip, je weet wel, mijn overbuurman, een medewerker uit Frankrijk. Toen ik naar buiten ging om te zien wat er aan de hand was, zag ik, in plaats van Philip, iemand die ik niet kende. De man stelde zich voor, vertelde dat hij Engelsman was en deze kamer had gekregen. Ik kon hém niet vragen waar de vorige bewoner was gebleven; ik had Philip ook al een paar dagen niet bij de maaltijden gezien. Ik heb geregeld met hem gesproken en ik wist zeker dat hij afscheid genomen zou hebben als hij plotseling had moeten vertrekken. Maar vanmiddag, toen ik naar het hotel wandelde, zag ik Philip ineens weer. Hij liep voorovergebogen met opgetrokken schouders; zo ken ik hem niet. En toen hij me passeerde keek hij een andere kant uit en ging snel een deur aan de achterkant van het hotel binnen.'

Na deze, voor Izjoe en Werner eerste ontdekking, werd de stemming onder de hotelgasten steeds luguberder. Plotseling verdwenen er mensen.

'Janusch uit Polen is ook weg,' zei Izjoe een paar dagen later zacht tegen Werner.

'Ik moet Philip te pakken zien te krijgen,' antwoordde Werner. 'We moeten weten wat hier aan de hand is.'

Nadat Werner het een paar keer had geprobeerd, lukte het hem Philip te ontmoeten. 'Wat is er aan de hand?' fluisterde hij, toen hij dicht langs hem liep. 'Schrijf een briefje.'

Philip antwoordde, als bevestiging, alleen door duidelijk zijn ogen te sluiten en weer te openen.

Eén dag later wist Werner het. Philip had hem, weer bij het voorbijgaan, een propje in zijn hand gestopt waar hij alles in had geschreven. Wat hij las was zo angstaanjagend dat hij zich moest beheersen om rustig te blijven en een normale afspraak met Izjoe te maken.

'Kom direkt op m'n kamer,' zei hij toen het hem lukte Izjoe een ogenblik alleen te spreken.

Vóór ze het briefje verbrandden las Izjoe:

‘Zonder opgave van reden, moesten verschillende van onze Komintern- medewerkers, waaronder ikzelf, plotseling hun kamers verlaten. We zijn naar de achterkant van het hotel gebracht, en we zitten daar in kleine kamertjes. We hebben weinig verwarming, weinig te eten en koken er zelf. Al onze contacten met de partij zijn verbroken en niemand van ons begrijpt waarvan hij beschuldigd wordt. Eén man die twee dagen geleden bij ons is gekomen, een Pool, is vannacht plotseling weggehaald; niemand weet wat er met hem is gebeurd.’

Vera zei ook dat ze zo weinig mogelijk op kantoor en zeker niet op zijn kamer over politiek wilde praten; want ze had gehoord dat mensen werden afgeluisterd.

Toen Izjoe tegen het voorjaar van 1928 schriftelijk werd verzocht naar het kantoor van de Komintern te komen, werd hij lijkbleek. Zonder iets te zeggen gaf hij Vera de brief. Het was niet duidelijk waarvoor hij bij hen moest verschijnen; wel stond erin dat er ernstige zaken te bespreken waren.
Met Vera en Werner ging hij de straat op om vrijuit te kunnen praten.
‘Het enige gunstige in jouw geval is nog, dat de mensen die tot nu toe verdwenen zijn, géén brief hebben ontvangen,’ zei Werner. ‘En laten we maar hopen dat ze niet begonnen zijn met een nieuwe taktiek toe te passen.’
Izjoe nam van Vera en van Werner op een manier afscheid, waardoor het voor ieder van hen duidelijk was dat men verwachtte elkaar voorlopig niet terug te zullen zien.
Maar toen Izjoe zich bij het Komintern aandiende, werd hij met alle beleefdheid uitgenodigd binnen te komen. Achter het bureau zat een bekende politieke voorman die hem ernstig bekeek en hem vroeg te komen zitten.
‘Ja, kameraad Izjoe,’ zei hij, toen hij even in het dossier had gekeken. ‘Het gaat om het volgende: U bent goed bekend met alle vernieuwingen en besluiten in het Politbureau. Het eerste vijfjarenplan zal, hopen wij, niet zoveel moeilijkheden meer opleveren, nu de meeste gevaarlijke elementen uit ons

midden verdwenen zijn en de mensen begrepen hebben dat ze te werk worden gesteld waar ze maar nodig zijn, ook als dat ver is. In moeilijke tijden bestaat er geen familie, dan bestaat er alleen nog maar de partij die alles moet regelen. Zoals u bekend is worden weigeraars naar Siberië gestuurd om daar graafwerkzaamheden te verrichten. We hebben eerst afgerekend met de Koelakken, toen met de Trotskisten en we zullen het niet nalaten verder te gaan met strenge maatregelen als dat nodig blijkt.
Het ligt in de bedoeling van het Komintern, u naar Polen en naar Wenen te sturen om onze kameraden duidelijk te vertellen dat deze maatregelen nodig zijn om ons land sterk en onafhankelijk van de kapitalistische invloeden te maken. Verder moeten wij fabrieken hebben, wapens kunnen maken en ons volk goed te eten kunnen geven. De bedoeling is dat u een half jaar in elk van de twee landen blijft; er referaten houdt, gesprekken voert in verenigingen en invloedrijke omgevingen, waar dat maar mogelijk is. Natuurlijk ook in de communistische gemeenschap.'

22

'Basja, mamoesjenka, kom hier, kom even bij mama!'
'Nee.'
'Kom nou, je moet even een hapje nemen.'
Die warme zaterdagochtend zat Sabina op een bank in het op dit uur nog rustige park. Haar dochtertje was inmiddels tweeënhalf jaar oud; ze speelde een paar meter van haar vandaan met een roze celluloid eend aan een touwtje en liet hem zwemmen in een klein vijvertje.
'Kom nou Basjenka, van eten word je groot.'
Met tegenzin trok het kind het eendje naar de bank, fronste haar wenkbrauwen als een volwassene en zette een vies gezicht.
'Heb je geen trek? Je hebt nog haast niets gegeten; kom, nog twee hapjes. Eén hapje voor papa, dat vindt papa fijn, hij wil graag een grote Basja.' Dadelijk ging het mondje wijd open. 'Mooi, en nu nog het laatste hapje voor mama.'
Er gebeurde niets.
'O,' lachte Sabina. 'Is mama niet lief?'
Maar dat spel was Basja waarschijnlijk toch te riskant; ze kroop op haar moeders schoot, deed haar armpjes om haar hals en nam nu toch ook maar het laatste hapje.
'Zo, ga nu nog maar even spelen. Zullen we straks naar oma gaan of liever naar huis?'
'Naar oma,' antwoordde het kind.
'Goed, we gaan straks, laat mama nog maar even lezen.'
Basja leek sterk op Sabina. Ze had ook dat kastanjebruine haar. Sabina had het kind in het huis van haar ouders gekregen.
'Ik wil erbij zijn, bij ons eerste kleinkind,' had Dwoira gezegd. 'Ik heb ervaring met geboortes.'
Twee weken voor de bevalling gingen Dunjo en Marek in het huis van Sabina slapen en zij en Szlomek logeerden bij haar ouders.
Sabina had de geboorte nogal rustig opgenomen en alles was ook redelijk normaal verlopen. Het was goed voor haar dat ze zich nu op het kind kon richten. Ze werkte iets minder;

maar nu had ze in ieder geval niet meer zoveel tijd om haar gedachten de vrije loop te laten, want Basja eiste haar meer op.
Ze begreep ook niet dat herinneringen aan Izjoe na al die jaren dat ze hem niet had gezien, nog zo sterk waren gebleven. Szlomek was zó lief voor haar en toonde zoveel begrip, ook als ze tijden zwijgzaam was. Waarom kon ze zich daar dan niet helemaal aan overgeven?

Die avond aten ze bij haar ouders en ze hadden uitgerekend dat ze met veertien mensen aan tafel zouden zitten.
Marek en Dunjo hadden ook twee vrienden en de verloofde van Marek uigenodigd. Dwoira hield van eters en maakte zich niet druk om een paar gasten meer. Szlomek zou pas die namiddag komen, hij moest verschillende zaken regelen en zaterdag om twee uur repeteerde hij wekelijks in de toneelvereniging.
Sabina hielp haar moeder na de lunch en liet Basja op de veranda spelen. Het kind kende alle buren en voelde zich bij haar grootouders net zo thuis als bij haar ouders. Met kleine sprongetjes probeerde ze zich van het huis van haar grootmoeder tot de hoek van de veranda te verplaatsen, een moeilijke opdracht.
Toen ze de derde keer bij de hoek kwam, waar de gang was en waar ze niet mocht komen omdat de stenen trappen te gevaarlijk waren, stond daar ineens een vreemde man. Hij droeg een bril met heel dikke glazen, dat had ze nog nooit eerder gezien en ze bleef naar hem kijken.
Hij vroeg hoe ze heette maar ze gaf geen antwoord en ze was blij dat haar oom Rudek net de trap op kwam.
'Ach,' riep Rudek verrast. 'Niet te geloven, Izjoe, jij hier!' Ze omhelsden elkaar. 'Mijn God, we hebben elkaar in geen tien jaar gezien. Hoe gaat het?'
Basja trok aan Rudeks jasje omdat ze aandacht wilde hebben.
'Ah Basjenka,' begroette Rudek ook zijn nichtje en tilde haar op.
'Is dat uw eerste kleinkind?' vroeg Izjoe.
Nee, dat is niet mijn... Dat is een dochtertje van... Sabina.'
'Ach ja, natuurlijk.' Izjoe keek met een weemoedige glim-

lach naar het kind. 'Natuurlijk,' zei hij weer. 'Ze lijkt ook op Sa... op haar moeder.'
'Dat is oom Izjoe,' zei Rudek tegen het kind. 'Zeg maar hoe je heet en geef oom Izjoe een handje.'
'Grote meid; hoe oud ben jij?'
Basja keek naar haar rechter binnenhand, vouwde haar duim en haar pink naar het midden en tilde toen haar hand op. 'Zoveel,' antwoordde ze.'
'Ja,' bevestigde Rudek. 'Ze wordt drie.'
Ineens keek Izjoe nerveus om zich heen.
'Zou u mee naar binnen willen komen, Rudek? Er is niemand thuis, mijn ouders zijn voor een paar maanden naar Zakopane en ik zou zo graag met u willen praten. Ik blijf alleen nog morgen. Hier sta ik niet op m'n gemak, ik zou na al die jaren Sa...,' hij keek naar het kind en ging op een fluisterende toon verder, 'haar moeder liever niet plotseling op de gang ontmoeten.'
'Ja natuurlijk. Ga jij weer even spelen,' zei Rudek tegen Basja, 'anders weet mama niet waar je bent.'

Nadat de tafel van de avondmaaltijd was afgeruimd ging de hele familie in de keuken thee drinken. Daarna namen Dunjo en Marek hun gasten weer mee naar de kamer en haalden de pathefoon naar binnen.
'Volgende week om deze tijd zitten we alweer buiten,' zei Dwoira tegen Bella en Rudek. 'Sabina en Basja gaan mee en Szlomek en Leo komen 's avonds. Dat zal hier voor jullie stil worden. Waarom komen jullie niet ook, onze jongens blijven toch hier, dus er is plaats.'
'Ga jìj mee,' zei Rudek tegen zijn vrouw, 'dan kom ik ook af en toe 's avonds als ik niets bij de Bund te doen heb. Wacht, even in m'n boekje kijken.'
Hij zette zijn bril op en wilde zijn agenda pakken toen Basja ineens op zijn knie klom, naar zijn bril wees en zei: 'Oom Izjoe heeft ook bril.'
Het werd muisstil in de keuken, het kind werd bang omdat het niet begreep waarom iedereen plotseling naar haar keek. Ze trok haar schouders op en trok haar hoofdje opzij, zoals

Sabina weleens deed, als ze zich onveilig voelde; toen begon ze te huilen.
Sabina voelde haar knieën trillen, haar gezicht was koud, alsof al het bloed eruit was verdwenen en ze was nat van het zweet. Ze was niet in staat iets te zeggen maar voelde door al haar paniek heen dat ze Szlomek pijn deed met deze reactie.
'Kom maar bij papa,' doorbrak Szlomek de stilte en haalde Basja van Rudeks knie. 'Kom maar, papa brengt je in oma's bed en gaat een verhaaltje vertellen, goed?'
Niemand had iets over Sabina's reactie gezegd maar toen ze wat was bijgekomen, bracht Rudek de groeten van Izjoe aan de hele familie over. Hij vertelde dat Izjoe contact met hen moeilijk had gevonden en nog één dag in het huis van zijn ouders zou blijven.
Sabina knikte alleen en Szlomek vond dat het niet zijn taak was haar in deze zaak te troosten.
'En, hoe voelt hij zich in Rusland?' vroeg Dwoira.
'Ik weet het niet,' antwoordde Rudek met een bezorgde stem. 'Hij was daarin niet zo open als ik van een goede vriend had verwacht. Hij heeft hier een missie, en voert uit wat hem is opgedragen, denk ik. Hij heeft wel verteld dat het daar moeilijk is maar niet meer dan we al wisten. Niets speciaals over de moorden en niets over het gedrag van Stalin. Hij blijft nog drie maanden, reist door heel Polen en gaat daarna naar Wenen, vertelde hij.'
Toen het gezelschap doorpraatte ging Dwoira bij Sabina zitten. 'Misschien is het beter als jullie vannacht hier blijven slapen,' zei ze. 'Het lijkt me een beetje moeilijk voor je, nu, thuis. Je kunt er ook niet over zwijgen en hier zijn Dunjo en Marek erbij en morgen is het misschien allemaal weer voorbij. Zal ik het aan Szlomek vragen?'
'Graag,' antwoordde Sabina en ze keek haar moeder dankbaar aan omdat die de situatie zo goed had begrepen.

23

Rudek legde wat boeken op hun plaats in de winkel en schiep een beetje orde voor hij naar huis ging. Hij keek op toen hij de deur hoorde opengaan. 'Ah, Izjoe! Goed dat ik je nog zie voor je vertrek,' zei hij blij. 'Wie weet wanneer je weer deze kant uit komt!'

'Dat was ook mijn reden. En ik wilde ook nog wat boeken meenemen.'

'Kom, ga zitten, ik ben nieuwsgierig hoe het allemaal is gegaan.'

'Niet makkelijk is het me vergaan,' Izjoe glimlachte vermoeid. 'De Sovjet-Unie is op het ogenblik niet in de positie sympathie van de wereld te verwachten. Misschien word ik nog eens hierheen gestuurd met een prettiger missie. Maar ik zag er ook in persoonlijk opzicht tegenop om mijn geboortestad weer te zien... Al die herinneringen...! Waarom ik nog wél blij was, ondanks alles, is dat ik mijn ouders in ieder geval in goede gezondheid heb teruggezien. Ze zijn milder geworden.'

In de herfst, toen Izjoe van plan was naar Wenen te vertrekken, vroegen zijn ouders hem de belangrijke joodse feest- en treurdagen, die in het najaar achter elkaar kwamen, nog met hen te vieren. 'Wie weet wanneer we elkaar weer eens zien,' zei z'n moeder. En zijn vader, die erg verstild was, knikte alleen en op z'n gezicht verscheen een weemoedige glimlach.

De feestelijkheden begonnen met het joodse Nieuwe Jaar en Izjoe regelde zijn zaken zo dat hij zijn ouders dat plezier kon doen.

Op Grote Verzoendag vastte hij, omdat hij wist dat dit een geruststelling voor zijn ouders zou zijn, die zich zorgen maakten om de gevaren in het land waar hij woonde en hoopten dat deze daad God misschien mild tegenover hun zoon zou stemmen.

Daarna volgden nog een paar vrolijke feestdagen die eindigden met de Vreugde der Wet, waarbij de thorarollen uit de

kasten van de synagogen werden gehaald en waarmee de chassidiem uitbundig dansten.
Het had Izjoe verrast dat ondanks zijn vervreemding van de joodse gebruiken hij zichzelf moest toegeven dat ze hem niet onverschillig hadden gelaten. Vooral toen hij met zijn vader naar de synagoge was gegaan en de chassidiem, bijna in trance, had zien dansen en zo mooi had horen zingen, was hij ontroerd geweest. Hij voelde dat de weliswaar nog dunne draad die hem met dit alles verbond toch moeilijker verbroken kon worden dan hij had verwacht.
Maar toen hij tenslotte in de trein naar Wenen zat was hij blij dat hij zich van alle banden verlost voelde. Daar zou hij in ieder geval zijn vriend Nathan weer ontmoeten en met hem zou hij wat vrijer over het communisme kunnen praten.
Hij wist ook zelf niet meer wat hij van alle berichten die hem vanuit de westerse pers over Stalin bereikten, moest denken.
De kapitalistische wereld overdreef de feiten natuurlijk maar sommige waren toch duidelijk. Boeren die niet in een kolchoz wilden, werden naar kampen gestuurd waar ze onder moeilijke omstandigheden moesten werken en de regering had een grote mutatie ondergaan. En het bleef ook onbegrijpelijk waarom de oud- leden van de opperste Sovjet nu zo door Stalin werden verdoemd.
Izjoe hoopte dat in ieder geval het eerste vijfjarenplan het volk van de hongersnood zou redden en het weer wat levensvreugde zou geven.
Hij had nog naar Werner in Moskou geschreven maar zo'n onbegrijpelijke brief terugontvangen dat hij met de correspondentie was gestopt. Ook Vera antwoordde hem op een vreemde manier en gaf hem te verstaan dat ze beter konden wachten tot ze elkaar weer zouden zien dan al dat schrijven. Dit laatste kwam hem helemaal niet logisch voor en maakte hem ongerust.
Nadat hij in Wenen eerst contact met de Komintern had opgenomen zodat hij zijn agenda kon bepalen belde hij Nathan in het ziekenhuis op.
'Eindelijk!' hoorde hij de enthousiaste stem van zijn vriend

aan de andere kant van de lijn.' Ik wacht al dagen op je telefoontje.'
'Goed om je weer te horen,' antwoordde Izjoe geroerd. 'Ik moest nog een paar dingen regelen maar nu zou ik vanavond kunnen komen, als het jullie schikt.'
'Al moest ik God zelf afzeggen. Je komt, we zijn thuis en verwachten je met een feestmaal en de lekkerste fles wijn. Ik zal Frida dadelijk bellen.'
Na het weerzien, de uitgebreide maaltijd en nadat er over familie en kennissen was gesproken, rookten ze een sigaar en dronken koffie. 'Als we koffie hebben gedronken laat ik jullie alleen,' zei Frida. 'Ik ga naar een vriendin, dan kunnen jullie rustig verder praten. Goed?'
Nathans sympathie voor het communisme was er nog wel maar hij maakte zich ernstige zorgen om de ontwikkeling, zei hij. 'Natuurlijk zal de westerse wereld negatieve gebeurtenissen in de pers opblazen maar al die gewelddaden kunnen niet helemáál verzonnen zijn. Ik hoop dat ze zo snel mogelijk een sympathiekere oplossing zullen kunnen vinden om hun land gezond te maken.'
'Izjoe,' vervolgde hij tenslotte. 'Tussen ons is geen plaats voor komedie. Ik begrijp dat jij je taak moet vervullen maar ik zou op het ogenblik niet graag in jouw schoenen willen staan.'
Izjoe hield zijn hoofd omlaag en antwoordde eerst helemaal niet. Na een poos vroeg hij: 'Wat moet ik dan doen en wat kán ik doen? Moet ik me terugtrekken en met m'n armen over elkaar gaan zitten? Ik heb de hoop dat ze in de Sovjet-Unie ook snel zullen inzien dat het zo niet verder kan. In die tussentijd ben ik medewerker van de Komintern en moet ik mijn werk doen. Ik probeer zo eerlijk mogelijk te zijn.'

Het was een koude winter. Izjoe werd flink opgepord voor de propaganda, waarvoor hij naar dit land was gekomen, en werd van de ene naar de andere plaats gestuurd.
In tegenstelling tot hemzelf toonde Gerhart, zijn politieke leider, veel begrip voor de veranderingen in de Sovjetpolitiek. 'Het is voor Stalin waarschijnlijk een moeilijke tijd

om de kracht te vinden deze vernieuwingen door te kunnen zetten. We moeten nu nóg sterker achter hem staan,' was zijn mening.
Voor Izjoe bleef tijdens zijn werk in Wenen toch de troost dat hij Nathan vaak ontmoette. Met hem praatte hij eerlijk over zijn moeilijke gevoelens en over zijn twijfels.

Sabina had zich opgelucht gevoeld toen ze hoorde dat Izjoe uit Polen was vertrokken. De enige met wie ze daarover had kunnen praten was haar moeder geweest, die haar gevoelens had begrepen. Maar die verwachtte ook dat ze zich niet zou laten gaan en zich snel zou herstellen.
Het nieuwe jaar was koud begonnen en daar had Sabina meer last van dan gewoonlijk. Ze kon haar rust moeilijk terugvinden, had geen geduld om te werken en klungelde wat rond. Toen Basja haar middagslaap had gedaan zei ze: 'Kom mamoesjenka, we gaan naar oma, ik zal je dik aankleden en dan neem ik de slee mee.'
Sabina trok de slee tegen de wind in. De sneeuw die al dagen achtereen viel en waar niet tegenop te vegen was, maakte het lopen moeilijk.
'Wie is dat, is dat een lappenpop?' maakte Dwoira een grapje toen ze Basja binnen zag komen. Het kind was helemaal in een doek gewikkeld en van haar gezicht waren alleen haar ogen zichtbaar.
'Het is echt afschuwelijk buiten en in een slee is het helemaal koud' zei Sabina.
'Gaan jullie eerst even naar de kamer om voorzichtig op temperatuur te komen, daar is het niet zo warm.'
'En hoe gaat het?' vroeg Dwoira toen ze zonder jassen en laarzen en met pantoffels aan, weer de keuken in kwamen.
'Op de zaak van Szlomek gaat het slecht.'
'Het gaat overal slecht. De pakhuizen liggen vol en niemand heeft geld om te kopen. De mensen zijn al blij als ze kunnen eten.'
'We denken erover te gaan emigreren als de zaak over de kop gaat. Hoe zou u dat vinden?'
'Naar, heel naar zou ik dat vinden. Maar jullie zijn nog jong, hier is geen toekomst meer, niet mét en niet zónder Pilsud-

ski. Op het ogenblik zijn er tenminste nergens al te ernstige pogroms. Godzijdank!'
'Szlomek zou wel naar Amerika willen maar dat durf ik niet. Ik hang nog aan veel hier, ook aan jullie. Als het tegenvalt en je bent aan de andere kant van de oceaan. Mijn God! Ik zou jullie dan nooit meer terugzien. Ik wil in ieder geval voorlopig niet zo ver, dan heb ik het idee dat ik ook nog eens met Basja bij jullie zou kunnen komen en dat geeft me minder een gevoel van verlatenheid. Szlomek dacht aan België of Holland, omdat dit toch in de buurt is waar we eventueel naar Amerika verder zouden kunnen. In New York is een grote groep joden en hij zegt dat we ons daardoor misschien minder eenzaam zouden voelen maar hij vindt mijn plan om het voorzichtig eerst in Europa te proberen ook een goed idee.'
'Ja,' antwoordde Dwoira. Het klonk opgelucht. 'Dan zien we Basja misschien toch nog een beetje opgroeien.'
'Szlomek wil het liefst vooruit gaan om te kijken en dingen te regelen. Het lijkt ons moeilijk met Basja; met een klein kind moet je toch tenminste een dak boven je hoofd hebben.'
'Dan komen jij en Basja bij ons wonen tot jullie vertrek.'
'Vreemd,' antwoordde Sabina nadenkend. 'Ik zag eerst helemaal niet tegen emigratie op, het leek me ook nog wel interessant om in een nieuw land te wonen, maar toen we er zo serieus over praatten, werd ik bang. Ik hoop nog steeds dat we hier kunnen blijven.'

In het voorjaar kwam Izjoe weer op het station in Moskou aan. Omdat hij niet meer had geschreven werd hij ook door niemand verwelkomd en was de verrassing voor Vera en Werner groot toen ze hem terugzagen.
Izjoe had eerst zijn koffers op z'n kamer gezet en was naar het kantoor van de Komintern gegaan. Daar vond hij Vera.
'Izjoe!' riep ze. Het klonk tussen schrik en vreugde in. 'Hoe is het? Kom, ik heb nu wel tijd, ik wil horen hoe het je is vergaan.'
Ze waren niet alleen en Izjoe omhelsde haar kort. 'Kom even met me mee,' antwoordde hij, gelukkig met het gevoel

dat iemand op zijn komst had gewacht. 'Ik ben wat moe. Dan kan ik uitrusten en praten tegelijk.'
Terug in het hotel aangekomen, ontmoette hij ook Werner in de lobby. 'Izjoe, ik wist helemaal niet wanneer we je konden verwachten. Wat een verrassing.'
'Je gaf me weinig kans om het je mee te delen,' antwoordde Izjoe.'
'Ja,' kwam nu Werners stem wat gehaast. 'We zien elkaar in ieder geval aan tafel, straks. Ik neem aan dat je wat wilt uitrusten.'
In zijn kamer omhelsde Izjoe Vera en trok haar mee op bed. 'Zo kan ik uitrusten en vertellen tegelijk,' zei hij glimlachend. Hij kuste haar weer en hield haar omarmd. 'Wat fijn om je weer bij me te hebben.'
'Vertel hier maar niets over belangrijke dingen en vraag ook niet veel,' fluisterde Vera. 'Dat doen we wel onder een wandeling als je bent uitgerust. Ik kan ook niet zó lang wegblijven, het is tenslotte werktijd.'

Werner zat aan tafel voor het diner. Toen hij wat te drinken wilde halen kwam Vera. 'Wat zal ik voor je meenemen?' vroeg hij.
'Breng maar een wodka, dat kikkert op.'
'Op de komst van Izjoe,' zei Werner toen ze klonken. 'Hoe is het met jou, veel werk?'
'Ja, ik heb het altijd druk, ik word tenslotte altijd gestuurd waar de mensen het niet alleen meer aan kunnen. Maar ik houd van hard werken.'
'Wil je er nog één. Izjoe zal nog wel wat rusten.'
Vera knikte. Het bleef lange tijd stil.
Tenslotte vroeg Werner, op zijn klokje kijkend: 'Denk je niet dat Izjoe in slaap is gevallen? Het was een vermoeiende tocht.'
'Ik zal even gaan kijken.'
Ze stond op en ging naar Izjoe's kamer. Ze vroeg zich nog even af of het niet beter was hem te laten slapen maar klopte toch aan.
'Binnen,' hoorde ze een vreemde stem.

Toen ze de deur opendeed moest ze met alle macht proberen haar beheersing terug te vinden.
Izjoe was niet in de kamer. Twee mannen waren alles aan het doorzoeken. Izjoe's koffer lag open, alles was over de grond verspreid, laden en kastjes werden leeggehaald en Vera zag dat één van de mannen haar aankeek en iets in zijn boekje noteerde.
'U bent de vriendin van Izjoe...?'
'Ja.'
Ze voelde dat ze bleek was geworden.
'U kunt rustig weer gaan eten want hij zit voorlopig goed opgeborgen. Gaat u maar!' was het bevel. Voor ze nog iets kon vragen werd ze met een vinger naar de deur verwezen en stond ze buiten.
Wat moest ze doen? Gedachten tolden in haar hoofd en ze kon zich haast niet concentreren, maar dat moest wel. Ze moest weer helder worden. Ze moest niet teruggaan naar Werner, niet hem ook nog meeslepen. Misschien zou ze hem een sein kunnen geven.
Werner had zich onbehaaglijk gevoeld, zo helemaal alleen aan tafel en was even naar de balie gegaan. Hij zag Vera aankomen zonder Izjoe.
Ze liep dicht aan hem voorbij terwijl ze hem scherp aankeek, deed haar mantel aan en vertrok uit het hotel.

24

Izjoe hield zijn ogen gesloten, hij zat op een houten brits en rilde in de vochtige ruimte. Zijn bezwete gezicht en lichaam voelden koud aan. Hij deed zijn overhemdkraag omhoog en merkte weer dat hij geen stropdas meer droeg; die had hij samen met zijn broekriem moeten afgeven. Even keek hij rond of er ergens een deken lag, toen pakte hij zijn jas, deed hem om zijn schouders en sloot zijn ogen weer.
Zijn oren suisden en in z'n hoofd liep alles door elkaar. Het was hem niet mogelijk een gedachte vast te houden. Hij probeerde zich te oriënteren maar alsof hij automatisch beschermd werd tegen een al te grote schok, weigerden zijn hersens hun werking.
Hij wist niet hoe lang hij daar al zat, hij had geen gevoel van tijd meer. Zijn horloge had men hem ook afgenomen. Hij wist ook niet waarop hij wachtte. Hij had slaap en een leeg gevoel in zijn maag.
Na een tijd opende hij z'n ogen weer. Het was donker geworden en een flauw lampje belichtte de grauwe cel. Hij keek nu om zich heen en zag de grof-stenen muren die jaren geleden waren gekalkt. Boven hem was een klein raampje dat hij voor het eerst aan de binnenkant zag.
Zo zittend sliep hij toch weer in tot hij met een schok overeind kwam. Waarschijnlijk was hij door het rammelen aan het luik wakker geworden. Hij zag in de deur een kleine opening waardoor iemand naar binnen keek. Z'n hart bonkte hevig want nog steeds verwachtte hij dat men hem zou komen zeggen dat er een vergissing in het spel was. Maar er gebeurde niets anders dan dat het luik weer werd gesloten.
Buiten hoorde hij nu voetstappen en meer luiken open en dicht gaan.
De andere gevangenen zouden inmiddels hun eten al wel gekregen hebben, dacht hij. Hij zou waarschijnlijk tot de volgende ochtend moeten wachten. Honger had hij niet, alleen een knagend gevoel in zijn maagstreek. Maar hij had wel dorst.

Na een tijd ging zijn luik weer open en meteen riep hij nu: 'Hallo!'
Dadelijk kwam er een man in uniform binnen. 'Je hebt geroepen?'
'Ja, ik zou wat willen drinken.'
'Goed.' Even later kreeg hij een beker water. 'Moet je nog? Hier is geen ton.'
Izjoe keek vragend naar de bewaker, toen begreep hij hem.
'Ja, graag.'
Hij moest door een stenen gang lopen.
'Buiten je cel altijd je handen op je rug. Onthouden?'
Hij was te moe om op te letten hoe de stem van de bewaker klonk, deed wat hem werd bevolen en probeerde rechtop te lopen.
In de plee lette hij op om niet te vallen; daar was alleen een gat in de grond en het stonk er onverdraaglijk. Toen hij klaar was zag hij dat ook hier het luik openstond tijdens zijn closetbezoek, en weer zag hij dat de bewaker naar binnen gluurde.
'Wat een vak,' dacht hij onwillekeurig.
Op de gang deed hij dadelijk zijn handen weer op de rug; hoe meer hij onthield hoe minder gezeur. Hij wilde zijn energie sparen; hij zou misschien nog veel moeten praten om duidelijk te maken dat hij van niets beschuldigd kon worden; hij had zijn werk volgens afspraak volbracht.
Terug in zijn cel viel hij op de brits neer. Hij was moe alsof hij kilometers had gelopen. Hij probeerde nog zijn benen op te trekken maar dat ging moeilijk, de brits was te smal en zijn knieën kwamen hinderlijk op de houten rand terecht. Met zijn jas over zich heen sliep hij dadelijk in.
Toen hij wakker werd wist hij nog dat hij gedroomd had dat het oorlog was. Buiten waren troepen voorbijgekomen, hun laarzen klepperden over de stille straten en ze sloegen hard op hun trommels. Hij hoorde door de gangen lopen en iemand sloeg hard op zijn deur: 'Opstaan! Opstaan! Het is dag!'
'Ja,' riep hij verward terug en ging zitten.
Een andere bewaker dan die nacht had nu het hele luik geopend en zette brood en een beker drinken neer. 'Eerst

opstaan en hier komen en heb niet het lef om weer te gaan liggen,' schreeuwde hij.
Izjoe liep naar de deur, keek naar het harde, donkere brood dat hij niet gesneden, maar in een homp kreeg en pakte het op. De beker nam hij in z'n andere hand; daarna zette hij hem weer neer en pakte de suiker. Hij wist niet zo gauw hoe hij dit allemaal moest oplossen. Weer op zijn plaats legde hij zijn brood op de brits en stopte de suiker in zijn beker, dan was hij daarvan af.
Toen keek hij naar de homp brood; hij had honger, brak er een stukje af en deed het in zijn mond. 'Dus zonder boter of iets dergelijks,' dacht hij. Nog nooit had hij zo'n hard en donker brood geproefd, ook niet in de oorlog. Hij moest er goed op kauwen anders zou hij hevige maagpijn kunnen krijgen.
Maar toen hij eenmaal begon te eten moest hij oppassen niet het hele brood naar binnen te werken. Hij had de vorige dag alleen ontbeten, herinnerde hij zich nu. Maar hij wist niet wanneer hij weer wat zou krijgen. Hij zou toch maar wat brood bewaren.
Zouden ze meteen met zijn zaak beginnen? Hij wilde zo snel mogelijk het misverstand ophelderen. Na een uur kwam er een stevige vrouw in uniform binnen.
'Meekomen.'
Hij deed op de gang z'n handen maar dadelijk op zijn rug, want de stem van de vrouw was zo snijdend dat hij liefst niets meer van haar wilde horen. Ze keek ernaar en humde. Op de lange gang was weinig geluid en in de ruimte waar hij binnen moest gaan was het stil. Er brandde een felle lamp en er stond alleen een stoel.
'Uitkleden,' zei de vrouw. 'Je kleren worden gezuiverd, iemand komt ze dadelijk halen.' Ze vertrok weer.
Ach ja, dacht Izjoe; voor de algemene hygiëne waren deze voorzorgsmaatregelen natuurlijk nodig.
Maar na een half uur, toen hij zijn kostuum terugkreeg, was dat bijna onherkenbaar geworden. Het was gekreukt, met uitgescheurde voering en alle knopen waren van de manchetten, van de zakken en van de sluiting afgehaald. Alleen aan zijn broek hadden ze nog twee knopen laten zitten.

Waarom werd hij zo streng behandeld? Wat een vreemde volgorde; ze konden hem toch beter eerst ondervragen? En wat betekende die kapotte voering; zochten ze daar iets onder? En waarom waren al die knopen weg? Maar tenslotte was hij nog blij dat hij zijn broek tenminste nog dicht kon doen.
In zijn cel binnengekomen moest hij alles wat hij bij zich had meenemen en weer meekomen. Nu gingen ze een trap af en weer door lange gangen. Ze bleven staan voor cel nummer 27. De deur werd met een sleutel uit een grote bos geopend en Izjoe moest naar binnen.
'Het is verboden overdag te liggen en te slapen,' zei de vrouw alleen. Ze sloot de deur met een klap.
Hier was de ruimte iets groter; er stond een tafel met een lege lampetkan en er was een ton die stonk naar karbol. 'In ieder geval hygiënisch,' zei Izjoe tegen zichzelf.
'O,' dacht hij. 'Ga ik nu al tegen mezelf praten?'
Ook hier was een klein raam boven en het licht brandde terwijl het dag was. Hij ging op zijn bed staan om naar buiten te kijken maar zag alleen wat militairen rondlopen. Weer zat hij te wachten; hij had niets te doen. Hij wou met iemand praten over het misverstand. Hij moest nu ook aan Vera denken; zou zij geen moeilijkheden krijgen nu ze hem hadden opgepakt? Zij en Werner hadden vergeefs die vorige avond op hem gewacht.
Al de vorige middag, net toen Vera was vertrokken, was er dadelijk aangeklopt en waren er twee mannen in burger binnengekomen. 'Jas meenemen en koffer laten staan,' had één van hen gezegd. Verder hadden ze gezwegen. Hij moest in een auto stappen, was hierheen gebracht en nog steeds was hem niet duidelijk gemaakt waarom.
Maar hij had al gehoord dat het voor anderen, die ineens van onduidelijke zaken waren beschuldigd, ook niet begrijpelijk was geweest. Ook zij die plotseling buiten de Komintern waren gesloten, wisten niet waarom. Het was al doorgedrongen dat sommigen van hen, die nog niet gevangen waren gezet, toch niet naar hun land terug mochten gaan en aan de achterkant van het hotel in grote armoede leefden.

Voor het eerst maakte hij zich diep ongerust. Wat wilde men van hem? Waarvan werd hij beschuldigd? Hoe hij ook nadacht, hij kon geen reden vinden.
Hij werd uit zijn gedachten wakker geschud door geschreeuw en geklepper van lopende mensen op de binnenplaats. Dadelijk keek hij weer naar buiten en het zweet brak hem uit. Kaalgeschoren mannen liepen achter elkaar in het rond, met hun hoofden naar beneden en hun armen op de rug; velen met handboeien om. Sommigen hadden een muts op; er waren er die in dit warme weer laarzen droegen; anderen hadden schoenen aan waardoor de tenen te zien waren. Sommigen droegen gevangeniskleding en anderen hadden vodden aan hun lijf.
Om hen heen stonden soldaten met zwepen en geweren. Waarschijnlijk had de soldaat die nu een gevangene uit de kring trok zo geschreeuwd. Izjoe zag hoe hij de man op de grond smeet, hem trapte en met de zweep sloeg. Hij hoorde een doordringende, gierende gil. Daarna werd er weer iets onduidelijks geschreeuwd en probeerde de man opnieuw op te krabbelen. Toen hij wankelde werd hij weer op de grond gesmeten en getrapt. De tweede keer wankelde hij maar even en liep weer naar de rij. Het bloed van zijn gezicht veegde hij met zijn jas af.
Bezweet en met bonkend hart zat Izjoe op zijn brits. Hij had zich nooit gerealiseerd dat die kleine luiken waardoor gevangenen naar buiten konden kijken er waren om hen te intimideren. En nu, de tweede dag al, had niemand nog naar hem geluisterd; ook dat was intimidatie. Hij voelde zijn spanning en angst groeien, hij voelde onzekerheid alsof het hem niet zou lukken zich goed te verdedigen als ze hem nog langer zouden laten wachten; alsof hij met het uur zwakker werd.
Hij zou niet meer naar buiten kijken, zich niet nog banger laten maken. Maar hij wist dat dat niet mogelijk was; hier was niets te doen, hij kreeg zelfs niets te lezen. Hij werd alleen gelaten met zijn gedachten.
Vóór hij die avond ging liggen probeerde hij zich goed in te prenten dat ze hem waarschijnlijk nog een langere tijd hier alleen zouden laten.

Toen hij met moeite was ingeslapen werd er aan zijn deur gerammeld en een zware, geüniformeerde man kwam binnen. 'Aankleden en meekomen, zonder jas,' riep hij met een donkere stem.
Izjoe had al begrepen dat verontwaardiging niet hielp. Hij deed zijn hemd, zijn broek en zijn jasje aan, haalde zijn vingers door zijn haren en ging mee.
Izjoe's begeleider bleef staan bij een deur waarop iets geschreven stond, pakte hem bij z'n arm, klopte aan en voerde hem naar binnen in een grote kamer met een enorm bureau waarachter een man in uniform zat. Boven hem hing een groot portret van Stalin. Naast hem stond een soldaat van lage rang.
De militair die Izoe had gebracht salueerde en vertrok. De man achter het bureau wees met z'n vinger dat Izjoe moest gaan zitten.
Terwijl hij zijn bril op z'n neus schoof om te lezen, had Izjoe de tijd hem te bekijken. Hij was een jaar of vijfenvijftig, niet dik maar stevig gebouwd. Hij had een blondgrijze snor, een brede neus en een smalle, rechte mond. Onder het lezen keek hij een paar keer scherp naar Izjoe, toen ging hij meer rechtop zitten en vroeg: 'Izjoe Betler?'
'Ja.'
'Geboren in Lwow op 21.8.1893?'
'Ja.'
'Het vorig jaar, oktober 1929, verschillende keren de Poolse spion professor Breitner ontmoet om hem inlichtingen te geven over de laatste ontwikkelingen in de Sowjet-Unie.'
'Dat is niet waar. Ik ken professor Breitner al vijftien jaar. Hij is meer dan een vader voor me, ik heb...'
'Mond dicht! Hier praat ìk en u antwoordt alleen als u iets gevraagd wordt! Begrepen!'
Izjoe zag de soldaat een stap naar hem toe doen maar de man achter het bureau gelastte hem met zijn hand terug te gaan.
'Jullie kosmopolieten weten natuurlijk niets van elkaar, hè? U wist helemaal niet dat professor Breitner al sinds Pilsudski aan de macht was voor Polen spioneert en geweigerd heeft Sowjet-soldaten te opereren. U wist ook niet dat hij eerst

om inlichtingen vroeg en dreigde hen te zullen laten sterven als ze die niet zouden geven, dat wist u helemaal niet. U ging gewoon gezellig thee bij hem drinken, hè?'
'Hij is de vader van mijn beste vriend die mij tot het communisme heeft gebracht.'
De man las weer in het rapport: 'Ja, hier zie ik het staan, dat klopt. Nathan Breitner, ook hartspecialist. Allemaal hoogintellectuele vrienden. Hij is directeur in een ziekenhuis in Wenen. Trotskist.'
'Dat is onzin!'
'Laat hem eens je mooie karwats met knopen zien, Wladek,' richtte de man achter het bureau zich nu tot de soldaat. 'Alleen nog maar laten zien.'
'We gaan verder,' wendde hij zich toen weer tot Izjoe. 'U hebt werk op niveau geleverd. U hebt ook aan de Trotskist Nathan Breitner in Wenen inlichtingen gegeven. Die avond dat u bij hem was moest zijn vrouw toevallig weg. U ziet het, we weten alles.'
Izjoe voelde hoe hij zijn tanden op elkaar klemde, het leek alsof uit woede zijn angst was verdwenen. Maar er kwam ineens pijn ergens in zijn rug opzetten, zo sterk dat het hem bijna de adem ontnam. Met opengesperde neusvleugels probeerde hij kreunend lucht te krijgen; zweetdruppels liepen over zijn slapen, hij veegde ze met zijn handen af.
'Ach,' zei de man achter het bureau. 'En we beginnen nog pas, zullen we dan maar even stoppen?'
'Nee. Maar het is niet waar!'
'Goed, dan gaat u maar eens goed nadenken, u zult zien hoe waar alles is wat ik zeg. Als u zich niet te moe wilt maken geeft u het toe en ondertekent u dit papier. Dan bent u klaar.'
'Klaar,' zei Izjoe verbitterd met een stem die hij niet van zichzelf kende. Zijn pijn was verdwenen en hij voelde zich nu minder gespannen, alsof hij de kracht kreeg die hij nodig zou hebben om dit proces te kunnen verdragen. Hij zweeg verder en de soldaat werd gelast hem naar de deur te brengen, waarachter de andere soldaat wachtte die hem naar zijn cel terugbracht.
Hij kon zich nog amper herinneren hoe snel hij was

ingeslapen toen hij aan zijn schouder voelde rukken. 'Opstaan, meekomen! Opstaan! Vlug een beetje!'
Met moeite kroop hij onder zijn deken vandaan en merkte dat hij zijn kleren nog aan had en zich de moeite van het aankleden kon besparen.
Nog half in slaap zat hij weer in de kamer waar de man achter het bureau opnieuw begon met ondervragen.
'En, hebt u inmiddels uw herinnering teruggekregen? Weet u nu weer dat u spionnenwerk hebt verricht? U hebt de Pool professor Breitner en diens zoon Nathan Breitner belangrijke gegevens verstrekt omtrent de Sowjet-Unie. U was bekend met hun spionagewerk en hebt daaraan meegewerkt. Dat staat hier in het rapport. Zelfs de boekenverkoper Rudek Gyer hebt u niet met rust gelaten, zelfs die wilde u nog in uw zaak meeslepen. Maar hij houdt zich aan zijn geliefde joden. U niet, hè? U wilt zogenaamd voor de grote zaak werken. We hebben ook in Polen mensen die ons helpen en niets is hun ontgaan wat uw gedrag daar betrof. In Wenen hebben we natuurlijk ook mensen, overal hebben we ze.'
'En ze zijn bereid nonsens te verkopen,' antwoordde Izjoe koud.
Ineens voelde hij een vlijmende striem over zijn hand. Dat was zo plotseling gebeurd dat hij een harde gil gaf, van zijn stoel viel en z'n bril verloor. Met zijn niet bezeerde hand pakte hij die weer op en stopte hem in zijn broekzak. Toen hij weer zat zweette hij ineens overmatig.
'Ik ben niet sterk,' zei hij met matte stem. 'Met deze methoden ben ik zo dood.'
'U hoeft alleen dit papier te tekenen en u bent van alles af.'
'Nathan Breitner is mijn beste vriend aan wie ik veel te danken heb. Ook zijn vader is altijd goed voor me geweest. Ik kan niet liegen.'
'U gaat nu terug naar uw cel en over een half uur zult u buiten zien wat er met u gebeurt als u niet tekent. De keus is aan u.'
Toen hij weer terug was in zijn kleine ruimte kon hij niet meer slapen. Over een half uur zou er buiten iets gebeuren waarnaar hij moest kijken. Als ze hem zouden aftuigen zou hij het niet makkelijk overleven, dat voelde hij.

Ineens werd hij uit zijn gedachten gehaald door geklop op de ijzeren pijp aan de muur. Hij kende klopsignalen, die had hij geleerd, het hoorde bij zijn communistische opleiding. Nooit had hij gedacht ze in een gevangenis in de Sowjet-Unie te moeten gebruiken.
'Er gaan er weer twee aan,' maakte hij uit de klopseinen op.
'Waarom?' klopte hij terug.
'Ha, ha!'
'Wie ben jij?'
'Geen communist. Ik heb alles gedaan wat niet mocht; ze sturen me naar Siberië. Wie ben jij?'
'Izjoe, ik heb niets gedaan.'
'Je moet de beschuldigingen ondertekenen, dan kom je er misschien nog met tien jaar vanaf; anders gebeurt er hetzelfde met jou als met die twee straks.'
'Worden hier mensen terechtgesteld?'
'Een paar keer in de week. Het is een grote gevangenis. Ik stop nu, ze kunnen elk ogenblik naar buiten komen, ik ken ze. Ze komen, hoor ik.'
Izjoe klom op z'n bed en zag de twee mannen al bij de muur. Ze keerden zich om. Ze hadden een zwarte lap over hun ogen. Izjoe zag dat ze probeerden rechtop te staan.
'Vreemd,' dacht hij. 'Dat je dat nog wat kan schelen of je staande doodgeschoten wordt.'
Hij hoorde iets roepen, daarna werd er geschoten en de twee mannen zakten in elkaar.
Zo makkelijk kon het leven gestopt worden en wat deed je niet allemaal om het voort te zetten. Hoe groot was niet zijn overlevingskracht geweest. Jaren had hij ervoor gevochten om te genezen.

25

De schrik en het medelijden om de gevangenneming van Izjoe hadden Sabina hard getroffen. Hij was steeds in haar gedachten geweest al was zijn beeld in al die jaren veranderd. In haar fantasieën was hij niet meer de sterkere man die haar in haar jeugd had beschermd. Wat hij had meegemaakt had dat te veel aangetast. Ze hoopte hem ooit eens terug te zien om hem te zeggen hoeveel pijn het haar deed dat hij ook door haar in zoveel ellende was terechtgekomen.
Tegenover Szlomek voelde ze zich schuldig dat ze zoveel aandacht opeiste in een tijd waarin van alles gedaan moest worden.
Zoals ze al hadden gevreesd was de zaak waar Szlomek zoveel jaren had gewerkt failliet gegaan door de crisis na de beurskrach van 1929 in Amerika. Nu wilden ze toch gaan emigreren. Szlomek zei goedig dat ze nog wel geld genoeg hadden om die zomer rustig in Polen te blijven en dat ze het vertrek nog even konden uitstellen.
Ze wist wel dat hij haar voorlopig met rust wilde laten om haar niet met nog meer moeilijkheden te belasten.

De zomer was inmiddels voorbij, de dagen werden korter en de sneeuw stapelde zich weer hoog op in de straten. Op een zaterdagavond zat de hele familie met Rudek en Bella met zoon en dochter weer bij elkaar bij Sabina's ouders. Er werd geklopt. Niet hard maar een paar keer kort.
'Ga eens even kijken wie daar is, Marek,' zei Dwoira.
Voor de deur stond de moeder van Izjoe; als een muis, angstig en in elkaar gedoken. Ze zei niets, pakte Marek vast en liep mee naar binnen. Haar gezicht was nog grauwer dan gewoonlijk en toen ze opkeek leek het of ze niet bij zinnen was. Ze probeerde te praten maar als bij een vis ging haar mond alleen open en dicht.
Dwoira legde haar arm om haar schouder, zette haar op het bed en ging bij haar zitten. 'Vrouw Betler. Wat is er? Kunt u het niet zeggen?'

Ze schudde alleen haar hoofd, pakte een brief uit haar zak en gaf hem Dwoira.
In de kamer was het stil geworden, men kon zien hoe gespannen Dwoira de brief opende, hem las, een hand op haar mond legde en de moeder van Izjoe omhelsde.
'Wat is er gebeurd?' vroeg Sabina, bijna fluisterend.
'Ze hebben Izjoe... gedeporteerd... naar Siberië. Voor tien jaar,' antwoordde Dwoira.
Dadelijk richtte ze zich weer tot de vrouw. 'Laat uw man alsjeblieft hierheen komen. Hij moet niet alleen blijven nu.'
'Hij durfde niet mee te komen maar ik kon niet meer anders, we hebben niemand om het te vertellen.' De vrouw pakte haar zakdoek en huilde onhoorbaar.
'Zal ik uw man gaan halen?' vroeg Szlomek.
Ze knikte.
Die avond thuis kon Sabina niet meer zwijgen.
'Tien jaar' zei ze zachtjes. 'Dat is lang. Het is ook tien jaar geleden dat ik Izjoe voor het laatst heb gezien. Hij lijkt me niet iemand om dit alles te kunnen verdragen. Hij was tenger.'
'Onder zulke omstandigheden krijg je wel kracht, lijkt me,' antwoordde Szlomek. 'Een mens probeert vol te houden.'
Ondanks haar verdriet moest Sabina er ook aan denken dat het nu niets meer uitmaakte of ze in een ander land zou gaan wonen. Izjoe was nu ver weg.

Szlomek maakte de emigratiepapieren in orde, voorlopig voor Holland. Hij zou, zoals afgesproken was, eerst gaan, daar een woning zoeken en proberen werk te vinden.
'Ik zal in Holland voorlopig iets in zaken moeten gaan doen,' zei hij. 'Iets waar ik de taal niet zo bij nodig heb. Ze verstaan daar ook Duits, denk ik. Hun taal lijkt een beetje op Duits.'
'Laat Basja en mij zo gauw mogelijk overkomen. In mijn vak is overal werk te doen. Koop in ieder geval zo gauw mogelijk een naaimachine.'
'Ik wil proberen met dat beetje schilderen dat ik kan voorlopig wat geld te verdienen. Dan maak ik wat stillevens, wat olieverf- en pastelschilderijen. Ik zal ze met een

mooie lijst eromheen wel kunnen verkopen, denk ik. Ik wil ook opdrachten zien te krijgen om portretten te schilderen. Het zal in het begin niet makkelijk zijn maar hier is ook niets meer te doen en de antisemieten beginnen ook weer.'

Nadat de papieren in orde waren verkochten Sabina en Szlomek hun inboedel. Ze logeerden de laatste weken nog bij Sabina's ouders; tot de dag kwam dat Szlomek zou vertrekken.

Terug thuis, na hun afscheid op het station, was Sabina erg van streek. Ze kon niets eten en ook de dagen daarna was haar maag zo in de war dat ze niets kon binnenhouden. Ze had het onzekere gevoel dat er weer een man uit haar leven was verdwenen en soms liepen haar herinneringen aan Szlomek en Izjoe zelfs door elkaar.

Vaak keken mensen die ze kende haar schichtig aan. Eens, toen ze met Basja een wandeling maakte, ontmoette ze een vrouw die medelijdend tegen haar zei: 'Je had met Szlomek mee moeten gaan. Een man is een man, zo begint het altijd. Ik hoop dat hij je nog laat overkomen en zich niet al heeft getroost met een ander. Hij zou niet de eerste zijn.'

Sabina keek verbijsterd naar de vrouw; ze had zich wel ongerust gemaakt maar nog nooit in die richting gedacht. 'Ik zal het wel merken,' antwoordde ze kwaad. Ze nam afscheid en liep met Basja verder. Toen merkte ze dat het kind haar aankeek.

'Mijn papa,' zei Basja. 'Mijn papa is lief!'

Sabina streelde haar over het hoofd. 'Jouw papa is heel lief en we gaan gauw naar hem toe. We gaan naar Holland, dat is een land waar ze geen Pools spreken, ze spreken daar Hollands. Dat leer jij gauw genoeg. Kinderen leren snel andere talen.'

Basja zei verder niets meer. Wat haar moeder vertelde was nog allemaal te moeilijk voor haar.

In Amsterdam werd Szlomek van de trein gehaald door Misja, een man die hij nog uit Lwow kende en die hem had aangeraden Holland als emigratieland te kiezen. Misja nam

hem mee naar zijn hospita en Szlomek kon daar ook een kamer met pension huren.
Na een week ging Szlomek erop uit om zich te oriënteren wat hij zou kunnen doen om wat geld te verdienen.
Hij woonde betrekkelijk dicht bij de Jodenbuurt. In de Jodenbreestraat, de Kerkstraat en de Weesperstraat woonden zoveel Poolse joden dat het soms leek of hij in Lwow was, met dit verschil dat ze hier niet uit angst in elkaar gedoken liepen. Wel waren veel joden en niet-joden ook híer arm. Er was in heel Europa werkloosheid maar er werd hier toch gelachen en Szlomek zag zelfs joden en christenen sámen lachen.
Hij kon er niet genoeg van krijgen om door al die straten en langs de grachten te wandelen en na enkele dagen durfde hij zelfs iemand die hij jiddisj hoorde praten, aan te spreken.
'Ah,' antwoordde de man, 'bent u pas gekomen? Wat de verdiensten betreft is het hier ook slecht, maar hier leef je als jood tenminste net zo vrij als elk ander mens en dat is belangrijk genoeg om met weinig eten toch niet al te ongelukkig te zijn. U kent hier nog niemand?'
'Ik ken hier één man uit Lwow maar die heeft niet veel contacten met Oost-joden en die zou ik willen ontmoeten.'
'Weet u wat, laten we ons eerst voorstellen; ik ben Mendel Moskowitz. Ik woon met m'n vrouw en m'n dochtertje hier in de Nieuwe Kerkstraat. Komt u vrijdagavond bij ons eten; m'n vrouw ontvangt graag gasten. Ik ben meubelmaker, mij gaat het hier gelukkig nog niet zo slecht en we zullen een goede vrijdagavond hebben, dat beloof ik u. Maar zonder al die gebeden en zonder synagoge, daar doen we niet aan. Wij zijn Bundisten. Goed?'
Szlomek stelde zich ook voor, zei dat hij graag wilde komen en dat hij bij hen thuis meer over zichzelf zou vertellen.
Die vrijdagavond bij Mendel Moszkowitz leek het wel of hij weer bij zijn schoonouders was. Met hem zaten tien mensen aan tafel. Het was een vrolijker avond dan hij zich in tijden herinnerde. Na het eten werd er thee gedronken en apfelstrudel gegeten, zoals in Polen. Toen werden er jiddisje liederen gezongen en verhalen verteld.
Szlomek was ontroerd door deze hartverwarmende sfeer.

Dat was waarnaar hij altijd had verlangd, daarvoor had hij ook naar New York willen gaan.
'Wij zijn allemaal lid van een Oostjoodse vereniging,' vertelde Mendel. 'Daar komen communisten en Bundisten die zoveel mogelijk in vriendschap samenwerken. Er worden lezingen gegeven over wetenschappelijke en culturele onderwerpen, er wordt toneel gespeeld, geschaakt en soms alleen maar feest gevierd.
Weet je, Szlomek, als de tijden zo slecht zijn als nu en als je in een land woont waar je familie gedeeltelijk niet meer om je heen is, heb je behoefte aan iets van jezelf. Wij zijn gelukkig dat we hier kunnen doorgaan met onze eigen jiddisje cultuur, dat we onze taal ook hier kunnen spreken en niet zo erg hoeven te voelen dat we in den vreemde zijn. Kom ook, je zult zien dat het alleen zijn je dan niet zo zwaar meer zal vallen. En wie weet, misschien vind je gauw iets om te doen en kun je je gezin laten overkomen. Ik weet nog hoe alleen wij ons gevoeld hebben in het begin, hè Friedel,' wendde Mendel zich tot zijn vrouw.
'Kom zondagavond naar de vereniging,' zei hij weer tegen Szlomek. 'We hebben de naam van de schrijver Anski als verenigingsnaam uitgekozen. Hij is enkele jaren geleden gestorven. Onze zaal is op de Achtergracht. Je moet komen hoor! Je zult er geen spijt van hebben.'

Szlomek schreef een enthousiaste brief naar Sabina.
'Ik speel weer toneel en ben opgenomen in een vereniging waar veel Poolse, Russische en andere Oost-joden komen. Joden en christen leven hier in Holland vrij met elkaar.'
Maar hij schreef niets over werk.
In latere brieven vertelde hij meer over werkloosheid, hoe moeilijk het was een goed leven op te bouwen maar dat ze het toch zouden moeten proberen.
Als Szlomek door de straten liep, zoekend naar een winkel waar hij zijn schilderijen zou kunnen tonen en misschien iets zou kunnen verkopen, voelde hij vaak groot heimwee. Hij had nooit geldzorgen gekend en werd steeds onzekerder over zijn financiële mogelijkheden in Holland. Maar in de hele wereld was armoede en hier kon hij, na een dag van

ellende, tenminste 's avonds naar de vereniging gaan, waar hij door vrienden werd omringd, waar hij nu met een goed toneelgezelschap een stuk repeteerde, met een mooie rol voor zichzelf erin.
Steeds weer hield hij zich voor dat hij een gezin had dat hij moest onderhouden en dat financiële zekerheid het belangrijkste was, maar hoe hij ook zijn best deed, het lukte hem niet veel te verdienen. Maandelijks paste hij van zijn spaarrekening geld bij om aan Sabina te sturen. Hij wilde haar niets vertellen over de geldzorgen en hoopte nog steeds dat er zich toch een mogelijkheid zou voordoen voor wat werk.
Eens, toen hij in een straat in Oost een soort lijstenwinkel zag, ging hij daar binnen. De man uit de zaak verstond Duits en sprak het zelfs een beetje. Szlomek kwam met hem in een persoonlijk gesprek; hij hoorde dat de man belijdend protestant was en begrip had voor moeilijkheden van emigranten en zeker van de joden uit Oost-Europa, die het dubbel moeilijk hadden.
'Weet u wat, meneer Weisberg,' zei de eigenaar van de zaak tenslotte. 'Ik verkoop zelden schilderijen, meestal alleen reprodukties die ik in mijn lijsten stop, maar waarom zou ik het niet proberen. Veel geld heb ik niet in mijn zaakje. Ik kan met drie schilderijen beginnen als ze niet te duur zijn.'
'Graag, betaalt u er drie en neemt u de andere in consignatie.'
Szlomek noemde een prijs, vertelde dat hij ook portretten schilderde en beloofde de man hem iets van zijn winst te geven wanneer deze een klant zou aanbrengen.
Al was Szlomek blij met dit begin, hij kon daarover niets aan Sabina schrijven. Zij dacht dat hij maandelijks het geld verdìende dat hij haar stuurde.
De man in de winkel had na een tijd de meeste schilderijen verkocht maar hij dacht er niet véél voor deze prijs te kunnen verkopen omdat hij niet in een grote straat woonde.
'Mijn klanten zijn buurtbewoners, die hier of daar een cadeautje willen weggeven voor een huwelijk of een verjaardag. Hier komen niet echte voorbijgangers uit de stad. Ik heb erover gedacht dat u misschien een serie van dezelfde

pastelstillevens voor me zou kunnen maken voor een lage prijs. Misschien kan ik die in de zaak hier verkopen of doorverkopen aan een grotere afnemer, zodat u wat meer werk krijgt.'
Szlomek kon zich niet veroorloven nee te zeggen, hij wilde voorlopig alles aannemen wat hij te doen kreeg. Tenslotte ging hij naar huis met een opdracht voor vijfentwintig allemaal dezelfde stillevens.
Hij had geen geld om een atelier te huren, maar hij kon de grote zolderkamer bij zijn hospita krijgen. Hij moest nu zijn kamer opgeven en in zijn atelier gaan wonen. Daar spreidde hij de op maat geknipte papieren uit en schilderde hij op alle ongeveer dezelfde vaas met bloemen erin.
Hij was blij dat hij voor het eerst ergens aan kon werken maar hij had zich iets anders voorgesteld van het schilderen wanneer hij het eens voor zijn beroep zou mogen uitoefenen.
De lijstenverkoper kon hem niet genoeg werk leveren om voldoende te verdienen. Szlomek bedacht nu het beschilderen van sjaaltjes, van kleedjes en schoorsteenlopers. Het lukte hem om ze te verkopen maar het was niet genoeg om een gezin van te onderhouden. Met Mendel Moskowitz besprak hij zijn situatie.
'Wat niet kan kan niet,' zei Mendel. 'Straks is al je geld op en heb je niet eens meer genoeg om je vrouw en kind te laten overkomen. Weet je wat ik zou doen? Ik zou een woning huren, een naaimachine kopen zoals je vrouw je heeft aangeraden. De belangrijkste meubelen en een paar bedden aanschaffen en je gezin laten komen. Je vrouw kan japonnen maken, dat is een goed vak. Misschien doen jullie iets samen of afzonderlijk, in ieder geval zullen jullie minder geldzorgen hebben.'
Szlomek deed wat hem was aangeraden en stuurde treinkaartjes naar Sabina om naar Holland te komen.

26

Op een zomerochtend begeleidde de hele familie Sabina en Basja, met veel koffers, in een drosjka naar de trein die hen naar Holland zou brengen.
'Ik kan tot Berlijn met je meereizen,' had Rudek met Sabina afgesproken. 'Want ik moet weer voor de Bund contact opnemen met het Scheunenviertel. Er is daar grote angst onder de Oost-joden sinds Hitler onverwacht de overwinning heeft behaald bij de laatste verkiezingen. Maar wat wil je, met al die werkloosheid en armoede. Hitler belooft het volk gouden bergen.'
Sabina voelde zich bij haar vertrek zieker dan ooit en alleen zou ze de reis niet aangedurfd hebben. Maar na het emotionele afscheid begon ze zich, toen ze een tijd gereden hadden, beter te voelen. Alleen Basja was wagenziek maar die sliep veel.
'Zie je wel,' zei Rudek, 'Godzijdank, je lacht weer. Jij raakt door alles zo overstuur dat de familie zich de grootste zorgen maakt. Probeer iets rustiger te worden. In Holland zul je ook weer aan alle mogelijke nieuwe toestanden moeten wennen en ik denk dat Szlomek nog niet zo stevig staat dat hij ook nog de zorgen om jou zal kunnen dragen.'
In Berlijn moesten ze overstappen en toen Rudek op het perron afscheid nam voelde Sabina zich al veel beter. Ze concentreerde zich nu meer op Basja, vertelde haar verhaaltjes om haar af te leiden en maakte haar nog eens duidelijk wat er ging gebeuren.
Ze hadden een coupé voor zichzelf en die nacht sliep ook Sabina op de bank met een trui onder haar hoofd. Toen ze de volgende morgen naar buiten keek zag ze dat de hemel bewolkt was. Later viel er motregen. In de avond waren ze in Amsterdam.
Gespannen zocht ze het station af naar Szlomek en toen de trein eindelijk helemaal stilstond zag ze hem langs de wagons hollen. "Szlomek! riep ze. En nog eens: 'Szlomek, hier!'
Hij wrong zich tussen de mensen door, hielp eerst de koffers

naar buiten brengen, tilde toen Basja uit de trein, kuste haar snel en omhelsde Sabina.
Toen de rust om hen heen wat was teruggekeerd tilde hij z'n dochtertje nog eens op. 'Basjenka, lieverdje, wat ben je gegroeid.' Hij voelde dat ze haar armpjes schuchter om zijn hals legde. 'Ik ben toch je eigen papa! Geef je papa eens een kus.' Daarna omhelsde hij Sabina weer. 'Wat ben ik blij jullie hier te hebben.' Hij legde zijn hoofd tegen haar wang. 'Het is niet makkelijk alleen te zijn in een vreemd land,' zei hij zacht.
Ze zochten een drager voor de koffers en namen een taxi naar de Nieuwe Kerkstraat, waar Szlomek, een paar huizen van Mendel Moskowitz vandaan, een woning had gehuurd. Hij hielp Basja die versuft rondkeek, overmand door alle indrukken en door de reis die ze slecht had kunnen verdragen.
'Ik heb het hier naar mijn mogelijkheden ingericht,' verontschuldigde Szlomek zich. 'Kom, ik zal het laten zien.'
Ze liepen naar de voorkamer. Daar stonden een ronde tafel met vier stoelen en een theekast. Sabina zag dat Szlomek het geheel had opgevrolijkt met een groot, zonnig stilleven. Aan de andere muur hing een schilderij met een bijbelse afbeelding van Abraham met zijn zoon die hij zou gaan offeren.
'Dat is goed,' zei Sabina. 'En dat andere schilderij is ook mooi.'
'Ja, er zijn nog niet zoveel meubels, maar dit op de muur vult het geheel een beetje op. De rest komt allemaal nog wel.'
In de tussenkamer stond een groot bed met een tafeltje, een grote spiegel en twee stoelen; ook daar hing een stilleven. In de achterkamer waren aan één kant de naaimachine waarnaar Sabina had gevraagd, en een paspop; in het midden stonden een vierkante tafel met vier eenvoudige houten stoelen en aan de andere kant van de kamer waren er een schildersezel en een tafeltje met tubes verf, potjes en penselen. Aan de muur hingen veel schilderijen te drogen.
'Kijk,' zei Szlomek. 'Deze tafel kan twee maal zo groot uitgeschoven worden, dan kan jij je japonnen daarop knip-

pen en ik kan er tekenen. We kunnen hier ook eten als je dat wilt. Goed?'
'Heel goed,' antwoordde Sabina. 'Handig dat ze al die kamers apart maken, al zijn ze klein.'
Szlomek knikte. 'Ja. Dat op de grond, dat is balatum, kunstzeil; dat is heel praktisch. Zo, en nu de kamer van onze Basjenka. Kom.' Hij pakte het kind bij de hand.
Sabina zag dadelijk met hoeveel zorg hij dit kleine zijkamertje had ingericht. Er stonden een bed met een rode deken eroverheen, een tafeltje met twee kinderstoeltjes waar, op één stoeltje, een grote pop zat die Basja dadelijk pakte. Verder waren er nog een klein kastje en een groot schilderij boven het bed, in vrolijke pasteltinten, met grappige afbeeldingen van kinderen.
'Wat mooi,' zei Basja verwonderd. 'Is die pop ook van mij en heb ik een kamertje voor mezélf? Helemaal voor mij?'
'Ja, zo is dat in Holland, veel kinderen slapen in een eigen kamer. Er zijn ook wel kinderen die niet in een eigen kamer kunnen slapen, hoor. Maar wij hebben maar één Basja en dan is het niet zo moeilijk,' antwoordde Szlomek glimlachend. 'En nu gaan we wat eten en dan moet je maar gauw naar bed, Basja. In je eigen bed met je eigen pop. Fijn?'
Het kind knikte, de pop hield ze op haar schoot.
'Friedel Moskowitz, een buurvrouw van ons, heeft voor me gekookt, om jullie te ontvangen,' zei hij tegen Sabina.
Sabina keek hem verwonderd aan.
'Ik heb je daarover nog veel te vertellen, straks!'
Toen Bajsa in bed lag en ze rustig alleen konden praten, zei Szlomek: 'Sabina, ik wou er niets over zeggen waar het kind bij was, maar wat is er gebeurd dat je zo mager bent geworden?'
'Ach, dat zal wel weer overgaan nu, denk ik.' Ze wuifde het probleem weg. 'Misschien kon ik niet zo goed tegen al die veranderingen.'
'Maar hier zijn goede artsen die je niet hoeft te betalen. Iedereen die niet veel geld heeft is verzekerd voor een klein bedrag en alle hulp die iemand nodig heeft krijgt hij door deze verzekering. Zoals jij eruit ziet is geen grapje. Ik wil

eerst weten of alles goed met je is. We gaan je nog deze week helemaal laten onderzoeken.'
'Dat is goed,' zei Sabina nadenkend. 'Misschien is dat ook wel beter.'
'Zo, en nu zal ik eerst proberen je zoveel mogelijk te vertellen. Ja. Er is één belangrijk ding dat ik je zou willen vragen. De Oost-joden hier komen uit verschillende landen, uit Litouwen, Rusland, Hongarije en veel ook uit het Duitse en Russische gedeelte van Polen en ze spreken onder elkaar alleen jiddisj. Als je er je neus voor ophaalt zul je erg eenzaam zijn, maar als je er ook aan wilt wennen om jiddisj te spreken zullen we er een grote vriendenkring bij krijgen. Ik heb je al over de vereniging geschreven; deze vereniging is een zegen voor ons vreemdelingen. Een mens heeft zijn landgenoten nodig om zich niet eenzaam te voelen.'
'Ik zal jiddisj spreken als dat moet, maar het zal wel vreemd zijn in het begin.'
'Ach, je ziet er zo moe uit Sabina. Ik schaam me dat ik je zo aan de praat houd maar ik ben zo blij dat je er bent. Kom.' Hij bracht haar naar de tussenkamer waar hun bed stond. 'Over andere dingen praten we morgen wel. Je slaapt al bijna.'

'Ik heb je niet ongerust willen maken op zo een afstand,' vertelde Szlomek de volgende dag. 'Maar het is hier financieel heel moeilijk. Ik heb gedaan wat ik kon maar toch moest ik iedere maand van onze spaarrekening bijpassen. Tenslotte heb ik van ons laatste geld meubels gekocht en treinkaartjes om jullie hierheen te laten komen en nu is er niets meer. Er waren soms zelfs tijden dat ik dacht dat ik naar Polen terug zou moeten gaan. Maar dan werd het me duidelijk dat dat geen zin had omdat daar ook niets te doen was. En nu Hitler in Duitsland zoveel macht krijgt is het beter voor ons om ver te blijven van ons land. Als ze de kans krijgen zullen ze zich weer op de joden gaan uitleven.'
'Is het hier zo slecht?' vroeg Sabina. 'Maar je hebt gelijk, teruggaan heeft geen zin. En in de oorlog is het me ook gelukt om te zorgen dat er eten was met japonnen naaien.

Ik heb nog nooit honger geleden, misschien ben ik er daarom ook niet zó bang voor en ik denk dat een mens weinig eten nodig heeft.'
Toen zei ze met een zucht, alsof ze tegen zichzelf sprak: 'Ik ben altijd maar voor één ding bang, voor pijn in de ziel, of zielepijn, als je dat zo kunt noemen, daarvoor heb ik altijd angst.'

Na een paar dagen maakte Szlomek een afspraak met de dokter en Sabina werd helemaal onderzocht, ook grondig op t.b.c. Twee dagen daarna moesten ze terugkomen om de uitslag te horen.
'Het is niet zo ernstig,' zei de dokter. 'Maar er zal wel iets moeten gebeuren om het niet te laten verergeren. Ik heb gelezen dat u tuberculose in uw familie heeft, dus we moeten extra uitkijken. U hebt een lichte vorm van pleuritis, u moet rust hebben en dikker worden. Ik stel voor dat we u ergens een rustkuur laten nemen.'
'Maar dat kunnen we ons op het opgenblik niet veroorloven,' antwoordde Sabina geschrokken.
'In de eerste plaats wordt deze kuur door het ziekenfonds betaald, maar afgezien daarvan kunt u niet rondlopen met het gevaar dat u t.b.c. krijgt en anderen besmet. Een kuur zullen we in ieder geval moeten proberen, om te zien of u op die manier herstelt.'

Binnen een week lag Sabina in het herstellingsoord, een grote witte boot in de Amstel. Basja werd, als haar vader voor zijn werk weg moest, naar de familie Moszkowitz gebracht, waar ze met hun dochtertje van dezelfde leeftijd kon spelen.
Maar ook Basja ging er slechter uitzien door alle veranderingen. Ze miste haar moeder erg. Hier waren ook niet haar grootvader, haar grootmoeder en alle ooms die met haar hadden gespeeld en gewandeld en bij wie ze zich zo veilig had gevoeld.
Iedere dag om zes uur ging ze met haar vader naar het herstellingsoord om haar moeder af te halen. Dan werd het eten dat haar vader had gekocht thuis gekookt en voelde ze

zich weer iets geruster. Ze begreep dat ze niemand moest vertellen dat ze liever bij haar grootouders was, dat ze iedereen daar altijd vrolijk had gevonden, terwijl haar ouders hier vaak bezorgd keken en weinig tijd voor haar hadden.
Sabina kon niet tot rust komen met het idee dat ze Basja er zo verdrietig vond uitzien en dat Szlomek zo hard werkte, maar te weinig verdiende, zodat hij amper genoeg geld had om zijn dagelijkse boodschappen te doen, die ook nog voor haar extra duur voedsel bevatten.
Door die moeilijkheden die ze iedere dag thuis achterliet, knapte ze niet op in het herstellingsoord ook al kreeg ze de hele dag dingen te eten die haar gewicht moesten doen toenemen. Ze kwam geen gram aan en de dokter begreep niet wat daarvan de reden was.
'Het heeft op deze manier geen zin,' zei ze tegen Szlomek. 'Maar ik wil het nog niet opgeven, want ik ben toch bang dat ik dan echt erg ziek word. Weet je wat ik bedacht heb; jij kunt toch wel de Hollandse krant lezen. Laten we kijken of er advertenties instaan voor naaiwerk thuis, dan kan ik dat 's avonds doen. De dokter kan makkelijk zeggen dat ik om acht uur in m'n bed moet liggen maar ik heb daar toch geen rust voor zolang wij er zo slecht voorstaan. Ik weet zeker dat ik eerder opknap als ik iets mee kan doen om onze geldmoeilijkheden op te lossen.'

Het bleek dat Sabina makkelijk werk kon krijgen en sindsdien zat Sabina weer iedere avond te naaien, want ze had makkelijk werk kunnen krijgen.
Financieel werd het wel wat beter voor hen maar ook op deze manier knapte ze niet op en Szlomek voelde zich vernederd dat hij haar onder deze omstandigheden moest laten werken. Het gaf hem een schuldgevoel dat hij haar naar Holland had laten komen en haar dadelijk in de problemen had gebracht.
Basja was inmiddels zes jaar geworden en zou naar school gaan maar de dokter vond dat ook zij er slecht uitzag en te klein was. Hij raadde haar ouders aan het kind naar een kinderkolonie te sturen. Hij legde uit dat kinderen daar zes

weken bleven en als de leiding dat nodig vond en wanneer de ouders toestemming gaven, langer.
'Maar is dat niet te veel voor zo'n jong kind, na al die veranderingen die ze al heeft moeten ondergaan?' vroeg Szlomek ongerust. 'Ze voelt zich hier toch al niet zo gelukkig, zonder onze familie.'
'Het lijkt me een verstandig meisje. Misschien kunt u met haar bespreken dat haar schoolprestaties ook beter zullen zijn als ze sterker is. Het is goed voor haar als ze wél gaat,' besloot de arts.

27

'Reboine-Sjaloilom!' riep een chassied in de Grenadierstraat van het Scheunenviertel. 'Het brandt in de Rijksdag!'
'Brand in de Rijksdag?' vroegen de mensen geschrokken. Verslagen stonden ze in groepjes, met angst in hun ogen.
'Zo iets stoms! Wie haalt het in z'n hoofd!' reageerde een ander. 'Dat zal Hitler alleen maar helpen nóg meer stemmen te krijgen!'
'We zullen het hier wel merken, denk ik,' zei Boris, een bekende Bundist. 'Maar we kunnen niets doen. Het is het beste als we gewoon aan het werk gaan alsof er niets is gebeurd. Er moet toch gegeten worden.'
Toch opende Boris zelf zijn krantenwinkeltje nog niet dadelijk. Hij moest eerst naar vrienden om te waarschuwen. Mottel, Kiwe en Moische waren illegaal in Berlijn; daar zou hij eerst naartoe gaan. En anderen, die antifascistisch materiaal in huis hadden, moesten zien het weg te stoppen. Actieve communisten en zionisten moesten het zo snel mogelijk weten. Hoe konden ze het gevaarlijke materiaal dat ze in huis hadden laten verdwijnen?
Snel liep Boris van de één naar de ander. Hij zag dat het op straat steeds drukker werd. Mensen keken naar elkaar uit en gingen op zoek naar nieuws.
Maar ook al had Hitler een week later, zoals verwacht, een grote overwinnig behaald, de winkels in het Scheunenviertel werden nog dagelijks geopend en de mensen gingen nog naar hun werk.

De ochtend van de vijfde april liep Josl als gewoonlijk naar zijn sjoeltje om z'n ochtendgebed te doen, toen hij ineens wel twintig overvalwagens de Grenadier- en de Münzstraat zag inrijden. Hij hoorde iets door de microfoons uit de politiewagens roepen; opdrachten die hij op deze afstand nog niet goed kon verstaan; iets over Ausweis. Er liepen veel politieagenten en agenten in burger; rechercheurs waarschijnlijk.
Josl bleef staan, ging automatisch achteruit een zijstraat in,

zocht naar een open deur en liep naar binnen om zich ergens te verschuilen. Toen daar niets te vinden was waar hij kon wegkruipen, keek hij naar buiten of hij er nog uit kon en zocht een andere gang. In het volgende portiek zag hij een paar planken en kroop daar achter.
Een tijd bleef hij er liggen; hij hoorde dat er nog steeds door de microfoons werd geroepen maar het geluid kwam niet dichterbij. Van deze gelegenheid maakte hij gebruik om achter de planken vandaan te kruipen en voorzichtig langs de huizen zijn straat in te lopen naar zijn logement.
Niemand was thuis, ook de eigenaar zat niet op z'n plaats. Josl ging naar boven, bad naar de lieve God dat Hij het hem zou vergeven, kleedde zich uit, verstopte z'n kleding en pakte van de bedden, waar hij het maar kon vinden, van de één een broek, van de ander een hemd, een jasje, een gewone overjas en een hoed. Hij verkleedde zich in deze burgerkleren en verstopte z'n pijes onder zijn hoed. Daarna maakte hij plaats vrij onder het bed van een buurman die daar zakken met lompen had gelegd, kroop tussen de zakken en overdekte zich met de overige vodden. Hij lag daar uren en soms dreigde hij zelfs in te slapen, maar hij dwong zich wakker te blijven.
Ineens kwam er van beneden geluid van laarzen en harde Duitse stemmen. 'En nu uw Ausweis, vlug een beetje,' werd er geschreeuwd. 'We hebben al te veel tijd aan u verspild! Opschieten!' Het moest tegen zijn huiseigenaar zijn.
Er werd wel geantwoord maar dat klonk zo zacht dat Josl het niet kon verstaan. Na wat heen en weer gepraat werd er weer geschreeuwd: 'Meekomen en de wagen in! Snel!'
Weer hoorde hij voetstappen en laarzengeklepper die langzamerhand wegstierven. Even later kwam weer het gedreun van laarzen, meer dan één paar, de trap op. Zijn hart klopte zo luid dat het leek of het ook buiten zijn schuilplaats gehoord kon worden; en weer zei iemand in het Duits, een jongensstem bijna: 'Hier is niemand meer. Kom, dat is een logement, die mensen zijn niet thuis overdag. Kom, laten we gaan.' Daarna was het stil.
Josl overdacht wat hij kon doen. Nadat hij nog even gewacht had kroop hij onder de vodden vandaan en keek voorzichtig

naar buiten, maar in zijn straat liep geen mens meer. Wel zag hij verderop in de grote straat, als hij achter het raam vanuit een hoek keek, een open vrachtwagen vol met mensen langzaam voorbij rijden en daarna nog één en nog één. Hij wist niet meer hoeveel volle wagens hij had gezien. Hij stond daar alsof hij als enige was overgebleven.
Het geschreeuw door de microfoons was nu opgehouden maar hij begreep dat hij niets anders kon doen dan te blijven waar hij was. Hij ging op zijn bed liggen. Langzaam werd het donkerder en hij sliep in.
Hij werd weer helemaal wakker omdat hij iets hoorde. Hij kon zich nu niet meer verstoppen, kroop zo ver mogelijk onder de deken en maakte een kleine opening om doorheen te kijken.
Langzaam zag hij één van z'n kamergenoten binnenkomen en hij kwam onder zijn deken vandaan.
Toen de man om zich heen keek en hem daar zag liggen, riep hij: 'Josl, jij bent er nog, God zij geprezen. Hoe is je dat gelukt?'
'Gewoon,' zei Josl. 'Als je er nog bent heb je geluk gehad. Dat is alles. Gods wegen zijn ondoorgrondelijk. Die éne keer heb je geluk. Dat zegt weinig.'
'Mijn papieren zijn in orde,' zei de man. 'Maar ik weet niet hoeveel honderden mensen in die wagens zijn weggevoerd. We moesten allemaal blijven staan en wachten tot we doorzocht zouden worden en ze onze papieren zouden controleren. Inmiddels trapte de politie deuren in bij burgers die niet gauw genoeg open deden. Jonge jongens waren erbij die uit de huizen kwamen, sommigen niet ouder dan zeventien, achttien, zo te zien, die werden weggevoerd. Ik denk dat dat vooral om politieke gevallen ging. Die kwamen het eerst aan de beurt. Wij hebben heel lang daar gestaan, uren. Waar al die mensen in de open overvalwagens heen gebracht zijn weet niemand.'
Josl dacht aan zijn familie die wel goede papieren had; maar wat moest je doen als je een groot gezin had met jonge kinderen? Je kon nergens heen vluchten.
Hij wou weg hier, ver weg uit Berlijn. Maar hij had geen pas; toen hij hierheen was gekomen was het hem makkelijk

gelukt de controle te ontlopen. Er werd ook niet streng gekeken toen.
Tegen de ochtend nam hij een besluit. Hij had nog geen oog dicht gedaan, de hemel begon een beetje op te lichten en zijn kamergenoot snurkte hard. Hij stapte uit bed, pakte z'n geld, dat wel genoeg was voor de reis die hij wilde ondernemen, nam zijn schoenen in z'n hand, ging op zijn tenen de deur uit, de straat op en deed daar z'n schoenen aan.
Voor het eerst van zijn leven had hij zijn talliet en tefilliem, zijn gebedsriemen, niet bij zich. Als zijn zakken doorzocht zouden worden zou hij zich in ieder geval niet dáárdoor verraden.
Hij liep naar het station en met alle angst in zijn lichaam probeerde hij toch zijn stappen niet te verhaasten.
In de hal waren nog maar een paar mensen. Z'n hart klopte in z'n keel en hij stelde het even uit om naar het loket te lopen. Hij moest op een rustige manier praten zonder trilling in z'n stem. Toen hij voelde dat het weer zou lukken bestelde hij een enkele reis Lwow.
In de wachtkamer zaten ook soldaten. Hij kon zich niet veroorloven daar nog anderhalf uur door hen bekeken te worden, dus hij liep er weer uit, wandelde in de hal en deed of hij opschriften las. Overal op de kranten zag hij afbeeldingen van Hitler. Toen de kiosken opengingen dacht hij dat het goed zou zijn om iets leesbaars bij zich te hebben om in te kijken als hij in de trein zat. Hij dacht dat het 't beste was een tijdschrift over kunst of sport te kopen. Het sporttijdschrift dat hij kocht zou hij pas in de trein inkijken.
Inmiddels was er meer dan een uur voorbijgegaan en hij liep naar het perron. Zodra hij de trein met bestemming Polen zag binnenkomen zocht hij een plaats. Steeds zei hij tegen zichzelf: 'Rechtop zitten Josl, niet in elkaar gedoken.' Hij nam niet een plaats bij het raam, want hij wilde liefst zo snel mogelijk weg kunnen komen en ook liever niet zo in het licht zitten.
Bij de kaartjes-controle bleef hij zitten, maar toen ze de grens van Polen naderden liep hij een closet binnen. Na een tijd kwam hij er weer uit, liep verder naar een volgend closet

en daarna weer een volgende en zo werkte hij de hele trein af in de hoop dat ze nu al ver over de grens zouden zijn.
Toen hij terugliep zag hij toch nog een controleur die met de passen bezig was. Niet stoppen nu, dacht hij. Doorlopen. De man moet me gewoon zien passeren.
De controleur keek even op. Josl liep, alsof hij een stok had ingeslikt, naar een plaats zo ver mogelijk voorin, maar niet in de eerste wagon. Daar zat hij nog lang met zijn tijdschrift open voor zich, waaruit blonde, gespierde edelgermanen met opgeheven gezichten, die hem lachend aankeken.

Toen hij in Lwow uitstapte voelde hij zich voor het eerst een beetje veilig. Hij liep door straten die hij in tijden niet had gezien tot hij eindelijk bij het huis van zijn rebbe kwam. Hij klopte aan en de vrouw van de rebbe deed open. Toen ze hem zag sloeg ze haar handen voor haar mond en onderdrukte een gil. 'Kom binnen.'
Ze deed snel de deur achter hem dicht, liet hem op de gang staan en liep naar binnen om haar man te halen.
'Reboine-Sjaloilom, Josl, wat is er met je gebeurd? Waar is je kaftan?'
'De goeie God zal het me wel vergeven, dus doet u het ook maar,' zei Josl met een gespannen, vermoeide stem. 'Ik heb dorst, mag ik wat drinken?'
De rebbe keek verwonderd. Hij knikte nadenkend, ging met z'n hand door z'n baard en herstelde zich. 'Natuurlijk. Kom binnen en ga zitten. Ik zal je eten en drinken laten brengen. En vertel Josl, vertel wat er is gebeurd.'
Toen Josl klaar was met zijn verhaal bleef het stil,
'En wat zal er gebeurd zijn met de andere joden, denk je?' vroeg de rebbe na een poos, nerveus. 'Wat zullen ze met ze doen en waarheen hebben ze ze gesleept? Reboine-Sjaloilom.' Hij richtte zijn handen naar de hemel. 'Wat wil je van ons? Waarom laat je ons niet een tijd met rust?'
Die avond kreeg Josl kleren van hem en nu droeg hij weer alles wat bij een chassidische jood paste. Hij had zijn tefilliem aangelegd en zijn gebeden met gebedsriemen gedaan.
'Je moet maar voorlopig hier blijven, Josl,' zei de rebbe aan

tafel, 'tot ik een onderkomen voor je heb gevonden. Laten we God prijzen dat hij jou heeft gespaard.'
'En waarom de anderen niet?' kon Josl niet nalaten te vragen.
Als antwoord van de rebbe kwam alleen een diepe zucht.

28

'Nog één kar, Izjoe,' fluisterde Misjka hem bemoedigend toe. 'Kijk maar naar de schaduwafmeting.'
Izjoe knikte bijna onmerkbaar. Nu hij wist dat hij gauw zou kunnen rusten voelde hij weer wat kracht opkomen. Misschien net genoeg om het werk af te maken zonder een por van de oppasser met een geweerkolf in de zij te krijgen. Afgezien van de pijn viel hij dan meestal en moest weer zien op te komen in de sneeuw, wat hem net de laatste krachten ontnam. Vaak werd hij dan afgeranseld.
Toen Misjka het teken tot stoppen gaf moesten de gevangenen zich achter elkaar opstellen. Zonder te spreken, met hun schoppen of zagen in de hand, liepen ze, uitgeput van ondervoeding, naar een houten keet waar ze hun kommen en lepels uit hun broodtassen pakten en afwachtten tot de soep werd opgeschept.
Ze hadden toestemming om in de keet te eten, daar was het in ieder geval minder koud dan buiten, al vroor het er toch nog enkele graden. Ze mochten er ook praten maar daar werd niet veel gebruik van gemaakt.
De oppassers gaven iedere week in de keuken de hoeveelheid werk op dat iedere gevangene had verricht en de porties waren daardoor verschillend. Maar geen gevangene keek medelijdend naar een ander die minder kreeg. Als een kat met zijn prooi zocht ieder een veilige plek om zijn voedsel naar binnen te werken.
Izjoe zat met Misjka, de voorman, in één barak. Hij wist dat hij zonder Misjka's vriendschap en geestelijke kracht niet meer in leven zou zijn.
Toen hij de eerste ochtend bij hem kwam om ingedeeld te worden was hij door zwakte niet in staat ook maar het lichtste werk te doen.
'Ik zal je voorlopig takken laten zagen,' had Misjka gezegd. 'Probeer het wél te doen,' vervolgde hij toen met nadruk. Hij keek Izjoe daarbij strak aan. 'Zonder te werken krijg je hier geen eten.'
Maar de hoeveelheid werk die Izjoe aankon was niet

voldoende voor genoeg voedsel. Hij dreigde vaak weg te zakken, zijn knieën waren dan te zwak om hem te dragen, zijn armen werden loom en dan raakte hij in paniek uit angst voor slaag. Toen begon Misjka hem dagelijks iets van zijn eigen rantsoen te geven en langzaamaan lukte het Izjoe tenminste zijn werk te doen.
Nu was hij alweer meer dan een jaar hier. Misjka had hem voorlopig het leven gered, zoals Nathan toen. Izjoe bedacht dat hij sterke mannen om zich heen langzaam kapot had zien gaan en dat hij, als zwakke, na vijf jaar nog in leven was. Hij had inmiddels de helft van zijn straftijd, waarvan drie jaar in het noorden, uitgezeten.
Maar hij moest niet gaan tellen. Denken was niet goed en meestal kwam hij er ook niet toe. Hij was blij als hij op zijn brits lag en de kou dragelijk was, zodat hij kon inslapen na van het eerste daglicht tot de duisternis te hebben gewerkt.

'Izjoe,' hoorde hij ineens onder zich roepen. Hij herkende de fluisterende stem van Misjka. 'Kom je even beneden?'
Hij pakte zijn broodzak onder zijn kussen vandaan, bond hem om zich heen en klauterde omlaag. 'Wat is er? Ik dacht dat je al sliep.'
'Ik kan niet slapen. Ik moet morgen bij ze komen.' Misjka wees met zijn hoofd naar buiten. 'Het wordt weer een ondervraging of... misschien moet ik weg, nog verder naar boven, waar je adem bevriest.' Hij keek voor zich uit. 'En hoe moet het dan met jou, Izjoe?'
Ze zwegen.
'Ik denk dat we in ieder geval afscheid van elkaar moeten nemen,' vervolgde Misjka. 'Mijn gevoel zegt me dat ik morgen niet meer op het werk zal verschijnen.'
Ze omhelsden elkaar zonder iets te zeggen.

In de begintijd, toen Izjoe nog in de gevangenis van Moskou zat, had hij geprobeerd zich te verzetten tegen het tekenen van valse beschuldigingen. Als hij naar het verhoor ging namen de oppassers hem zijn bril af. Bij zijn terugkeer in de cel hoorde hij meestal de één of andere buur klop-

pen. Klopseinen waren in Moskou een troost voor hem geweest.
'Hebben ze je geslagen?' vroeg zijn buurman meestal.
Soms gaf hij geen antwoord, dan deden zijn handen en hoofd, waarop hij met de karwats was geraakt, te veel pijn.
Van beide kanten klopten zijn buren steeds weer hetzelfde:
'Je moet bekennen, anders ga je eraan. Ze slaan je dood of ze schieten je dood.'
'Ik kan het niet,' had hij in het begin geantwoord.
'Tegenover wie probeer je de held te spelen?' klopte zijn buurman dan weer. 'Dat stelletje ongedierte vindt het heerlijk om zich iedere keer weer uit te leven. Hou daar mee op. Teken!'
Er was geen andere keus, hij tekende.

Hij had in die eerste gevangenis ongeveer twee maanden gezeten. Kort daarna werd hij overgeplaatst naar een soort varkensstal, maar zonder verhoren.
Zijn kleren werden wel weer gestoomd, hij werd weer geschoren en onderzocht of hij iets in zijn anus had verstopt.
Later herhaalde zich dat in alle gevangenissen en kampen.
Zijn twee knopen, die ze in Moskou nog aan zijn broek hadden laten zitten, waren nu al lang afgeknipt. Maar hij had ze niet meer nodig, nu kon hij een knoop in zijn broek leggen en misschien op den duur een dubbele.
In die tweede gevangenis zaten zoveel mannen in één ruimte dat hij ze moeilijk kon tellen. Veertig of vijftig. Sommigen werden ineens weggehaald en na een tijd, onder het bloed, weer naar binnen gegooid of helemaal niet meer teruggebracht. Praten was er gevaarlijk want er waren vaak verraders in zo'n grote groep, had men hem gewaarschuwd.
In die cel brandde altijd een miezerig lampje. Ze lagen daar op stro op kleine britsen, drie boven elkaar, of op de grond.
Ze hoefden niets te doen en kregen ook bijna niet te eten.
Na een paar dagen rook Izjoe de stank van de lichamen en de latrine ook niet meer zo erg.
Soms werd de hele ruimte ontsmet. Dan gingen ze in bad, werden over het hele lichaam geschoren en hun kleding, die

ze dag en nacht droegen, werd dan weer gestoomd. Bijna schoon, want de zeep leek wel hout, maar toch even zonder de jeuk van luizen, kwamen ze weer hun ruimte binnen. Later ontdekte Izjoe dat luizen ook van gewassen lichamen genoten.
Hij wist niet meer precies in hoeveel verschillende gevangenissen hij had gezeten. Zodra hij aan een situatie gewend was werd hij weer weggehaald en overgeplaatst. Zo ging dat met bijna iedereen, zodat contacten en vriendschappen, als die al mogelijk waren, weer snel werden verbroken.
Hij had een keer in een klein hok gezeten met zoveel mensen bij elkaar dat er haast geen lucht was. Er waren mannen bij, met bijna alleen maar vel over been, die zomaar ineens neervielen. Sommigen kwamen niet meer overeind. Hij had ook in gevangenissen gezeten waar hij wat werk te doen kreeg. Daar kreeg hij meer te eten.
Ze hadden hem ook eens opgesloten bij een groep agressieve criminelen. Die hadden een hekel aan intellectuelen, wist hij. Toen hij er binnen was gekomen, dacht hij: 'Dit is het einde.' Hij was toen heel rustig geworden, ging zitten en zag al dadelijk twee mannen op zich afkomen. Hij had de eerste met een vermoeide, onverschillige blik aangekeken. 'Ik ben een te makkelijke prooi voor jullie,' had hij alleen gezegd en even zijn schouders opgetrokken. Toen had hij ze door zijn brilleglazen aangekeken, bereid op de afslachting. Hij wist niet waarom ze hem toen met rust hadden gelaten. Maar een kat viel een muis die zich niet bewoog ook niet aan.
Hij was daar gauw weer ontslagen.

Toen na het afscheid van Misjka een andere voorwerker was gekomen, had Izjoe nog hoop dat zijn vriend zou terugkomen. Maar nadat Misjka die nacht en de volgende was weggebleven, werd het duidelijk dat hij hem niet meer zou zien.
Langzaam kwamen matheid en onverschilligheid over hem. Hij deed ook niet meer zijn best zo hard te werken dat hij tenminste veilig was; zijn prestaties werden minder. Hij kreeg weer slaag en zijn wonden genazen niet meer. Hij

kwam 's morgens met de grootste moeite overeind en zelfs speelde hij soms met de gedachte te blijven liggen.
Het werd nu steeds kouder maar nog net niet zo koud dat ze met werken mochten ophouden omdat er niet meer gehakt kon worden. Dit was de moeilijkste tijd voor iedereen in het verre noorden.
Izjoe reageerde steeds vager en op een ochtend wist hij nog amper wat hem werd opgedragen. De bewaker had op hem gelet. Plotseling gaf deze hem een slag met de geweerkolf. Izjoe viel, hij probeerde snel weer op te staan, maar dadelijk volgde een slag tegen zijn maag en tegen zijn hoofd. Hij merkte nog dat er bloed uit zijn neus kwam, dat hij overgaf en bijna niet meer kon ademen. Toen bleef hij liggen in de sneeuw en was het donker.
Hij werd in het ziekenhuis wakker in een bed met lakens.

29

'Het is al half één Sabina, stop nou met werken en ga naar bed; je kunt toch niet de hele nacht doorgaan. Je ruïneert je gezondheid zo nog meer.'
'Over een half uurtje ben ik klaar. Ze komen het werk morgen al heel vroeg halen en ik wil ook dat ze meteen betalen want Basja is uit haar schoentjes gegroeid. Ze loopt ongelukkig op haar oude, ze moet nieuwe hebben.'
Szlomek zuchtte. Hij maakte z'n penselen schoon en liet het werk op tafel liggen. 'Zo,' zei hij. 'Dit moet tot morgen drogen.'
De eigenaar van de lijstenzaak verkocht de laatste tijd steeds minder schilderijen, daarom had hij nu in een hoek van zijn zaak een plaatsje ingericht met sjaaltjes, kleedjes, schoorsteenlopers en leren portemonnaies. Szlomek beschilderde ze allemaal met bloemen. Het was centenwerk maar hij had geen andere keus.
Hij voelde zich met de dag machtelozer. Soms stond hij hele tijden met zijn hand onder zijn kin tegen de kast geleund en keek zwijgend voor zich uit. Hij vroeg zich af of hij er wel goed aan gedaan had naar Holland te komen. Sabina moest met haar zwakke gezondheid harder werken dan ooit, zodat ze geen gelegenheid kreeg om in het herstellingsoord op te knappen. Basja had zich in het koloniehuis ongelukkig gevoeld en sterk naar Polen terugverlangd, en nu ze op school was liep ze soms te huilen als Szlomek haar bracht, omdat de kinderen haar uitlachten om haar vreemde Hollandse uitspraak. De oorzaak van haar verdriet had hij van de onderwijzeres moeten vernemen; Basja zelf had er niet met hem over gesproken. Waarom hielden Sabina en zelfs Basja zoveel rekening met hem en klaagden ze niet?
Waarom voelde hij zich als echtgenoot en vader steeds nuttelozer? Hem hield alleen de vereniging nog een beetje staande.

'Ik kan hier niet opknappen,' zei Sabina tegen de dokter toen ze al een jaar in het herstellingsoord had gelegen. 'Iedere

dag zie ik m'n man melancholieker worden. Hij doet zijn best om iets te verdienen, heeft weinig tijd voor m'n dochter die meestal bij de buren moet blijven en ons de hele dag mist. Soms moet ik nog koken en afwassen als ik thuiskom. En als dat gedaan is, zit ik tot minstens één uur in de nacht japonnen te naaien, terwijl u denkt dat ik al om acht uur in m'n bed lig.
Wij buitenlanders komen niet in aanmerking voor maatschappelijke steun. Toen we het aanvroegen, kregen we bericht dat als we binnen een maand geen middelen van bestaan hadden, we naar Polen teruggestuurd zouden worden. Ik geloof dat het beter voor mijn gezondheid zal zijn als ik gewoon thuis ben en overdág mijn naaiwerk kan doen en m'n dochtertje kan opvangen. Ik denk hier steeds wat ik allemaal had kunnen doen in die tijd. Ik kan hier niet rustig liggen.'
De dokter knikte ernstig.
'Ja, dat moet de reden zijn waarom u ondanks alle kans tot rust en het goede eten, toch niet bijkomt. Ik denk dat u gelijk hebt; het lijkt me in uw situatie inderdaad beter om thuis te zijn. Misschien is het u dan mogelijk wat vroeger te gaan slapen, al is het maar voor een tijd, zodat we kunnen zien of u dan wél in gewicht toeneemt. U weegt nog steeds maar vijfenveertig kilo. U bent wel niet zo groot maar dat is toch geen gewicht waarbij je je veel kunt veroorloven. Kunnen we dan afspreken dat u iedere week ter controle komt?'

Hoewel de geldzorgen bleven en zelfs enstiger werden, bleek het toch een goed besluit van Sabina geweest te zijn om niet meer naar het herstellingsoord te gaan. Ze zag Basja blijer kijken nu ze na schooltijd haar moeder thuis aantrof en niet steeds weer naar de buren hoefde. Tussen de middag lunchten ze samen en kon ze haar vragen hoe het op school ging en wat ze leerde.
Weliswaar hadden ze nu zo weinig geld dat ze zelfs geen boter konden kopen en al hun brood met appelstroop moesten besmeren, maar Basja had erom gelachen en gezegd dat ze dat juist lekker vond.

Toen het nog moeilijker werd vroeg Sabina haar: 'Wat zullen we doen, jij mag kiezen. Suiker of balletjes bij de thee?'
'Balletjes,' had Basja geantwoord.
Sabina maakte er niet zo'n drama van dat er weinig geld was, ze kende hongersituaties al uit de wereldoorlog in Polen. Ze kocht, in plaats van runderlappen, kopvlees, dat veel goedkoper was, ze hoefden in ieder geval nog niet op de hoeveelheid te bezuinigen. Ze was flinker geworden in Holland, tevreden dat ze meestal genoeg werk had om de huur tenminste te kunnen betalen. Szlomeks verdiensten bleven onzeker.
Maar er waren ook dagen dat ze beiden niets hadden, dan moest Szlomek de lijstenmaker om een voorschot vragen of bij kennissen geld lenen. Dat maakte hem zo depressief dat hij dan meestal de hele avond niet meer praatte.
'Szlomek,' zei Sabina eens. 'Ik wil bezuinigen waar ik kan, maar jij moet onze moeilijkheden niet zo erg laten merken. Let eens op hoe Basja naar haar kamertje sluipt als ze ziet hoe verdrietig je bent. We moeten het voor haar niet al te moeilijk te maken.'

'Ze hebben me gevraagd of ik in het bestuur wil komen,' zei Szlomek op een avond toen Sabina niet mee kon komen naar de vereniging omdat ze werk moest afmaken. 'Ze willen vooral het toneelspelen wat stimuleren. Er is ook al een goede regisseur, Leo Abramowitz. Je weet wel, die man die zijn haar zo over zijn kale kop heeft laten groeien. Hij deed de regie bij een bekend gezelschap in Warschau en wil het hier ook graag doen.'
'Heel goed, dan kun je misschien ook weer eens een schetsje schrijven zoals je in Polen deed. Dan doe je ook eens iets waar je van houdt.'
Er kwam een treurige lach op Szlomeks gezicht. Hij dacht eraan wat hij van zijn leven had verwacht en wat het tenslotte was geworden. Maar hardop zei hij: 'Het is veel werk en ik zal nu 's avonds vaker weg zijn.'
'We zien wel, doe het maar.'
Szlomek had inderdaad veel vergaderingen en het werd voor

Sabina eenzamer. Vaak als ze hele avonden alleen aan het werk zat, dacht ze aan haar ouderlijk huis waar altijd mensen waren geweest. Toch zat ze nog liever alleen dan met Szlomek als hij zo stil en triest was. Vroeger had hij haar altijd beschermd maar hier was het andersom.
Nu ze zoveel tijd had om te piekeren dacht ze ook weer meer aan Izjoe. Ze telde de jaren die hij nog moest uitzitten en hoopte dat ze toch nog eens geld zou kunnen sparen om met vakantie naar Polen te gaan. Misschien zou hij gauw vrijgelaten worden. Ze zou in ieder geval weer met hem praten als ze hem zou zien. Soms zag ze hem nog als haar minnaar voor zich; dan schrok ze voor de gevoelens die ze nog altijd voor hem koesterde.
Van haar familie uit Polen ontving ze minstens één keer in de week post en ze bleef van veel ontwikkelingen daar op de hoogte. Zijzelf had nog in geen brief verteld hoe moeilijk het leven in Holland was. Haar moeder had haar al geschreven dat ze hoopte haar en Basja gauw eens met vakantie terug te zien.
Ze had toen als antwoord een onduidelijke reden opgegeven waarom het uitgesteld moest worden. Maar haar moeder had het begrepen. 'Als je geen geld hebt voor de trein, sturen wij het je. Om die reden mag je ons dit plezier niet ontzeggen, want wie weet hoe lang je nog zonder problemen kunt reizen. Duitsland wordt met de dag gevaarlijker.'

30

Izjoe was na twee weken weer enigszins hersteld uit het ziekenhuis gekomen en was toen dadelijk met nog een paar gevangenen naar een ander kamp overgebracht. De vriestemperatuur buiten was nu de vijfenveertig graden, alles was hard en er kon niet gewerkt worden. Alleen dicht bij de kachel voelden ze in hun barak nog een beetje warmte.
Even had Izjoe zich opgelucht gevoeld dat hij zo vroeg in de ochtend niet hoefde aan te treden, maar al gauw werd de leegte in zijn maag ondraaglijk.
In de barak zat hij met nog een paar politiek veroordeelden en verder met criminelen en boeren die hun land niet wilden weggeven maar amper begrepen wat er werkelijk aan de gang was. De mannen werden zienderogen apathischer; sommigen kregen open wonden aan hun benen en etterpuisten in hun gezicht die, als ze uitdroogden, gaten achterlieten. Meestal gingen deze zweren gepaard met koorts en werden de lijders weggevoerd naar de ziekenbarak. Zelden kwam iemand daarvandaan terug.
Ook als er overdag niet gewerkt werd, was het verboden om in bed te liggen. Iedereen zocht een plaats op de bank zo dicht mogelijk bij de kachel. Wanneer iemand in slaap viel werd hij gewaarschuwd als de oppasser binnenkwam. Men wist niet zeker of zittend slapen wél mocht.
De meeste van deze mannen waren al meer dan een jaar in dit kamp en Izjoe had gehoord dat de groep tot bijna de helft was uitgedund. Hier, zo ver in het noorden, waren er het laatste jaar geen gevangenen meer uit de bewoonde wereld bijgekomen; ze kwamen hoofdzakelijk uit andere kampen. Daarom kwam er ook geen informatie van buiten. Ze wisten niets van wat er in hun eigen land en in andere landen gebeurde.
Als Izjoe soms probeerde te denken aan vroeger gaf hij het snel op. Hij was te moe voor die gedachten en het werkelijke leven speelde zich op een te grote afstand af. Er was nu nog maar een ding waarop hij zich concentreerde; zo lang mogelijk op z'n benen blijven staan om niet in de handen

van de oppassers te vallen. De angst voor slaag was groot, zijn lichaam was te veel verzwakt en hij had het gevoel dat hij nog een keer in een ziekenhuis niet zou overleven.
Zwijgend zaten ze te wachten op het sein voor de middagsoep die in ieder geval wat warmte in de maag zou brengen. Toen de oppasser binnenkwam hield hij een groot vel papier in z'n hand. 'De volgende gevangenen moeten met hun bezittingen aantreden voor transport,' riep hij. Als vierde naam klonk duidelijk: 'Izjoe Betler.'
Izjoe verstijfde, hij voelde zich nog kouder worden. Het beetje vocht dat hij nog in zijn lichaam had zette zich om in zweet. Elke overplaatsing was een achteruitgang, wist hij nu.
Z'n eigendommen hoefde hij gelukkig niet te halen, die bezat hij niet meer. Al zijn kleren droeg hij aan zijn lijf; zijn broodzak had hij omgebonden en zijn bril, tot nu toe nog heel, zat met een touw om zijn hoofd vastgebonden zodat hij onder het werk niet af kon vallen.
De afstand naar de witte gevangeniswagen waarop het woord 'brood' stond geschreven, leek hem te ver om af te leggen, zo moe was hij plotseling geworden. Maar toen het geschreeuw van de bewaker klonk vond hij toch de kracht terug.
Hij werd de auto in geduwd. Daar zag hij de hem al bekende kleine ijzeren hokken waarin je je niet meer kon bewegen als ze werden afgesloten. Eenmaal binnen merkte hij dat ze al minstens voor de helft waren gevuld met gevangenen. Niemand zei een woord.
Toen Izjoe zijn plaats had ingenomen zag hij dat zijn buurman geen beter leven achter de rug had dan hijzelf. Even groette hij en zweeg verder. Maar er kwam toch nieuwsgierigheid bij hem boven nu hij na zo lange tijd weer een vreemd gezicht zag. 'Is er nieuws in de wereld, kameraad?' vroeg hij.
Z'n buurman knikte. 'Straks,' antwoordde hij, voor zich uit kijkend.
'Waar gaan we heen?'
'Verder naar het noorden.'
'Dus afgelopen,' zei Izjoe, meer tegen zichzelf.

'In Spanje is er burgeroorlog tegen Franco, tegen het fascisme,' zei zijn buurman fluisterend, alsof hij hem ergens mee wilde opbeuren.
Franco, fascisme, allemaal klanken uit zijn vroegere leven. Izjoe kreeg het gevoel alsof hij langzaam weer uit kleine stukjes werd opgebouwd.
Dit alles klonk zo vreemd hier, zo uit een ver verleden. Als een droom vanuit de beginperiode van zijn gevangenistijd.
'Moet ik even komen om jullie monden dicht te slaan?' hoorde hij de bewaker roepen.
Dat was het einde van hun conversatie, ook omdat ze nu reden en er te veel lawaai was om elkaar te kunnen verstaan. Het werd avond en ze hadden nog niets te eten of te drinken gekregen. Izjoe voelde zijn benen opzwellen; zijn honger en vooral de dorst, versterkt door de warmte van de op elkaar gepropte lichamen, werden steeds groter.
Pas de volgende ochtend kregen ze een homp brood en warm water dat ergens uit een gebouwtje dat daar verlaten stond werd gehaald. Daarna reden ze verder en verder.
De meeste gevangenen probeerden zoveel mogelijk staande te slapen want niemand wist hoe lang deze tocht, tot nu toe bijna zonder voedsel, nog zou duren.
Twee dagen later stopten ze weer voor een huis, dat eveneens eenzaam in de sneeuw stond. Daar moesten ze uitstappen en nog een kilometer lopen. Izjoe zakte tot ongeveer zijn middel in de sneeuw; het was bijna niet mogelijk verder te komen. Om hem heen zag hij paniek; sommige gevangenen bleven in de sneeuw liggen en anderen trokken ze er weer uit. Er klonk gegil. Er werd met de zweep geslagen. De ontberingen van de laatste dagen in de vrachtwagen had de gevangenen de laatste krachten ontnomen.
Bij een klein heuveltje moesten ze blijven staan. 'Stop!' zei de bewaker tegen de ongeveer dertig man. 'Hier is een opening; hier moeten jullie naar binnen.' Hij liet hen achter en liep alleen terug.
De eerste man daalde af, maar hij kon niets zien. 'Is hier iemand?' vroeg hij. 'We moeten hier naar binnen.'
'Wacht,' hoorde hij een stem vanuit het donker. 'Ik zal licht maken. Ik heb een kaars.'

Ze zagen een soort hol, een uitgegraven kuil, waarin mensen woonden.
'Waar komen jullie vandaan?' werd er geroepen.
'Uit dezelfde hel,' antwoordde een man vermoeid. 'Maar geef ons eerst een plaats; we hebben geen kracht meer.'
Langzamerhand raakten ze aan het weinige licht gewend en zagen ze dat er genoeg plaats was en dat er overal stro op de grond lag. Nergens was een bank of een brits te zien; alleen een kachel stond in het midden.
'Zijn jullie politieken?' vroeg de voorman, toen iedereen zat.
'We komen uit verschillende gevangenissen,' antwoordde Izjoe's buurman. 'We kennen elkaar nog niet.'
'En moeten jullie hier blijven? Hier is niets te doen. We hebben alleen sneeuw en stro en gelukkig nog een kachel die een beetje brandt.'
Er kwam geen antwoord meer. Het leek of iedereen al sliep.
'We hebben hier niets,' hoorde Izjoe de man nog eens zeggen. 'We creperen hier van de honger. Een paar van ons zijn zelfs geen gevangenen, maar die zochten een dak boven hun hoofd. Ze zijn hierheen gestuurd om te werken. We hebben alleen een paar bomen. Van ons allemaal zal niets overblijven en de geschiedenis zal ook over die vrijwilligers, die om onzalige reden hier terecht gekomen zijn, nergens iets vermelden. We zitten al in ons graf.'

Het leek nog midden in de nacht toen Izjoe de oppasser 'Opstaan, eten halen,' hoorde roepen.
Alleen door de grote honger kon hij zijn afgematte lichaam dat overal pijn deed tot actie brengen. Ook de anderen om hem heen bewogen zich traag, zag hij, toen de kaars werd aangestoken. Achter de oud-inzittenden liep hij naar het gebouw waar het eten werd verstrekt.
Hij zag zijn buurman, die over Franco en fascisme had gesproken, naast zich lopen. 'Ben jij politieke?' vroeg deze.
'Ja, jij?'
'Ik geloof het wel. Ik was schrijver vóór Stalin aan de macht kwam en ik zit sinds 1931. Mijn naam is Sasja.'
Izjoe stelde zich ook voor en vertelde zijn geschiedenis in

het kort. 'Ik moet nog drie jaar,' zei hij. 'Maar soms geloof ik er niet meer in. En hier... komen we hier ooit nog uit?' Hij keek om zich heen en zag overal wit, vlak land.
Sasja zweeg.
Toen ze in de rij voor het eten stonden, praatten ze niet. Ze waren gewend dat overal spionnen rondliepen die voor een homp brood iemand lieten doodslaan. Toen ze bijna aan de beurt waren zag Izjoe dat er alleen warm water werd geschonken. Ze kregen ook een homp brood.
Hij liep weer terug naar z'n hol; niemand gaf aanwijzingen. Het bleek dat ze zich hier vrij mochten rondbewegen. Hij zag zelfs geen oppassers.
Er was hier dus geen mogelijkheid tot werken, ook niet als de temperatuur zou verbeteren. Dat had hij de vorige avond duidelijk gehoord. Hier kon je doen wat je wilde, je kon zelfs proberen weg te lopen. Maar waarheen? En waarvandaan zou je de kracht moeten halen met dit etensrantsoen?
Toen Izjoe zijn barak binnenkwam zag hij dat sommige gevangenen al weer sliepen. Hij probeerde het ook, maar nu had hij ontzettend last van luizen die hij de vorige nacht door oververmoeidheid niet had gevoeld. Hij krabde zich voortdurend overal en stond tenslotte op. 'Wat gebeurt hier als de temperatuur beter wordt?' vroeg hij aan de voorman toen hij weer bij de kachel op de grond zat.
'Dan wordt er gevochten om dat kleine beetje werk dat hier te doen is. Ik hoop dat jullie gauw ergens anders heen gestuurd worden, want als je werk van één van ons wegneemt kom je er niet levend af, vrees ik.'
Twee volle maanden zat Izjoe met zijn medegevangenen in dit hol en wachtte op soep en een hompje brood. Op een dag werd hij met de dertig anderen weer in een vrachtwagen gezet. Hij zag niets in de geblindeerde auto maar aan de lange tijd waarin ze reden en reden, soms stoppend voor een homp brood en een kop soep, wist hij dat waarheen hij nu werd weggevoerd zelfs God zijn schapen niet meer telde.

31

'Kijk, Sabina,' zei Szlomek met een zucht, 'zo worden die gebatikte sjaals.'
'O, maar dat is toch mooi met die diepe kleuren en dat pauw-blauw; die worden vast wel verkocht.'
Szlomek keek nog even kritisch naar zijn werk en nam een paar trekjes van zijn sigaret. Hij zuchtte. 'Vijf jaar ben ik in Holland,' zei hij bitter. 'En wat heb ik bereikt. Ik batik sjaaltjes voor een paar dubbeltjes en laat jou werken tot diep in de nacht. God weet hoe graag ik zou willen dat jij eens verlost zou worden van dat harde geploeter.'
'Je bent een echte Oostenrijker. Je haalt God erbij als een gelovige.'
'Ja, onzin, dat weet ik. Maar jij werkt meer dan tien uur per dag.'
Sabina keek hem berustend aan. 'Laten we blij zijn dat we er op die manier een beetje uitkomen. Maar we moeten proberen Basja niet te veel van onze zorgen te laten merken. Gisteren zei ze nog dat ze niet begreep dat we niet rijk waren met al die prachtige dingen die jij schildert en die mooie jurken die ik naai. En deze week kunnen we de huur niet eens betalen omdat ik die mantel voor haar heb moeten kopen. Ze is overal uitgegroeid. Maar we halen het wel in.'
Ineens legde ze haar vinger op de lippen. ' Sst, ik hoor haar de trap op komen.'
'O, mooi' zei Basja toen ze de sjaal op tafel zag liggen. 'Jouw kleuren, mam.'
'Ja, ik wil er ook wel één hebben. Hoe was het op school?'
'Gewoon, zoals altijd.'
'Je neemt nooit vrienden mee uit je klas.'
'Nee, met de kinderen in de club en hier op straat speel ik veel liever; die zijn anders.'
'Hoezo, anders?'
'Daar zijn ook veel Poolse kinderen bij, die plagen niet.'
Sabina knikte begrijpend. 'Wil jij wat eten voor vanavond klaarmaken, Basja. Ik moet m'n werk vóór morgenochtend af hebben en papa heeft ook geen tijd. Schil maar een paar

aardappelen en maak wat gehakt. Dat ligt al op het aanrecht. Soep heb ik nog van gisteren over.'
In de keuken dacht Basja eraan hoe ze er tegenop zag dat ze haar moeder dingen wilde vragen die allemaal geld kostten. Nee, die vijftien cent per week voor een schooltuintje dat ze nu in de vierde klas kon krijgen hoefde niet; daar kon je anderhalf brood voor kopen. Ze had toch al het kinderkoor van de club en de balletlessen. Maar ze wou wel over balletkleding praten.
Ze nam de aardappelen mee naar de kamer om ze daar te schillen. 'Mam,' zei ze. 'Alle meisjes droegen bij het dansen een balletjurkje; ik was de enige met een gymnastiekpak.'
'O, dat wist ik niet, dan zal ik zien of ik er één voor je kan maken.'
Toen Szlomek die nacht sliep ging Sabina zacht het bed weer uit. Ze had een paar bruikbare zwarte lapjes gevonden voor een balletjurkje en de volgende dag moest Basja weer naar les.
'Kijk eens mamoesjenka, wat ik voor je heb gemaakt,' zei ze bij het ontbijt. Ze legde het zwarte jurkje, met veel stroken aan de onderkant, op tafel.
'Wat mooi, mam! En met dat rode roosje van stof op de schouder. Wat heeft u dat gauw gedaan.'
'Ja,' zei Szlomek. 'Het is wel lief van je maar ook wel onverantwoordelijk voor je gezondheid om tot drie uur in de nacht te werken.'
'Ik dacht dat je sliep,' zei Sabina verlegen. 'Maar voor die ene keer; nu hoeft Basja niet meer in haar gymnastiekpak te dansen.'
Szlomek knikte.
'Er zijn nu eenmaal dingen die op het eerste gezicht niet zo belangrijk lijken,' zei Sabina ernstig.
'Zodra ik de ramen in de winter moet sluiten ga jij weer hoesten,' merkte Szlomek bezorgd op. 'Ik denk dat ik boven moet gaan werken met al die verfspullen.'
'Ik kan er steeds slechter tegen, merk ik.'
'Maar het ìs ook ongezond.'
'Je kunt niet naar boven, daar is het veel te koud.'

'Ik zal er een kachel neerzetten, de lattenmuur met hout betimmeren en een grote plank op schragen kopen.'
'Waarvan?'
'Misschien weet Mendel Moskowitz een oplossing.'
'Wij hebben een gesloten zolderkamer,' zei Mendel toen Szlomek hem om raad kwam vragen. 'Eén zonder lattenmuur en er staan ook een kachel en een tafel. Misschien is die te klein om op te werken maar daar kan ik wel een plank op leggen.'
'Wat vind jij, Friedel?' vroeg Mendel zijn vrouw.
'Je kunt die kamer wat mij betreft gebruiken zolang je wilt, Szlomek,' antwoordde ze. 'Wij komen er nooit. Alleen zul je er moeten stoken.'

Voor Sabina was het alleenzijn toen Szlomek niet meer thuis werkte veel moeilijker dan ze had verwacht. Ze voelde zich slecht in staat om aan de dag te beginnen. Alles leek haar ineens minder zin te hebben.
Ze betrapte zich erop dat ze nu vaak naar de klok keek of het al zo laat was dat ze Basja thuis kon verwachten.
'Verlang jij nog weleens naar Polen?' vroeg ze haar dochter een keer.
'Nee, ik was nog een klein kind toen we daar weggingen; dat is al zo lang geleden en jullie zijn hier. Maar u verlangt natuurlijk wel naar opa en oma, hè?'
'Ja,' antwoordde Sabina alsof ze erover moest nadenken. 'Ik geloof dat ik nog de enige in onze familie ben die naar alles en iedereen in Polen terugverlangt. Ik ben al blij dat papa en jij je hier thuis voelen. En jij praat zelfs al Hollands tegen ons. En voor je vader is het zeker belangrijk; hij is soms zo somber als hij geen werk heeft. Misschien komt mijn heimwee omdat ik te weinig tijd heb om hier vrienden te maken. Maar ik denk eigenlijk dat ik niet zo'n mens ben voor verenigingen. Ik ben wel blij dat die bestaat, anders zouden we helemaal verlaten zijn, maar ik verlang meer naar het familieleven dat we in Polen hadden.'
'In de vereniging praat u toch wel veel met de andere mensen.'

'Natuurlijk en ik zou de lezingen en de feesten ook niet graag willen missen.'
Een andere keer vroeg Sabina: 'Herinner jij je Izjoe nog, Basja? Je was geloof ik pas drie toen je hem zag. Hij droeg zo'n dikke bril.'
'Ik herinner me wel dat jullie soms over hem hebben gesproken, maar ik weet niet meer hoe hij eruitzag.'
'Hij was een goede vriend van ons.'
'Woont hij ook in Lwow?'
Sabina schudde haar hoofd. 'Hij was erg ziek geworden in Wenen en toen is hij niet meer naar Lwow teruggegaan. Hij had een ziekte die niet meer zou genezen en toen besloot hij nooit meer te trouwen.'
'Ook t.b.c., net als tante Fanja?'
'Nee, iets anders. Maar we hebben je nog nooit verteld dat tante Fanja toen ze nog leefde met je vader getrouwd was.'
'O.'
Sabina zag dat Basja geschrokken was maar ze vond dat ze toch wel iets van het leven van haar ouders moest weten.
'In die tijd was ik met Izjoe verloofd,' ging Sabina verder. 'Maar toen je vader en ik alleen bleven voelden we ons eenzaam en zijn we na een tijd met elkaar getrouwd.'
'Gelukkig,' zei Basja met een zucht van verlichting. 'Dan waren jullie tenminste minder treurig.'
Sabina knikte.

'Mam, een brief uit Polen,' riep Basja toen ze uit school kwam. 'Hij lag op de trap.'
'Geef maar.'
Zenuwachtig maakte Sabina hem open, las snel wat erin stond en begon hem toen van voren af aan te lezen. Tranen kwamen in haar ogen, ze borg de brief op en bleef even in gedachten. Toen zei ze: 'Er zijn weer pogroms in Polen, nu Pilsudski dood is. Jij weet amper wat pogroms zijn, hè?'
Het kind schudde haar hoofd. 'In de vereniging praten ze er weleens over,' antwoordde ze.
'Hier hebben we het goed wat dat betreft. Maar in Polen zijn ze weer bezig; vooral in de dorpen. Daar worden joden weer geslagen en vermoord en hun huizen worden in brand

gestoken. Vrome mannen knippen ze de baard af. In de steden is het weer zo ver dat joden alleen mogen studeren als ze de beste cijfers halen. En als ze al toestemming krijgen, moeten ze in aparte banken zitten. Op jodenplaatsen. Alle ellende begint daar weer opnieuw.'

'Maar zijn de joden dan niet kwaad?'

'Wat moeten ze doen als de regering er niet voldoende tegenin gaat? Moeten ze ook met stokken en knuppels gaan timmeren en huizen in brand steken? Voor joden blijft het een treurig en gevaarlijk bestaan in Oost-Europa. En de Polen voelen zich nu gesterkt door Hitler die in Duitsland ook op joden lostimmert en ze in gevangenissen en kampen opsluit.'

Toen Basja weer een keer met een brief van haar grootouders naar boven kwam, zweeg ze tot haar moeder hem had gelezen. 'Wat ziet u ineens bleek,' zei ze. 'Krijgt u nooit post van opa en oma waar geen nare dingen in geschreven staan? U wordt haast van elke brief verdrietig.'

'Izjoe zit al zes jaar in de gevangenis en ze sturen hem nu nog verder naar het noorden,' zei Sabina met een matte stem. 'Hij zit nu diep in Siberië; daar is het zo koud dat er haast geen mensen kunnen wonen. Dat overleeft hij niet.'

'Is hij daar alleen?' vroeg Basja geschrokken. 'Wat heeft hij gedaan?'

'Nee, hij zit er met andere gevangenen; het heeft allemaal met politiek te maken. Hij heeft niets gedaan, maar dat leg ik je nog weleens uit.' Sabina vond dat ze het eigenlijk niet had mogen vertellen en ze zweeg er verder over.

'Szlomek, de koffie is klaar.'

Sinds hij op de zolder van Moskowitz werkte, riep Mendels vrouw hem altijd om koffie te komen drinken. 'En, hoe is het thuis?' vroeg Friedel toen hij tegenover haar zat.

'Ach,' antwoordde hij met een zucht.

'Wat is ach? Drink je koffie voor hij koud wordt.'

'Ik heb het je allemaal al verteld hoe mijn leven is misgelopen.'

'Wie is gelukkig in z'n leven, Szloime. Wees geen kind.'

'En verder... als jij Szloime tegen me zegt... ben je zo'n ander

wezen voor me; niemand noemt me meer zo.' Hij zweeg even en dronk z'n koffie. 'Het gaat slecht met me, Friedel. Ik weet het, bijna niemands leven verloopt zoals hij het zich had voorgesteld en het is een moeilijke tijd, maar ik voel me schuldig op bijna elk gebied. Sabina is stil en ik denk, nog eenzamer sinds ik mijn atelier bij jullie heb. Ze ploetert hard, de hele dag, en onderhoudt praktisch ons hele gezin met haar werk en ik schiet op elk gebied tekort.'
'Szloime, haal geen domme dingen in je hoofd. Sabina is een goede vrouw voor je.'
'Dat weet ik, en dat maakt me juist zo ellendig.' Daarna zei hij zacht: 'Friedel, je hebt het toch gemerkt hoe ik tegenover je sta? Je bent verstandig, je begrijpt alles van me.'
'Szloime,' antwoordde Friedel ernstig. 'Zeg geen gekke dingen. Ik mag je graag, maar we zijn toch volwassen mensen. Je bent een goede vriend voor me. En ik hoop dat we dat blijven!'

Op een dag in het weekend, toen Szlomek op de divan lag en glazig voor zich uit keek, zei Sabina tegen Basja: 'Kom, we gaan er even uit; je vader wil rust hebben.'
Ze kon er niet meer tegenop om naast alles ook nog die stemmingen van Szlomek mee te moeten maken als hij eens een keer thuis was.
'Wat is er met papa?'
'Hij is nu eenmaal een zwaarmoedig mens en het gaat hem niet goed. Precies weet ik ook niet wat hij nu heeft,' zei ze een beetje bitser dan gewoonlijk.
Basja had van de kinderen op straat gehoord dat haar vader verliefd was op tante Friedel maar daar zweeg ze over. Een keer had ze gezien dat haar moeder had gehuild.
'Ik denk dat we deze vakantie naar Polen gaan, Basja,' zei ze.
'Nee,' antwoordde Basja kort. 'Ik ga niet.'
'Waarom niet? Wil je niet mee?'
'Nee, ik laat papa hier niet alleen.'

Szlomek vroeg zich af wat hij doen moest. Waarom maakte hij overal moeilijkheden? Alsof het leven niet al zwaar genoeg was. Hij moest die hersenschim over Friedel zo gauw mogelijk zien te overwinnen. Met welke stommiteit was hij bezig? Had hij niet al zorgen genoeg met alle andere dingen?

'Ik stel m'n reis naar Polen toch nog maar uit,' zei Sabina tegen Szlomek. 'Het lijkt me een beetje gevaarlijk nu, door de politieke situatie.' Ze kon Szlomek niet vertellen dat ze ook niet wilde gaan omdat Basja zo sterk stelling had genomen. Het leek haar ook daarom raadzaam om te wachten. Ze was blij dat het met Szlomek langzaamaan weer wat beter ging.

'Laten we ergens een huis met een geschikte zolderruimte huren om te werken,' had hij op een dag gezegd. 'Dan ben jij ook niet zo alleen en kan ik makkelijker aan het werk beginnen als ik daarvoor niet de deur uit hoef.'

Maar op een middag kwam hij wéér ontredderd thuis.

'Wat is er nu weer gebeurd?' vroeg Sabina, nu niet meer zo geschrokken omdat ze langzamerhand aan zijn stemmingen gewend was geraakt.

'Van Veen uit de schilderijenzaak houdt ermee op. Hij heeft zijn winkel al aan een groenteman overgedaan. De laatste maanden verkoopt hij niets meer. De tijden zijn té slecht, zegt hij. De mensen in zijn buurt zijn te arm om aan schilderijen en mooie sjaaltjes te denken. Ze zijn langzamerhand al blij als ze te eten hebben. Maar ik kan jou toch niet voor álles laten opdraaien?'

'Ik zal Marek schrijven of hij ons het treingeld om naar Polen te komen wil sturen omdat we het dringend ergens voor nodig hebben. Hij zal dat niet erg vinden, hij verdient genoeg als voetspecialist.'

'Alsjeblieft niet, Sabina. Ik zal proberen of ik hier of daar nog wat schilderijen kan verkopen. Er zal wel weer werk komen.'

Uren liep Szlomek nu winkel in en uit. Meestal zeiden de eigenaars dat ze niet geïnteresseerd waren in schilderijen. Als hij soms iets verkocht nam hij een zakje kolen mee naar huis want er was geen geld meer om te stoken. Sabina zat met dikke kleren over elkaar aan haar werk en als het te koud werd deed ze een oliekachel aan, maar dat stonk erg.

Toen Basja's schoenen te klein werden kon ze alleen nog een paar rubber kaplaarzen van één gulden vijftig voor haar kopen.
'Nu zijn we echt heel arm, hè mama?' zei Basja een beetje angstig.
'Papa zal wel weer nieuw werk bedenken. En we hebben nog steeds genoeg te eten. Als mensen honger hebben, dan zijn ze pas echt arm.'

Szlomek kreeg het, ondanks dat hij geen geld verdiende, toch steeds drukker.
'Kunnen we vanavond wat eerder eten?' vroeg hij. 'Ik moet naar de vereniging. We hebben die nieuwe zaal toch gehuurd en we willen hem nog voor dit weekend inruimen. Sinds Leo Grünberg de weg naar onze vereniging heeft gevonden komen er steeds meer Duitse vluchtelingen. Net als wij een paar jaar geleden. Ze laten ook hun familieleden in Duitsland achter en ze zijn blij dat ze bij ons mensen ontmoeten die in dezelfde situatie verkeren, zodat ze zich niet al te eenzaam hoeven te voelen. We organiseren een grote avond, volgende week. Het geld dat binnenkomt wordt aan een spreker meegegeven die over de Spaanse burgeroorlog komt vertellen; daar is veel geld nodig. Er worden op die avond ook gedichten gelezen en ik schrijf een passend toneelstukje dat we gaan opgevoeren.'

Toen Sabina met Basja, die ze nooit alleen thuis liet, voor die Spanje-avond naar de vereniging kwam, zag ze veel onbekende gezichten. De nieuwe leden kusten elkaar, wat in de vereniging geen gewoonte was. Maar het waren ook een ander soort leden dan ze tot nu toe hadden.
'Ach, Rudi!' hoorden ze iemand in het Duits roepen. 'Jij ook in Holland? Wat een verrassing je hier te ontmoeten. Ik heb ook de familie Halberstadt in Amsterdam gezien. Ik heb ze gevraagd ook hierheen te komen. We zijn toch socialisten, waar kunnen we ons dan beter aansluiten? Een mens is toch blij dat hij zich in den vreemde tenminste weer een beetje kan uiten. Vandaag komt er een Duitse Spanjestrijder hier praten.'

Toen zag Sabina dat de man ineens ernstig voor zich uit knikte. 'Werner, mijn zoon,' sprak hij verder, 'zegt dat hij ook als vrijwilliger naar Spanje wil. Ach, ik ben een vader en al weet ik dat het een goede zaak is, ik hoop dat mijn enige zoon nog op andere gedachten zal komen. Maar hij is communist en jong en wil na alles wat er in Duitsland gebeurd is eindelijk iets doen.'
De man die zo enthousiast was begonnen zag er ineens veel ouder uit.
'Ik heb een man uitgenodigd om vrijdagavond bij ons te komen eten,' zei Szlomek die avond toen ze naar huis gingen.' Hirsch Kirschner. Hij is een Bundist en kon niet langer in Berlijn blijven. Hij woonde daar in het Scheunenviertel en is pas twee weken in Amsterdam.'
'Wat moet het daar verschrikkelijk zijn op het ogenblik, met zoveel joden op één kleine plek.'
'We horen het allemaal wel van hem. Er is nog iets dat ik je moet vertellen. Vanmiddag moest ik naar een winkel iets voor de vereniging kopen, een bepaald soort sterke lamp. In die zaak stond ook een Duits-joodse man met wie ik in gesprek kwam. Hij woonde een paar maanden hier ergens in Zuid en vertelde me dat hij een juwelier en goudhandelaar was en een winkel wilde beginnen. Voor ik me realiseerde wat ik deed, haalde ik mijn gouden sigarettenkoker uit m'n zak, maakte hem leeg en vroeg of hij hem wou kopen. Hij pakte het ding, keurde het van alle kanten, woog het in zijn hand en keek me toen een tijd lang aan op een manier die ik nog niet helemaal begrijp. Toen noemde hij een prijs waar ik duizelig van werd en ik heb ja gezegd. Ik zag onze kachel weer branden en alle verantwoordelijkheid een paar weken minder op jouw schouders rusten. Ach, m'n vader zou het me niet kwalijk genomen hebben als hij de omstandigheden zou hebben geweten.'
Toen vertelde Szlomek haar de prijs die hij voor de koker had gekregen.
Sabina glimlachte. Zij was minder sentimenteel op dat gebied maar ze had de indruk dat hij er in ieder geval zeker meer geld voor had gekregen dan de echte waarde. 'Wonderlijk,' zei ze. 'Nu herinner ik me iets dat mijn moeder

eens vertelde. Ze zei dat joden erom bekend stonden dat ze altijd veel juwelen en goud met zich meedragen. "Maar wat moet hij anders meeslepen, de eeuwig wandelende jood, als hij ergens in den vreemde is, van God en iedereen verlaten en toch niet van de honger wil omkomen?" had ze gezegd.'

Die vrijdag konden ze Hirsch Kirschner in ieder geval met een goed maal ontvangen.
'Ik ben ooit nog eens in het Scheunenviertel geweest,' vertelde Sabina aan tafel. 'Dat lijkt me nu één grote gevangenis.'
'Ik had daar een kleine krantenwinkeltje,' antwoordde Kirschner, 'zo klein dat je er net in kon staan en een paar kranten kon neerleggen. Daarachter had ik nog een kamertje met een bed en een kleine tafel. Ik heb steeds tegen mezelf gezegd: het volgend jaar laat ik m'n vrouw met mijn dochtertje overkomen, maar ik kon nooit een woning vinden en die ook niet betalen. Ik heb ze al in geen vijf jaar gezien. Ze wonen nog steeds bij de moeder van mijn vrouw. Misschien lukt het me hier om ze te laten komen. Ik wil in ieder geval zo vlug mogelijk een kiosk aanvragen en daar jiddisje en andere buitenlandse kranten zien te verkopen en dan, wie weet, lukt het me nog eens een kleine krantenwinkel te beginnen. Maar alles is zo onzeker, laten we hopen dat het voorlopig niet scheef gaat in Spanje; want dat is de voordeur van Hitler.'
'Hoe gaat het nu met de mensen in het Scheunenviertel?' vroeg Szlomek.
'Ze zitten als ratten in een val. Ik werkte daar, vóór de hele ellende, in het Volksheim. Ik was te goed bekend en toen moest ik me verstoppen en had ik niets meer. Ik ben dadelijk na de eerste razzia in onze buurt uit m'n huis gevlucht. Kranten waren er tenslotte niet meer en veel van m'n kameraden waren al opgepakt. Ik weet niet waarheen ze ze hebben gebracht, niemand heeft meer iets van ze gehoord. Uit de buurt waar ik vandaan kom zijn nog niet veel joden gevlucht. Waarheen kunnen ze, zonder geld? En de laatste jaren is hun situatie nog verergerd. Waarvan moeten ze leven? Niemand helpt ze meer in de wereld, iedereen heeft

zijn eigen grote zorgen. Ja, een paar vromen zijn nog in België terechtgekomen; die zijn door families geholpen.'

'Szlomek,' zei Sabina op een avond, 'mevrouw Birnbaum, die nieuwe Duitse klant van me, je weet wel, voor wie ik een japon moest ontwerpen, heeft haar man vanmorgen meegenomen. Hij was geïnteresseerd in de modellen die ik teken. De japon van zijn vrouw beviel hem. Hij wil met ons ergens over praten.'

'Misschien wil hij dat ik bloemen op japonnen schilder. Dat is ook modern nu.'

'We zullen zien; we wachten tot hij een afspraak maakt.'

Na een paar dagen kwam er een jongen vragen of Sabina en Szlomek de volgende avond de heer Birnbaum konden ontvangen.

Hij kwam alleen; een man van een jaar of vijftig, schatte Szlomek, een beetje gezet en hij zag er niet onsympathiek uit. 'Ja,' begon hij. 'Het is mogelijk dat ik u met mijn ideeën overval maar ik ben hier met nieuwe dingen in de confectie bezig en dat gaat goed tot nu toe. Ik ben op zoek naar een ontwerpster en een tekenaar om versieringen op kleding aan te brengen, vooral op dure confectie. Voelt u daar iets voor?'

'In uw atelier?' vroeg Szlomek.

'Nee, ik wil met iemand samenwerken die de modellen ontwerpt en maakt.'

'Maar ik heb maar één machine,' zei Sabina.

'Als u er in principe voor voelt kan ik u machines bezorgen.'

'Daarvoor is onze financiële situatie te zwak,' antwoordde Szlomek. 'Die moeten betaald worden.'

'Daarover kwam ik juist met u praten. Ik wilde u een voorstel doen. Ik kan u geld lenen om zes tot acht machines te kopen, waaronder een paar borduurmachines. En voor personeel kan ik ook zorgen.'

Sabina reageerde verbaasd bij dit onwaarschijnlijke aanbod. 'Dat zijn ingrijpende veranderingen,' zei ze nadenkend. 'Geen dingen waarover je ineens kunt beslissen. Ja, dat betekent dat we een grote verantwoordelijkheid op ons zouden moeten nemen; een atelier huren dat veel geld kost en een grote schuld terugbetalen.'

'Deze zaken zijn te regelen en ik ben er zeker van dat we wat dat betreft een goede overeenkomst kunnen sluiten. Het gaat er mij om of u bereid bent zo'n groot werk aan te gaan.'
'Het is dus uw bedoeling dat wij u vanuit ónze zaak, helemaal klare, nieuwe modellen leveren?'
'Ja, er is zoveel borduurwerk modern en dat moet getekend worden en uitgevoerd. Daarvoor heeft u gewone en borduurmachines nodig en mensen die op deze machines kunnen werken; die heb ik ook voor u.'
Even bleef het stil.
'Kijk,' zei de heer Birnbaum weer en hij verschoof op zijn stoel. 'Ik heb gewoon mensen nodig die wat kunnen en die durf hebben om zo een zaak op te zetten. Er worden prachtige, met goud geborduurde fluwelen mantelpakjes gedragen, met alle mogelijke motieven, geborduurde avondjaponnen en middagjaponnen. Díe wil ik hebben en er moeten steeds nieuwe ontworpen worden. En daarnaast natuurlijk ook gewone japonnen en mantelpakjes.'
'Maar we moeten de tijd hebben om goed na te denken over zo een ingrijpende verandering,' zei Szlomek met een diepe zucht.
'Vanzelfsprekend. Maar... zou u aan een week bedenktijd genoeg hebben?'
'Ja, zeker,' antwoordde Sabina en ze keek naar Szlomek die even knikte. 'En het werk doe ik graag maar het is een te grote omschakeling om het niet heel goed te bekijken.'
'Ik hoop voor ons drieën dat u tot een gunstige beslissing komt,' zei de heer Birnbaum toen hij afscheid nam.

32

Sinds een jaar woonden Szlomek en Sabina met hun dochter op de Nieuwe Keizersgracht. Daar hadden ze in het benedenhuis hun atelier. Er werd op alle machines hard gewerkt en ook als het personeel weg was bleven Szlomek en Sabina vaak nog lang bezig. De verplichtingen die ze hadden aangegaan voelden ze iedere dag als een zware druk en ze hoopten het geld dat ze hadden moeten lenen in enkele jaren terug te kunnen betalen.
Basja was nu twaalf jaar en te ernstig voor haar klasgenoten. Ook door een jaar achterstand, toen ze naar Holland kwamen, behoorde ze tot de oudsten. Ze was flink gegroeid, had bijna een volwassen figuur, hetzelfde kastanjekleurige haar als haar moeder en ook het stille karakter van Sabina op haar leeftijd.
'We hebben afgesproken een nieuwe jeugdgroep op te richten voor de oudere kinderen, onder de leiding van Bernt, die jongen die in de Manegestraat woont,' vertelde ze nadat ze op een bijeenkomst van de vereniging was geweest. 'Hij komt ook soms op de lezingen met zijn ouders. Het zijn elf jongeren die iets nieuws gaan doen. Er bestaat al zo'n groep in het Heim. Ze komen hoofdzakelijk uit Duitsland en het volgend jaar kunnen wij ons bij ze aansluiten.'
Szlomek dacht dat Bernt Berger communist was, maar hij vond zijn dochter nog te jong om haar met deze problemen te belasten. Ze voelde zich, zoals hijzelf, sterk tot emigranten aangetrokken en had zich na al die jaren dat ze in Nederland woonden alleen in deze kringen bewogen.

'Weet je wat in de laatste brief uit Polen staat? Dat ze hopen dat Izjoe misschien door de politieke situatie eerder vrijkomt,' vertelde Sabina toen ze alleen was met Basja. 'Ik ga deze vakantie in ieder geval naar Polen. Ik moet Izjoe nog eens terugzien. Ik heb hem nooit meer gesproken door z'n ziekte. We hielden van elkaar en dit abrupte afscheid... dat is altijd iets gebleven, iets dat... zomaar ineens is gestopt.

Misschien is het goed als ik weer eens gewoon met hem praat.'
'Maar dat is al bijna twintig jaar geleden.'
Sabina knikte.
'Hij is dus toch van z'n ziekte genezen.'
'Ja, dat hoop ik tenminste.'
'U heeft nog steeds niet verteld wat hij had.'
Met gefronste wenkbrauwen keek Sabina haar dochter aan. Ze vroeg zich af of ze dat wel kon doen. Toen vertelde ze ineens alles. Over haar jarenlange geheime omgang met Izjoe. Over de toestemming die hij, toen de oorlog voorbij was, aan zijn vader had gevraagd voor een verloving met haar maar die hij niet had gekregen. Dat hij zijn vader tenslotte uit woede een stomp had gegeven, omdat deze beledigende dingen over haar had gezegd en dat hij toen het huis was uitgegooid, in wanhoop naar Wenen was gevlucht en contact met een prostituée had gekregen. En over zijn ziekte, waarna ze hem nooit meer had teruggezien.
'God,' zei Basja. 'En weet papa dat allemaal?'
'Ja. Hij begreep hoe ik me voelde. Fanja was in die tijd al erg ziek maar toch probeerde hij soms nog met me te praten en me te troosten.'

'Ga je zeker naar Polen van de zomer?' vroeg Szlomek met een bezorgd gezicht.
'Ik weet het niet,' antwoordde Sabina. 'Ik wil erg graag, ondanks al die politieke spanningen. Maar waarschijnlijk komt het niet goed uit met ons werk. Ik zie nog wel.'
Al die jaren was ze nog niet naar Lwow terug geweest, terwijl ze er zoveel aan dacht en zij en haar familie het zo graag wilden. Ze had het steeds weer uitgesteld, uit een zekere angst om iedereen terug te zien; ze begreep zelf niet precies waarom. Misschien was ze wel bang te veel uit haar evenwicht te raken. Ze had tenslotte haar gezin híer.
'Heb jij geen behoefte om eens terug te gaan?' vroeg ze aan Szlomek.
'Hoe bedoel je?'
'Een vakantiebezoek.'
'Ja, maar niet zó graag dat ik het in deze tijd zou doen.'

'Ik heb juist het gevoel dat het nu moet.'
Maar het was herfst geworden en Sabina had haar reis naar Polen weer uitgesteld. Toch was ze zeker van plan nog dit jaar te gaan, ook al raadde Szlomek het haar af.

Er werd onder het eten aangebeld en Mendel kwam op een voor hem ongewone tijd boven. Hij zag er ontredderd uit.
'Ga zitten,' zei Szlomek. 'Vertel, wat is er gebeurd?'
'Ik kan niet zitten, we moeten wat doen.' Hij liep op en neer door de kamer en haalde zijn vingers door zijn haar. 'Hitler heeft alle joden met een Poolse nationaliteit uit Duitsland naar Polen teruggestuurd.'
'Mijn God!' riep Sabina. 'Hoe weet je dat?'
'Ze staan daar voor de grens en Polen laat ze niet binnen. Vijftienduizend mensen, heb ik net op de radio gehoord. Ze hebben de hele nacht in de stromende regen doorgebracht. Met kleine kinderen, zonder onderdak, hebben ze buiten gestaan. We moeten nog vóór morgenochtend een proclamatie klaar hebben om overal heen te sturen; er is geld nodig, veel geld. Voor dekens, voor eten en tenminste voor tenten; wie weet wat er gaat gebeuren. In de Poolse winters sterf je toch van de kou. Ik ga nog meer mensen waarschuwen, misschien kan jij in die tijd die proklamatie opstellen. Je moet alles in korte bewoordingen opschrijven en duidelijk maken dat er geld nodig is en vooral ook dat we het snel moeten hebben. In de vereniging hebben we alle caligrafeerspullen en we gaan dadelijk aan het werk. Alles, of in ieder geval zoveel mogelijk, moet nog met de eerste post mee.'
Mendel had het hele verhaal in een stroom van woorden verteld. Hij ging even zitten, veegde zijn bezwete gezicht af, zuchtte en stond weer op.
'Ik ga verder, Szlomek. Ik ga mensen waarschuwen om te komen werken vannacht. Ik zie je straks wel in de vereniging, jij weet wel wat je moet schrijven.'
'Natuurlijk,' antwoordde Szlomek. 'Ga maar, ik doe het direct.'
Voor de deur van de vereniging stond Hirsch Kirschner al. Hij kwam zelf uit het Scheunenviertel.

‘Hoe moet dat gegaan zijn,’ zei hij dadelijk tegen Szlomek en Basja, die mee was gekomen. ‘Hoe! vraag ik me af. Hoe moet dat gegaan zijn met al die vrome gezinnen met al hun kleine kinderen! Hoe hebben ze zoveel plaatsen en treinen gevonden om in zo een korte tijd vijftienduizend mensen weg te sturen! Ze zitten daar in Polen in het niemandsland, onder de blote hemel!’

‘Kom, laten we naar boven gaan,’ antwoordde Szlomek en hij deed z’n arm om de schouder van Hirsch. ‘We moeten zo gauw mogelijk wat doen. Er zal wel hulp komen. Dat zal de wereld toch niet toelaten, zoiets... En misschien zijn er in de Poolse regering ook nog een paar fatsóenlijke mensen.’

De volgende dag werd er, nog vóór de proclamatie bij de mensen was aangekomen, al zoveel mogelijk geld opgehaald voor het hoogstnoodzakelijke. En ook daarna werd alles gedaan wat maar mogelijk was.

‘De wereldopinie komt los,’ vertelde Szlomek aan Sabina toen hij onder het werk even naar boven was geweest om naar de radioberichten te luisteren. ‘Veel landen zijn verontwaardigd over de brutaliteit en harteloosheid van de Polen. En in Polen zelf komen grote protesten uit liberale en joodse kringen.’

Een paar dagen later kwam Szlomek met de krant in zijn hand binnen.

Sabina keek hem aan: ‘Is er weer wat aan de hand? Je kijkt zo vreemd.’

‘Kom even mee naar boven.’

‘Er is iets ergs gebeurd,’ zei Szlomek toen ze in de kamer waren. ‘Lees maar.’

‘Een Pools-joodse student in Parijs,’ las Sabina, ‘wiens ouders uit Duitsland zijn gezet en in Polen in het niemandsland verblijven, neemt wraak en schiet de Nazi Ernst von Rath, die op de Duitse Ambasade werkte, neer.’

‘Ze laten de vluchtelingen uit Duitsland hier steeds moeilijker toe,’ zei Szlomek. ‘In de krant staat dat ze een kamp aan het bouwen zijn in Westerbork voor joodse jongeren die naar Nederland willen komen. Ze gaan ze interneren

omdat de regering bang is dat die groep hier moeilijkheden voor het Hitler-regime zou kunnen veroorzaken.'
'Mijn God! In zo'n tijd.' Toen zei Sabina in gedachten: 'Ik heb in de vereniging, één van de nieuwe leden, hij is geloof ik advocaat, tegen iemand horen zeggen dat hij naar de grens moest. Ze hadden hem gevraagd naar Venlo te komen, ze hadden hem daar nodig voor de vluchtelingenproblemen van de laatste tijd. Maar ik begreep de reden niet precies.'
'Het lijkt wel of de Hollandse regering niet wíl zien wat er aan de hand is. Zullen de Hollanders zomaar met open ogen toelaten dat mensen in concentratiekampen worden gezet en kapot worden geslagen?'

'We moeten nu met het ergste rekening houden, vrienden,' zei een Duitse spreker, die zojuist uit Berlijn was gekomen, in de vereniging. 'Nu Hitler zijn macht al in Oostenrijk heeft laten gelden, betekent dat het begin van een nieuwe ontwikkeling. Het is onze taak, naast de algemene antifascistische strijd, vooral ook een oplossing te vinden voor de dagelijkse problemen, zoals het lot van de joden die zich nog in Duitsland bevinden en waarvan een gedeelte niet de mogelijkheid heeft het land te verlaten; de meesten om maatschappelijke redenen. Er moet ook bij de Nederlandse regering nog eens aangedrongen worden op meer begrip en gastvrijheid.'

33

'Szlomek, hoor je het?' riep Sabina vanuit de keuken. 'Er wordt gebeld; het is nog niet eens acht uur. Ik ga wel, ik doe even m'n ochtendjas aan.'
'Nee wacht, ik kom,' antwoordde Szlomek. Hij kleedde zich snel aan.
Voor de deur stond een vrouw van een jaar of vijfendertig. 'Ik ben de huishoudster van de familie Birnbaum,' zei ze wat gejaagd. 'De heer Birnbaum laat vragen of u zo snel mogelijk bij hem komt; niet op de zaak maar thuis. Of u nog vóór het werk wilt komen.'
'Goed, ik ga direct,' antwoordde Szlomek geschrokken. 'Ik kom dadelijk.'
Binnen een half uur stond hij voor de deur van de Birnbaums. Dezelfde vrouw deed open. 'Gaat u maar naar binnen, meneer wacht al op u.'
Birnbaum en zijn vrouw waren al aangekleed en zagen er ontredderd uit. Vooral hij. 'Ik moest u laten komen,' zei hij met hese, vermoeide stem. Hij slikte even. 'Mijn broer is vannacht in Berlijn door de Nazi's vermoord.' Hij stopte, ging zitten, deed z'n bril af en veegde met z'n vingers in zijn ogen. 'Ze zijn z'n zaak binnengestormd en hebben er alles wat ze maar konden vinden kapotgehakt. Daarna wilden ze zijn huis ingaan om daar verder de boel stuk te slaan; hij wou ze tegenhouden om z'n vrouw en z'n zoontje te beschermen. Toen hebben ze op hém ingehakt, net zo lang tot...'
Szlomek hoorde een droge snik.
'Mijn schoonzuster heeft me vannacht opgebeld,' ging Birnbaum verder. 'Joodse winkels en huizen zijn geplunderd en alles hebben ze met ijzeren staven en geweerkolven stukgeslagen. Synagogen staan in brand en mensen worden vermoord. Ze hoorde vanaf haar plek, waarvandaan ze belde, gillen en het inslaan van ruiten. "En Heinz ligt hier op de grond," riep ze. "Ik leg hem in bed en ik kom met de eerste de beste trein die ik krijgen kan naar Holland. Maikel mag niets gebeuren; ik zal wel zien hoe ik over de

grens kom zonder visum. De hemel is hier rood, alles brandt," schreeuwde ze door de telefoon. Ze had zich met haar kind in huis verstopt. Toen de soldaten klaar waren... met mijn broer... zijn ze vertrokken.'
Birnbaum stopte. Szlomek had het gevoel of alles in zijn hoofd door elkaar liep.
'Wacht, ik zal wat te drinken laten brengen,' doorbrak mevrouw Birnbaum de stilte. Szlomek zag, als uit de verte, dat ze er uitzag of ze zich over iets moest verontschuldigen. Toen herinnerde hij zich dat zij geen jodin was.
'Goed,' zei Birnbaum nu weer wat beheerster. 'Ik moest u laten komen om te vertellen dat de produktie door kan gaan maar de modellen moeten stoppen. Eerst moet m'n schoonzuster met het kind in veiligheid gebracht worden en ik moet alles wat mijn broer betreft zien te regelen. Ik vertrek nu naar Berlijn.'
Toen Szlomek thuiskwam wisten Sabina en Basja het al.
'Er zijn grote pogroms in Duitsland,' zei Sabina met angstige stem. 'We hebben net de nieuwsberichten gehoord. Ze zeiden door de radio dat de Nazi's van de gelegenheid gebruik maken en zich op de joden wreken, na de moord op Ernst von Rath. De meeste joodse zaken, vooral in Berlijn, zijn vannacht vernield en geplunderd. Veel mensen zijn vermoord en gewond. En de allerlaatste berichten waren dat joodse mannen op de Alexanderplatz zijn verzameld en nu worden weggevoerd; men zegt naar concentratiekampen. Ze lopen in lange rijen en de Duitsers staan langs de kant te kijken en maken er foto's van. Mijn God!' Sabina greep haar haren vast, schudde het hoofd en ging verder: 'Joodse gebouwen en synagogen branden; ze praten over de Kristallnacht, want de straten liggen bezaaid met glas.' Ze huilde.
Szlomek zat machteloos zwijgend op zijn stoel. Beneden werd gewerkt, hoorde hij. Hij zou het personeel straks wel naar huis sturen.
Die hele dag luisterden ze naar de nieuwsberichten. Szlomek had Mendel bij zich verwacht maar die was niet gekomen. Hij zat natuurlijk ook bij de radio.
Toen de krant kwam konden ze op de foto's zien hoe de

nazi's zich hadden uitgeleefd. Op de afbeeldingen zagen ze op muren en huizen van joden Davidssterren getekend. Ze lazen de opschriften erbij: 'Koop niet bij joden. Grijp de joden waar je kunt; die kapitalistische uitvreters. Sla ze dood. Laat het jodenbloed vloeien.'

'Kom, laten we naar de vereniging gaan,' zei Szlomek die avond. 'Er zal niet geschaakt worden maar ik moet er even uit. Misschien zijn er vandaag al vluchtelingen gekomen en weten die iets meer. Misschien kan toch iemand vertellen waar de joden die zich in Berlijn moesten verzamelen, zijn heengevoerd.'
In de vereniging zaten Mendel en Friedel en veel andere leden. Hirsch Kirschner was er ook; hij zag er grauw uit en zei niets.
'Basja, zou jij wat thee willen zetten?' vroeg Friedel haar fluisterend. 'Ik heb de indruk dat Hirsch de hele dag nog niet heeft gegeten en gedronken. Kijk of er iets eetbaars in de kast ligt.'
Eén van de nieuwe Duitse leden kwam binnen. 'Een vriend van mij heeft me net opgebeld,' zei hij. 'De eerste trein uit Berlijn is in Holland binnengekomen. Een paar mensen die zijn gevlucht hebben ze aan de grens kunnen opvangen. Zijn nicht is het ook gelukt om de controle uit de weg te gaan.'

'En wie helpt die mensen verder, als ze hier niemand hebben?' vroeg Mendel.
'Ik denk dat ze elkaar wel doorgeven dat er een joods vluchtelingen-comité is. Daar moeten ze naartoe gaan voor de opvang en om hulp te krijgen.'
'Een verblijfsvergunning is moeilijk te krijgen,' mengde Hirsch zich nu voor het eerst in het gesprek. 'Als de mensen geen werk hebben geeft het vluchtelingen-comité ze zes gulden per week om van te leven; dat had ik ook in het begin. Ik heb nog een verblijfsvergunnig gekregen, maar ik ben hier al vóór '36 gekomen.'
'Verschrikkelijk dat we hier zomaar moeten zitten en niets kunnen doen,' zei Mendel. Hij schudde zijn hoofd; een gebaar dat hij vaak maakte.

'Mensen die er niet zo joods uitzien zullen wel bij de grens vluchtelingen kunnen helpen om ze op één of andere manier naar Holland te smokkelen,' zei Hirsch.

De volgende dag hoorde Basja tijdens haar jeugd-bijeenkomst dat een vriendin van Bernt Berger door haar ouders, die aan de grens woonden, was opgebeld; ze moest dadelijk naar Venlo komen om te helpen. Ze vertelden haar door de telefoon dat ze een klein kind toegeschoven hadden gekregen. De moeder was met de baby gevlucht; en toen ze, waar zij bijstonden, aan de grens was gesnapt, had ze hun een mandje in hun hand geduwd. Thuis zagen ze dat daar een baby in lag, verdoofd met slaapmiddelen.

'Ik ben met veel vluchtelingen, door de bossen en dankzij de hulp van particulieren, Holland binnengekomen. Ik woon nu in Amsterdam-Zuid,' vertelde één van de nieuwe verenigingsleden. 'Ik heb geen verblijfsvergunning gekregen en het joodse vluchtelingen-comité heeft me op een zolderkamer in de Beethovenstraat geplaatst.' Hij lachte wrang. 'Het lijkt daar een straat in Berlijn. Aan alle kanten wordt er Duits gesproken. Het comité moet veel contacten hebben in die buurt. Ik was van plan een zaakje te beginnen maar wat kan je doen zonder vergunning?'

'Godzijdank,' riep Szlomek op een avond na zijn werk, toen hij de krant uit de bus had gehaald en er op de trap al in had gekeken. 'De Poolse autoriteiten openen de grens voor de joden. Hier staat dat door protesten uit de hele wereld de joden die nog steeds vastzitten in het niemandsland nu in Polen zullen worden toegelaten.'

De vereniging floreerde als nooit tevoren en werd overspoeld door nieuwe leden. Er werd ook de zaal naast de oude ruimte gehuurd.
'Er melden zich uit alle delen van de wereld mensen die lezingen bij ons willen houden,' zei Szlomek toen hij van een vergadering thuiskwam. 'Maar ondertussen gaat het in Spanje mis. En als Franco daar wint staat Hitler nóg sterker.'

Szlomeks leven werd beheerst door het luisteren naar het nieuws op de radio en door de berichten in de krant. 's Avonds keek hij een paar keer in de gang of de krant er al was en las hem snel door.
'O,' zei hij. 'De Nederlandse regering heeft weer iets nieuws gevonden tegen de vluchtelingen. Ik begrijp het niet; de Duitse joden hebben hier toch de economie verbeterd. Ze hebben de confectie hierheen gebracht en ook veel Nederlanders verdienen daarmee hun brood. Schande.'
'Wat is er dan?' vroeg Sabina.
'Duitse vluchtelingen, vooral jonge mannen, moesten zich vanmorgen bij de vreemdelingenpolitie melden; staat hier. Ze moesten wel gaan omdat ze al geregistreerd waren bij het joodse vluchtelingen-comité. Toen de groep volledig was werden zij die hier illegaal verblijven, apart gezet. Er kwamen grote auto's, daar moesten ze instappen en ze zijn naar een kamp gebracht dat speciaal voor hen is gemaakt, in Westerbork. Hoe is het mogelijk; je ontvlucht je eigen land omdat je de vrijheid wilt en je wordt in een vrij land vastgezet.'
'Wat zeggen de Hollanders zelf?'
'In onze krant, Het Volk, zijn ze het er natuurlijk niet mee eens maar dat is tenslotte een socialistisch blad.'
'Wat willen ze met die jongens gaan doen?'
'Ze schrijven hier: Omdat de massale vlucht uit Duitsland niet is verminderd zijn ze genoodzaakt om mensen die hier illegaal wonen in een kamp onder te brengen; ze beginnen met de mannen.' Verbijsterd zweeg Szlomek.
'Hoe is het mogelijk,' riep hij toen. 'Holland, dat zo bekend staat om zijn gastvrijheid en in het verleden zo goed was voor joden!'

Sabina raakte oververmoeid door alle emoties en ook omdat het onverminderd druk bleef in de zaak en ze hard moesten werken om hun schuld terug te betalen.
'Je zou een week ergens naar buiten moeten gaan,' zei Szlomek. 'Een week kan je altijd nog wel weg.'
Sabina gaf geen antwoord.
'Wat is er? Heb ik iets verkeerds gezegd?'

'Nee, maar ik denk erover naar Polen te gaan vóór het misschien helemaal niet meer kan.'
'Dat heb je een tijd geleden ook al gezegd. Het is toch te gevaarlijk nu.'
'Juist daarom. Wie weet komt er toch oorlog en misschien zie ik m'n ouders dan helemaal nooit meer.'
'Ja, wie weet,' antwoordde Szlomek met een vreemde blik, alsof hij medelijden met Sabina had dat ze nog zo naïef was.
'Ik kan het je niet verbieden.'
'Als ik nou zo vlug mogelijk ga?'
Szlomek keek haar aan en knikte zwijgend.
'Ik móet gaan.'
Tussen alle gebeurtenissen, en het geschreeuw van Hitler door, dat dagelijks op de radio te horen was, bereidde Sabina zich voor op haar reis naar Polen. Ze maakte kleding voor zichzelf en werkte tot diep in de nacht door. Ze naaide ochtendjassen voor haar familieleden en schreef hun dat ze nu in ieder geval snel wilde komen.
'Denk er nog even goed over na, Sabina,' schreef haar moeder terug. 'God alleen weet hoe graag ik je terug wil zien, maar in zo'n tijd?'
'Natuurlijk schrijft mijn moeder dat,' reageerde Sabina op de brief. 'Ze wil niet verantwoordelijk zijn áls er iets gebeurt. Maar ik ga binnen een maand weg.' Hoe meer de tijd vorderde dat ze naar Polen zou vertrekken, des te nerveuzer werd Sabina. Ze kon haar eten niet meer goed verdragen, was vaak misselijk en vermagerde snel.
'U moet goed op uzelf passen,' zei de dokter. ' Dit is een slechte tijd voor mensen die vatbaar zijn voor t.b.c. U moet u voorlopig rustig houden en zien weer wat op peil te komen.'
Maar Sabina zelf dacht dat ze alleen door te doen wat ze zich had voorgenomen, beter zou worden.
'Ik denk dat hij ook wel graag met mij wil praten,' zei ze tegen Basja.
Basja keek haar moeder even vragend aan. Toen zei ze: 'O, Izjoe bedoelt u.'
Sabina knikte en glimlachte. 'Eén keer heeft hij gevraagd of ik met hem naar z'n huis kwam, zijn ouders waren met

vakantie. Ik zei nee, ik was pas zeventien. Ach, toen ging dat zo.'

Basja en Szlomek wisten dat er langzamerhand geen normaal gesprek meer met Sabina te voeren was. Zij merkte zelf dat ze bezeten was door iets, waarvan ze het gevoel had dat het móest gebeuren en tegelijk wist ze dat ze recht in de afgrond liep. Ze werd met de dag angstiger. Een maand ging voorbij en ze had nog steeds geen plaatsbewijs voor de trein gekocht. Ze raakte gedeprimeerd, kon 's morgens niet meer haar bed uitkomen en huilde veel. 'Ik voel me ziek,' zei ze. 'Als verlamd voel ik me. Ik zal het mezelf nooit vergeven als er iets met de familie in Polen gebeurt.' Daarna bleef ze in bed liggen. Ze sloot zich voor iedereen af, zelfs voor Basja.

Ze vroeg zich steeds weer af waarom ze nooit eerder was gegaan. Had ze al die jaren gewacht tot Izjoe terug zou komen? Was ze zo bang geweest dat, als ze hem zou zien, ze nooit meer dezelfde Sabina voor Szlomek en Basja zou zijn? Ze kon niet gaan, ze was uitgeput, bang, en ze voelde zich schuldig.

34

'Kameraden,' begon één van de communistische leden van de vereniging. 'In alle talen wordt op het ogenblik gezongen: "Het eenheidsfront is marsbereid, voorbij is alles wat ons scheidt". En ook wij mogen daarin niet achterblijven. Ik roep onze leden, de Bundisten en de communisten, op tot eendrachtige samenwerking. Er is op het ogenblik maar één vijand; onze onderlinge problemen vallen daarbij in het niet.'
Hij werd onderbroken door een enorm applaus.
'We moeten ons sterk maken voor wat er nog kan komen,' ging hij verder. 'We hebben het Westen, dat ons hopelijk niet in de steek zal laten, maar we hebben ook een krachtig land in het Oosten, de Sovjet-Unie, waarop wij zeker in de strijd tegen het fascisme zullen kunnen rekenen. Hitler weet dat hij een grote macht tegenover zich heeft staan en zal, ondanks zijn kleinere successen tot nu toe, niet zo makkelijk zijn agressie die hij dagelijks uitschreeuwt, in de praktijk omzetten en tot een openlijke aanval over gaan.'
Na de lange rede kwam ook één van de socialisten op het podium die het met de vorige spreker op veel punten eens was. Er heerste een vriendschap tussen de Bundisten en de communisten als nooit daarvóór.
'Laten we de politeike vluchtelingen hier in de vereniging de gelegenheid geven zich uit te spreken,' zei Mendel in een persoonlijk gesprek met de voorzitter.
'Ja, en misschien moet er ook eens een lezing komen van iemand van een heel andere richting.'
Er werd contact gezocht met groepen waarmee de vereniging nooit eerder vriendschap had gezocht; er was behoefte om iets te doen, zich ergens op voor te bereiden.

Maanden gingen voorbij met grote spanningen; om Chamberlains gesprek met Hitler, de voelhorens die deze naar Italië uitstak en zijn expansie die hij toch stap voor stap voortzette.
In Szlomeks huis was het, sinds Sabina in bed bleef en hij

iedere dag alleen met Basja aan tafel zat, meer dan gewoon naargeestig. Maar op een avond, toen Basja juist eten wilde opscheppen, kwam Sabina ineens, na weken, weer de kamer in.
'O,' riep Basja verwonderd. 'Ik wou net iets bij u brengen. Komt u met ons eten? Gaat het wel?'
Sabina ging zitten.
'Is het wat beter?' vroeg Szlomek bezorgd. Hij keek naar haar treurige gezicht. 'Voel je je niet te zwak?'
'Laten jullie me nou gaan,' antwoordde ze zacht. 'Er is al genoeg waarover ik me schaam. Als jullie zo bezorgd doen wordt het alleen nog erger. Ik kan toch niet om aandacht blíjven vragen. Zet maar een bord voor me neer.'
Sabina had zich voorgenomen door te zetten. Ze wilde hun medelijden ineens niet meer. 'Morgen ga ik weer naar beneden aan het werk, dat is het beste. Misschien is er nog iets in te halen.'
Szlomek knikte. 'De hoofdzaak is dat je je goed voelt. Ach ja. We zullen nog een klein jaar hard moeten werken maar dan hebben we onze schulden afbetaald en zullen we het goed hebben. Dan kan Basja studeren als ze klaar is met school en kunnen we een meisje nemen dat jou hier thuis kan helpen.'

In de zomer met stralend weer werd op een dag bij de Weisbergs vroeg in de ochtend zo hard aan de bel gerukt dat Sabina van haar stoel opsprong.
Szlomek pakte de tafel vast.
'Wat nu weer!' riep Basja en holde de trap af om open te doen. Mendel liep haar snel voorbij, zonder te groeten.
'Hoe is het mogelijk,' riep hij. 'Hoe is het in Godsnaam mogelijk!' Boven keek hij iedereen om beurten met grote ogen aan. Zijn hemd stond open, hij was niet geschoren en zijn haren zaten in de war. 'Het is niet te geloven; zo'n schoft,' riep hij weer. 'Zo'n verrader. Heeft hij z'n eigen mensen niet al genoeg uitgemoord? Zo'n bandiet!'
Szlomek had Mendel nog nooit in een dergelijke toestand meegemaakt. 'Ik weet van niks; wat is er gebeurd?' vroeg hij voorzichtig.

Als verstijfd bleef Mendel hem aankijken. 'Weten jullie nog van niets? Luisteren jullie niet naar de radio?'
'We waren te laat vandaag.'
'Het is gewoon niet te geloven.' Mendel veegde tranen uit zijn ogen, toen schepte hij adem. 'Stalin heeft een niet-aanvalsverdrag gesloten met Hitler! Met Hitler! Met Hitler heeft hij een niet-aanvalsverdrag gesloten.' Tranen van woede liepen nu over zijn wangen. 'Met Hitler,' zei hij nog eens, maar nu machteloos gebarend.
Sabina schudde haar hoofd. 'Dat kan niet,' zei ze.
'Misschien heb je het niet goed gehoord,' zei Szlomek.
Basja keek van de één naar de ander.
'Hou op!' schreeuwde Mendel. Hij liep naar de radio en deed hem aan. 'Luister dan, luister dan zelf; alle zenders staan er bol van!'
Op beide zenders werd uitvoerig verteld hoe Von Ribbentrop en Molotov op 23 augustus tot overeenstemming waren gekomen en een niet-aanvalspact hadden gesloten. En hoe de verdere wereld daarop reageerde.
'Nu hoeven we ons niets meer wijs te maken,' zei Mendel wat kalmer. 'De oorlog kan nu beginnen. Hitler kan in ieder geval aan het Oosten gerust zijn.'
'En de communisten in de hele wereld,' zei Szlomek. 'Voor hen is het toch ook verschrikkelijk. Wie had dat gedacht; hoe moeten die daarop reageren?'
'Dat heb ik ook al gehoord, vanmorgen. Er zijn al meningen gevraagd aan communisten. Er waren er die zich schaamden en die wilden wachten met hun commentaar, maar sommigen zeiden dat het een afleidings-manoeuvre is en dat de Sovjet-Unie zich wil bewapenen en tijd wil winnen.'
'We zullen in de vereniging wel horen hoe de communisten dáár reageren,' zei Szlomek. 'Ik heb medelijden met ze. Zij kunnen het niet helpen.'
'We moeten in ieder geval zo snel mogelijk veel mensen zien te bereiken om een vergadering te beleggen. Ik wil niet met mensen in een vereniging zitten die de houding van Stalin ook maar op de kleinste punten verdedigen.'

Twee dagen later was een groot aantal mensen naar de extra

vergadering gekomen. De voorzitter vroeg na de opening dadelijk of één van de aanwezigen het woord wilde nemen om uit te leggen hoe zij van plan waren zich ten opzichte van Stalins gedrag op te stellen.'
En Jajnkel, de communist, vroeg eerst het woord.
'Kameraden,' begon hij met een gedwongen rustige stem. 'Voor ons allen is het laatste bericht over dat niet-aanvalsverdrag onverwacht gekomen. Ik kan mij voorstellen dat velen, zelfs van onze trouwe kameraden, er wat tijd voor nodig hebben om zich te bezinnen op hun standpunt. Maar ik ben er ook van overtuigd dat na enkele dagen zowel communisten als Bundisten zullen begrijpen dat Stalin, in de situatie waarin hij nu verkeert, niet anders kón doen.'
Er werd met schoenen geschoven en er waren zachte geluiden van kwaadheid.
'De Sovjet-Unie leeft in een moeilijke tijd,' ging Jajnkel verder. 'Er is in dit land maatschappelijk veel in te halen. Ze waren niet voorbereid op een grote oorlog en wat nu gebeurt is alleen schijn! Het moet voor ons allen duidelijk zijn dat Stalin uitsluitend tijd wil winnen.'
'Om Hitler de gelegenheid te geven een oorlog te beginnen!' schreeuwde iemand uit de zaal.
'Kan hem wat schelen dat een kapitalistisch land aangevallen wordt, zelfs al is het door Hitler!'
'Kan hem wat schelen dat communisten, socialisten en joden zullen worden uitgemoord!'
'Stalin is een schoft! Een verrader!' werd van alle kanten geroepen.
Het lukte zelfs Jajnkel, die toch een goede spreker was, niet de mensen tot bedaren te brengen. De aanvallen uit de zaal werden steeds veelvuldiger. Tenslotte zei hij: 'Kameraden, ik heb mijn standpunt uiteengezet. Het lijkt me dat ik moet stoppen en iedereen de gelegenheid moet geven om tot rust te komen.'
Na het tumult vroeg Szlomek, die zelden sprak, ineens het woord. Het werd stil in de zaal.
'Vrienden,' zei hij met zachte, verzoenende stem. 'Het valt me moeilijk te begrijpen dat er ook maar één communist kan zijn die dit gedrag van Stalin begrijpt. Toen ik de

berichten hoorde ging mijn sympathie juist naar de communisten uit. Zij hebben hier tenslotte niet aan meegewerkt. Zij zijn het ook niet die het altijd hebben kunnen begrijpen dat Stalin zijn beste medewerkers in de laatste jaren heeft uitgemoord. Ik zou het beter hebben begrepen als zij, die tot nu toe aan de kant van de Sovjet-Unie stonden, gezegd zouden hebben: "Tot hier, maar niet verder; wij wilen voor de afslachting die straks gaat plaatsvinden geen verantwoording dragen." Maar ik hoor, door het over en weer geroep, dat zelfs sommigen onder de communisten, die in de regel goed nadenken, de durf niet hebben om zich af te wenden van hun partij na deze gebeurtenis en nog steeds meeknikken. Jammer.

Ik weet niet hoe ik met hen, die zich niet distantiëren van Stalins gedrag, nog aan één tafel zal kunnen zitten. Ik kan mij in dit stadium geen samenwerking voorstellen, omdat zij, net als ik, moeten weten dat Stalin over deze stap goed heeft nagedacht. Stalin weet waarmee hij bezig is en dat hij nu Europa aan Hitler overlevert. Ik ben bang dat hij zelfs verwacht straks het bankroete Europa met Hitler te kunnen delen. Vrienden, ik hoop dat we over een tijd weer tot elkaar zullen kunnen komen. Dank u.'

'Wij moeten, zoals Szlomek al zei,' sprak de voorzitter nu, 'een duidelijk standpunt innemen. Ik heb het mijne al maar ik zou graag de inzichten van nog meer voor- en tegenstanders willen horen. Hiervan hangt het voortbestaan van onze vereniging af.'

'Maar hoe?' vroeg een Bundist die het podium opkwam, 'als de communisten niet willen toegeven, hoe is er dan nog een voortbestaan van de vereniging mogelijk? Er gaat toch iets gebeuren waar we geen voorstelling van hebben. Stalin wil toch een partner van Hitler worden? Dat Hitler hem tóch wel een genadestoot zal geven zodra hij zich sterk genoeg zal voelen, is een andere zaak.'

'Dan is Stalin sterk genoeg om Duitsland tegenover zich te kunnen hebben,' schreeuwde een communist uit de zaal. 'Dat is het enige wat Stalin wil. Tijd winnen; dat wil Stalin. Zich goed kunnen bewapenen om zeker te zijn van de overwinning!'

'Maar daarvoor offert hij veel volkeren op,' ging de spreker weer verder. 'In die tijd heeft Hitler zijn handen vrij en zal hij het Westen kapotmaken. Dat is verraad, dat is egoïsme van het ergste kaliber!'
'Het lijkt mij beter om de vergadering stop te zetten en ons te bezinnen op wat we nog kunnen doen,' nam de voorzitter weer het woord. 'We kennen de meningen van onze leden. De groepen moeten zich nu in hun eigen gelederen oriënteren en ik stel voor dat we vandaag over een week weer bij elkaar komen.'

35

'Sabina,' zei Szlomek toen Basja naar bed was gegaan. Er was weer geen woord tussen hen gesproken 'Wat is er met je? Ik ben nu al bang als Basja weg is en ik met jou alleen moet blijven. Ik weet niet meer wat ik doen moet. Wat heb je? Waarom praat je niet?'

'Ik weet het zelf niet,' antwoordde Sabina en ze keek dromerig voor zich uit.

Szlomek zuchtte. 'Laten we maar gaan slapen. Het is al laat.'

'Ik merk wel dat er iets met me is,' begon Sabina toen ze naast hem lag. 'Maar ik weet niet wát. Het lijkt alsof ik in een koker zit.' Ze rustte met haar hoofd tegen zijn hals. 'Ik probeer om het te begrijpen maar het is ook voor mezelf vreemd. Als ik iets wil zeggen vraag ik me af of het de moeite waard is en dan houd ik mijn mond maar weer. Denk je niet dat het vanzelf over gaat?' Er was angst in haar stem. 'Als ik er niet zoveel over zou nadenken? Misschien denk ik juist te veel.'

Szlomek viel al gauw in slaap, maar het lukte Sabina niet in te slapen.

Die verandering in haar gedrag was gekomen vanaf de tijd dat ze begrepen had dat ze niet meer naar Polen zou kunnen gaan. Sinds ze haar verlangen Izjoe terug te zien moest opgeven, leek het of er iets was afgebroken, geknapt; of niets meer zin had.

Zelfs het weerzien met haar familie had ze steeds uitgesteld om Izjoe, realizeerde ze zich. En de angst dat het nu te laat was vergrootte haar gevoel van schuld.

Ze hield toch van haar familie en van Szlomek en van Basja; waarom had Izjoe dan zoveel plaats in haar gedachten? Ze begreep het niet. Maar ze had daar al zo vaak over gedacht. Steeds weer maalde hetzelfde door haar hoofd en tegelijkertijd voelde ze zich schuldig om het feit dat ze zich met die gedachten bezig hield.

Het werd buiten al lichter en nog steeds lag Sabina wakker met een vermoeid en pijnlijk hoofd. Tenslotte viel ze tegen de ochtend in een diepe slaap.

'Ik had beter niks kunnen zeggen,' zei Szlomek de volgende dag toen hij de dikke blauwe kringen onder Sabina's ogen zag. Hij herinnerde zich haar angst weer toen ze zei dat ze misschien te veel dacht. 'Jij hebt vaak stemmingen die je zo helemaal in beslag nemen dat je gedrag daardoor totaal verandert,' zei hij.
'Let er maar niet te veel op, dat is beter. Ik moet gewoon hard werken; bezig zijn.'
'Werk is er genoeg, dat is het enige waarover je niet bang hoeft te zijn. Er komen pakken werk binnen; het lijkt zelfs of het nog drukker is dan gewoonlijk. Misschien kopen de mensen kleren uit angst dat ze straks, als de oorlog uitbreekt, niet te koop zullen zijn; net als eten. Heb je je eigenlijk al gerealiseerd dat we nog dit jaar klaar zijn met het betalen van onze schuld? Dan is de zaak van onszelf.'
Sabina knikte. 'Ik zou willen dat we iets minder hard hoefden te werken. Ik ben moe.'
'Misschien is het toch mogelijk dat je voor twee weken ergens naar buiten gaat om uit te rusten.'
'Alléén ergens buiten, met m'n eigen gedachten? Hoe zou jij dat vinden in deze tijd?' Ze weerde het idee af. 'We zeggen er niets over,' zei ze, 'maar we wachten toch op een levensteken van onze families uit Polen. Ik zie dat jij ook een paar keer per dag naar de brievenbus loopt. Ach, hoe het met óns gaat, wat beter of wat slechter, wat geeft dat allemaal.'

Op hun atelier leek het of er niets aan de hand was; alleen door het luider zetten van de radio bij nieuwsberichten werd de spanning duidelijk. Dan hielden Sabina en Szlomek met werken op en luisterden ze. 'De democratische landen zullen een Duitse aanval op Polen met oorlog beantwoorden,' had Chamberlain gezegd.
'Verwachten ze het dus al?' vroeg Sabina.
Szlomek keek haar aan. 'Uit angst maakt een mens zich de dingen wijs zoals hij ze zou willen hebben en niet zoals ze zijn. Dat helpt niets. Jij weet het, ik weet het; we weten het allemaal. Je hoort toch dat Hitler onderhandelingen met Polen wil. Die zullen met hem niet onderhandelen.'

'Hitler schreeuwt de laatste dagen niet meer zo hard,' zei Sabina toen ze weer naar de berichten hadden geluisterd. 'Dat maakt me nog ongeruster.'
'Hij heeft het te druk,' antwoordde Szlomek en ging dadelijk weer aan het werk.

Maar toen kwam toch nog te plotseling waarop iedereen had gewacht.
'Sabina! Sabina! riep Szlomek op een ochtend; hij luisterde met Basja naar de radio. 'Kom, kom vlug! Ze zijn Polen binnengevallen. De oorlog is begonnen! Eén week na de niet-aanvalsovereenkomst met Stalin. Mijn God! Ik ga naar Mendel, kom ga mee. Ik zal ze beneden wel waarschuwen.'
'Ik ga naar school,' zei Basja. 'Daar zal ook wel niet veel gedaan worden, maar ik moet gaan.'
Bij Mendel Moskowitz zaten ze ook om de radio.
'Luister,' riep Mendel dadelijk. 'Oorlog is nog niet genoeg voor ze. Een ooggetuige zegt net, dat hij heeft gezien dat op de treinen geschilderd stond: "Wij gaan naar Polen om joden af te ranselen."'
'Het is te laat,' zei Sabina als tegen zichzelf. 'We kunnen niemand meer helpen.'
Friedel keek strak voor zich uit; ze zei niets. Ineens stond ze op. 'Ik ga koffie voor ons zetten,' zei ze. 'We hebben het toch verwacht, het is gekomen en onze families zitten daar... als...' Ze praatte niet verder, ze was ook niet iemand die makkelijk huilde.
Ze zaten aan de tafel. Er was geen verontwaardiging meer over. Er was alleen nog angst; grote angst voor hun familieleden in Polen.
'Ik vraag me af wat de communisten er nu van vinden,' zei Mendel. 'Die hebben tenslotte ook hun families in Oost-Europa en ze horen hetzelfde door de radio als wij.'
'Verdriet, schuldgevoel,' zei Szlomek. 'Weet ik veel. Een mens kan in ingewikkelde kronkels denken, als dat moet.'

Maar in de vereniging hoorden ze van de communisten dat Stalin het oostelijke gedeelte van Polen alleen maar had ingenomen om de Polen tegen de Duitsers te beschermen.

‘De Polen hebben de pest aan Russen, daarom ging het niet zo soepel,’ zei een spreker. ‘Die idioten begrijpen niet dat ze blij mogen zijn niet in handen van de Duitsers te zijn terechtgekomen.’

‘Maar dit was het ogenblik waarop de Russen hadden moeten doorgaan om heel Polen alsnog te beschermen,’ zei een Bundistische spreker en hij hamerde met zijn vuist op tafel. ‘Ik was nog zo naïef dat ik daar toch nog hoop op had. Maar ze hebben Polen met Duitsland verdeeld. Schande! Dit is de laatste keer dat ik hier samen met de communisten ben. Of zìj weg of wìj; hier in dit lokaal is geen plaats meer voor twee richtingen. Ik stel voor dat we stemmen en dat de groep die de meeste stemmen behaalt, hier blijft.’

‘Als geamputeerd voel je je met zo’n overwinning in de vereniging,’ zei Mendel op weg naar huis tegen Szlomek. ‘Jitzak en Jajnkel en nog zoveel anderen; ze waren toch al die jaren vrienden, al hadden we verschillen van mening in politiek opzicht. Een zwaar hart heb ik ervan dat we elkaar in zo’n tijd op deze manier in de steek moeten laten.’

‘Maar al dat geruzie kon toch ook niet meer. Er werd geen gewone zin meer tussen ons gewisseld, alleen verwijten.’

‘Sabina, ik heb Hirsch uitgenodigd om morgen te komen eten, dan kunnen we ’s avonds wat schaak spelen in de voorkamer; daar kunnen we ons beter concentreren. Ach, voor zo iemand als Hirsch is het helemaal treurig dat de vereniging bijna dood is. Wie speelt daar nog schaak? Er komen toch nog maar een paar mensen opdagen. De meesten kunnen het niet verdragen om ook nog in de vereniging die treurigheid aan te zien; die aftakeling, die lege zaal. We hebben zelfs afgesproken dat we nu nog maar eens in de twee weken een bijeenkomst houden. Het is een zo goed als aflopende zaak.’

‘We moeten elkaar dan wat meer thuis ontmoeten,’ antwoordde Sabina. ‘Je hebt vrienden nu toch nog harder nodig dan in gewone tijden.’

‘Gelukkig dat je dat weer inziet. Ja, misschien kunnen we hier een schaakwedstrijd houden. Zou je dat goedvinden?

Een mens moet toch wat doen; we wachten en wachten en alleen maar op nog slechtere berichten.'

'Gelukkig dat onze kachel tenminste nog brandt,' zei Szlomek op melancholieke toon, toen het jaar op zijn eind liep. 'Wie weet hoe lang we ons deze luxe nog kunnen veroorloven. Hitler zal ook naar het Westen gaan; hij is bezeten.'

'En de berichten door de radio die we uit Polen horen zijn zo... vreemd... dat je ze niet helemaal begrijpt,' antwoordde Sabina.

'Nee, en post hebben we nog niet ontvangen. Ik heb nog niemand gesproken die een brief uit Polen heeft gekregen. Maar de radioberichten willen we niet begrijpen,' zei hij op bijna agressieve toon. Hij zag nu weer het angstige gezicht van Sabina en pakte de krant. Wat kon hij voor troostends zeggen?

Toen Sabina op een avond weer eens alleen met haar dochter zat, vroeg Basja of ze nog uitsluitend aan haar familie in Polen dacht.

'Ja,' zei ze.

'Denkt u ook nog soms aan Izjoe?'

'O ja, veel. Ik denk weleens dat hij vrij is en ergens in militaire dienst zit, al heeft hij heel slechte ogen. Maar dat is alleen om mezelf niet te kwellen. Moet ik soms denken dat hij nog steeds daar, ver in Siberië is? Of helemaal niet meer...?'

In het nieuwe jaar ontving Sabina een brief. Ze zag aan het handschrift dat hij niet, zoals gewoonlijk, door haar moeder was geschreven. Ze voelde haar benen trillen. 'Szlomek,' zei ze. 'Ik kan niet, lees jij hem; ik kan hem niet openmaken.' Ook Szlomek voelde zijn zenuwen tot het uiterste gespannen. Meer dan vier maanden hadden ze geen enkel levensteken uit Polen gehoord. Slordig opende hij de enveloppe en begon te lezen.

'Lieve allen, Als jullie deze brief misschien ontvangen zul je daar niets goeds in lezen. Ik moet jullie vertellen dat Papa

twee maanden geleden aan een hartaanval is overleden. Dat ging Godzijdank snel. Hij heeft, geloof ik, niet geleden. Maar Mama is een tijd daarna een keer boodschappen gaan doen en ze is niet meer teruggekomen. Marek en ik wonen niet meer in ons huis. We wonen ergens in een keuken en slapen daar met ons zevenen. Dit huis is helemaal vol met mensen, maar dat is overal zo. Het is er koud.
Proberen jullie terug te schrijven, misschien ontvangen we de brief toch, als we er nog zijn.
Veel liefs voor jullie allen,
Jullie Dunjo.
En ook gekust door Marek.'

36

'Sabina, je ziet er zo afgemat uit door alles, door de hele toestand; je moet er wat aan doen, probeer het. Probeer wat meer te eten. We moeten toch zo normaal mogelijk leven.'
'Ja. Ik weet het.'
'De zon wordt al een beetje warm, laten we wat langs de grachten gaan wandelen. Zondagochtend is het rustig op straat. We moeten ons hoofd naar buiten steken en frisse lucht halen zolang het nog kan.'
'Ik herinner me nog van de vorige oorlog, als er weer iets was gebeurd waardoor we er niet uit konden. Het eten raakte dan langzaam op,' zei Sabina voor zich uit.
'Maar mam, die oorlog is al meer dan twintig jaar voorbij,' antwoordde Basja.
Haar moeder knikte. 'Ja,' zei ze. 'Dat is zo, dat is voor jou erg lang; voor mij lijkt het allemaal nog zo kort geleden.'
Mendel ontmoette Szlomek op straat.
'Ah, goed dat ik je zie,' riep hij. 'Ik kom wel één dezer dagen naar jullie toe maar ik wou je alvast zeggen dat Friedel jullie vraagt de eerste paasavond bij ons te komen; ze heeft iets van vijftien mensen uitgenodigd. Je weet hoe dat bij ons is, we vieren natuurlijk geen seideravond met gebeden maar Friedel zegt dat ze mensen om zich heen wil zien en veel werk wil hebben met koken om niet de hele dag te hoeven denken. Ze is erg zwaarmoedig en stil de laatste tijd. Ze wil flink zijn, ze praat zelden over de toestand. Als ik erover begin, zegt ze: 'Wat heb je aan dat gepraat, het zal nog wel erger worden.'
'Wij hebben gelukkig ook nog werk; het maakt een mens alleen maar angstig als hij niets te doen heeft. Maar goed, we komen graag, bedankt.'

'Het is moeilijk om in deze tijden nog te vragen hoe het gaat,' zei Szlomek toen hij Hirsch bij de familie Moskowitz ontmoette.
'Maar ik heb je al zo lang niet gezien.'
'Slecht gaat het,' antwoordde Hirsch gelaten. 'Heel slecht.

Tegenwoordig bestaat er voor ons alleen nog verschil tussen slecht en slechter. Sommige mensen hebben tenminste nog post ontvangen maar ik heb helemaal niets meer van m'n vrouw gehoord; geen enkel levensteken heb ik gekregen. Ik had nog geen geld om haar te laten overkomen; je denkt dat je nog tijd hebt en dan ineens... is het te laat.'
'Dat verwijt kunnen we ons allemaal maken; trouwens, ik geloof niet dat Hitler ons hier zal sparen. Die stilte om ons heen is onnatuurlijk. De Duitsers zijn in oorlog met Engeland en Frankrijk en er gebeurt nog steeds niets in het Westen; is dat niet vreemd?'

'Wat een prachtig voorjaar,' zei Szlomek tegen Sabina. 'Misschien kunnen wij ook een paar dagen weggan, ergens in een hotel, als Basja met Pinksteren met haar club gaat kamperen.'
'Goed, laten we als het mooi weer blijft een paar dagen naar het bos gaan.'
Twee dagen voor Pinksteren straalde de zon; Basja zou de volgende ochtend vertrekken; ze gingen naar zee.
'Wat een volle rugzak heb je,' zei haar vader glimlachend. 'Kun je die wel dragen?'
'De anderen dragen er ook één, dan moet ik het ook kunnen.'
Sabina stond de volgende ochtend vroeg op om boterhammen voor Basja klaar te maken. Ze zette een kop koffie voor zichzelf en deed iets te laat de nieuwsberichten aan. Ineens luisterde ze scherp. Wát zei de man? Duitsers... inval in Holland... vannacht... de Maas al over? Wat zei hij? Ze begreep het niet meer helemaal! Maar toch voelde ze haar knieën knikken en ze schreeuwde ineens: 'Szlomek! Szlomek, kom gauw! Ik begrijp niet wat hij zegt. Ik kan niet meer goed luisteren; alles loopt door elkaar in mijn hoofd. Szlomek! Szlomek!' Ze huilde.
Szlomek sprong zijn bed uit, Basja kwam ook dadelijk.
'Waarom huil je mam, wat is er gebeurd?'
Maar Sabina kon niet antwoorden; ze wees alleen als verdwaasd naar de radio.
'Het is zover,' zei Szlomek toen hij even luisterde. 'Van-

nacht zijn ze Holland binnengevallen. Je hebt het goed gehoord; ze zijn de Maas al overgestoken. De Nederlanders zijn niet in staat ze tegen te houden.'
Ze zeiden niets meer en zaten met angstige gezichten om de radio. 'Dit is het einde,' zei Sabina na een poos, zacht. 'Nu gebeurt met ons hetzelfde als in Polen. Maar ik wou niet nog een oorlog meemaken.'
Toen ze aangekleed waren gingen ze naar buiten. Er stonden wat buren op straat. Een andere buurman kwam op zijn fiets aanrijden.
'Nog wat gezien?' vroeg iemand. 'Is er iets te merken?'
De man knikte: 'De apotheker Castro heeft zelfmoord gepleegd vannacht en wethouder Boekman ook. Van meer dan tien mensen weten we, alleen al in de Weesperstraat, dat ze zelfmoord hebben gepleegd.'
'Goed als je dat durft,' zei Sabina, als tegen zichzelf. 'Dan is alles in één keer afgelopen. Maar hoe?'
Met samengetrokken wenkbrauwen keek Szlomek haar aan: 'Kom,' zei hij, 'laten we naar binnen gaan.'

37

'Komen jullie mee,' riep Mendel al voor de deur, toen Szlomek had opengedaan. Hij droeg zijn goede jas en had een koffertje in zijn hand. 'Vlug!' riep hij weer. 'We gaan zien of er een boot is naar Engeland. Pakken jullie de noodzakelijkste dingen in een tas en kom. Friedel en Mira staan te wachten. Er zijn al mensen gevlucht en groepen anderen proberen het nu ook. Kom, snel!'
Binnen tien minuten stonden de Weisbergs, elk met een klein koffertje bij zich, klaar. 'Wie heeft dat bericht verspreid?' vroeg Sabina toen ze buiten waren en ze groepen mensen diezelfde kant uit zag gaan. Mendel trok zijn schouders op en ze liepen snel door.
Toen ze ongeveer twintig minuten hadden gelopen, zagen ze een groepje joden met koffertjes en tassen op de terugweg. 'Wat is er?' vroeg Mendel. 'Waarom lopen jullie de andere kant uit?'
'Het gaat niet meer,' zei één van hen. 'Ze laten ons er niet meer door. Er zijn geen schepen meer die gaan. We zijn te laat.'
Mendel keek vragend om zich heen.
'Heus, het gaat niet meer, anders waren we niet teruggekomen; we stonden er vanmorgen al,' zei de man nog eens.
De mensen die op weg waren vroegen zich af wat ze moesten doen. Steeds meer besloten om naar huis te gaan.
'Het kan niet meer,' zei Mendel met een matte stem. 'Te laat.'

Al snel na de bezetting, begon de W.A. met pesterijen in de jodenbuurt. De meeste mensen probeerden voorlopig zo normaal mogelijk te leven en provocaties uit de weg te gaan.
'Ik ben bang, Szlomek,' zei Sabina. 'Het is niet verstandig dat de joodse Macabi een knokploeg tegen de N.S.B. heeft opgericht.'
'Wat wil je; ze hebben híer geen pogroms gehad. Wil je dat ze het goed vinden dat joden uit de tram worden gesmeten? Hollandse joden zijn die vernederingen niet gewend.'

‘Hoort u ook geschreeuw, mam?’ vroeg Basja.
‘Ja.’
‘Laten we even gaan kijken.’
Ze wilden net naar buiten gaan, toen Szlomek thuis kwam. ‘Nee, blijven jullie hier; er wordt gevochten op straat. De W.A is weer in de buurt en de knokploeg is er ook.’

Een paar dagen later kwam Szlomek buiten adem het huis in. ‘Gauw; doe de deur dicht,’ riep hij.
‘Wat is er nu weer?’ vroeg Sabina. ‘Szlomek! Je ziet eruit als een geest! Ga zitten en drink wat. Zijn ze weer bezig?’
‘Hirsch stond er ook bij, met zijn armen omhoog!’ antwoordde Szlomek hijgend. ‘Mijn God! Een groep joden staat op het Jonas Daniël Meijerplein. Ze laten honden op hen los. Soldaten met geweren staan voor ze. Ik kon nog net wegkomen. Ze zeggen dat ze zich wreken omdat de knokploeg die Hollandse N.S.B’er, Koot, heeft vermoord.’

‘Er is weer een vreemde sfeer buiten,’ zei Szlomek.
‘Ga er nou niet uit,’ zei Sabina, ‘misschien gaan ze weer achter joden aan.’
‘Nee, ik ga alleen even vragen wat er is; ik ben direct terug.’
Sabina liep mee tot voor de deur. ‘Wat is het vreemd stil in de straat,’ zei ze.
‘Ja,’ antwoordde een buurman. ‘Alles staat stil; de hele stad staakt. De christenen staken voor ons, joden; uit protest tegen de vervolgingen.’

‘Joodse zaken worden ingepikt,’ zei Birnbaum tegen Szlomek. ‘Een paar van mijn collega’s zijn er al uit gezet; ze kregen een brief dat de hele zaak aan een Verwalter moest worden overgedragen. Ze beginnen met de grootste ondernemingen. Mijn vrouw heeft geïnformeerd maar voorlopig ben ik beschermd door mijn gemengde huwelijk. U kunt het beste een paar van uw goede machinekoppen in een koffer hierheen brengen, misschien kan ik ze voor u bewaren. Ik geef u een paar oude, kapotte koppen terug, zodat, als ze komen, u daar in ieder geval iets heeft staan.’

'Voor de Weesperstraat staat een groot bord op twee palen met een opschrift: "Jodenbuurt; Judenviertel", vertelde Basja toe ze uit school kwam. 'Ze plakken ook op winkels platen waar "Jodenzaak" op staat.'

'De joodse kinderen mogen niet meer op school terugkomen,' zei Basja een paar dagen later. 'We zijn allemaal naar een joodse school verwezen. Sommige meisjes huilden maar ik geloof meer uit woede.'

'Laten we zo snel mogelijk kolen voor de hele winter tegelijk bestellen,' stelde Szlomek voor. 'Het wordt koud en nu we bijna nergens meer in gebouwen of parken worden toegelaten, moeten we het tenminste in huis nog goed hebben.'
'En wie weet is de oorlog toch gauw afgelopen,' reageerde Sabina.
'Jij maakt je dingen wijs,' antwoordde Szlomek.
Sabina bleef dromerig voor zich uit kijken en schudde haar hoofd: 'Wat dan?' vroeg ze.
'Wie weet dat van ons.'

38

'Ik hoef toch niet overal die gele ster op te dragen,' zei Szlomek. 'Op m'n jas alleen is genoeg.'
'Ga je hiervoor iets riskeren? Je wordt nu toch voor alles opgepakt; ze hebben geschreven dat je op kleding onder je jas ook een ster moet hebben.'
'Basja en ik hebben er nog in de rij voor moeten staan en een kwartje voor elke ster moeten betalen en ze moesten ook nog textielpunten hebben.'
'Eén van de voorzitters van de Joodse Raad schreef in het joodse blaadje dat hij die ster met trots draagt; die idioot,' zei Szlomek.
'Hij wil ons toch alleen maar moed inpraten,' antwoordde Sabina.
'Maar mam, waarom verdedigt u die mensen altijd?' vroeg Basja. 'De Joodse Raad was toch eerst 'het Joodse Vluchtelingen Comité', bedoeld om de jóden te helpen, niet de Duitsers.'
'Wat moeten ze dan doen; zichzelf overhoop schieten?' antwoordde Sabina. 'Ze zijn toch gedwongen om uit te voeren wat de Duitsers zeggen?'
'Ik weet het niet,' zei Szlomek nadenkend. 'Het Vluchtelingen Comité had moeten weten dat dit gevaar bestond; ze hadden hun organisatie tijdig moeten sluiten en alle papieren vernietigen. Hun informatiebronnen waren beter dan de onze. Het is in ieder geval onverdraaglijk om al die Duitse verordeningen via je eigen Joodse Raad te moeten ontvangen.'
'Ik denk dat ze nog steeds doen wat ze kunnen om ons te helpen,' antwoordde Sabina.
'Wat kùnnen ze doen, als knechtjes van de Duitsers?' zei Szlomek geïrriteerd.

'Wat is dat daar, aan de overkant,' vroeg Sabina aan Szlomek toen ze de straat op gingen om aan hun ster te wennen.
'Duitse soldaten; laten we doorlopen.'

'Nee kijk, kom even dichterbij; ze nemen twee jongens mee. Twee blonde jongens.'
'Ja, maar die dragen wél een ster.'
'Sau Holländer!' hoorden ze van de overkant schreeuwen. 'Judensklaven!'
Sabina klampte zich aan Szlomek vast. 'O, mijn God, hoor je dat?' zei ze. 'Het zijn geen joden! "Jodensláven," roept hij. 'Waarom doen die jongens dat? Kijk, ze worden geschopt; ze moeten mee!'
'Het is weer genoeg geweest,' antwoordde Szlomek. 'Ik ga naar huis.'

'Jullie hebben nog niets gehoord?' vroeg Basja op een middag, toen ze thuis kwam lunchen en haar ouders rustig zag lezen.
'Wat? We waren nog niet buiten, wat is er gebeurd?' vroeg Szlomek.
'Gerda Meiers vader is vannacht door de Duitsers uit huis gehaald; nog veel meer mannen zijn weggehaald, zo maar, zonder reden. Er zijn voor dit doel speciale trams ingezet in Zuid om ze weg te brengen. Niemand weet waarheen. Gerda was niet op school maar Hanna, die een paar huizen van ze vandaan woont, vertelde het.'

'Hoor je dat?' zei Sabina toen ze de volgende dag naar de radio luisterde. 'Szlomek, hoor je wat ze zeggen? Joodse mannen worden naar Duitsland gestuurd om puin te ruimen; het hele gezin mag mee! De Duitsers zeggen dat ze geen onmensen zijn, maar ze beloven de joden wel een hard bestaan daar.'
'Elke dag dat we nu nog vrij zijn is gewonnen; ik denk dat ze ons geen van allen met rust zullen laten.'
'Maar hard werken zijn we toch gewend?' zei Sabina met angst in haar stem. 'De oorlog zullen ze tenslotte verliezen. We kunnen best hard werken,' zei ze weer, meer tegen zichzelf, om zich moed in te praten.
Maar de angst werd groter; er kwamen nu steeds nieuwe razzia's en niet alleen mannen, maar ook vrouwen en kinderen werden uit hun huizen gehaald.

'Ik ga warme kleren voor ons naaien,' zei Sabina. 'Ik móet iets te doen hebben. Als ze ons pakken hebben we in ieder geval goede werkkleding voor de winter. We zetten een koffertje klaar en doen alles wat nodig is erin.'
'Sabina, naai je voor ons ook warme kleren, als die voor jullie af zijn?' vroeg Friedel. 'Veel mensen hebben hun bagage klaar staan. Zolang je gespaard bent wil je er niet aan denken maar waarom zullen ze ons of jullie niet pakken? Goede werkkleren is in ieder geval íets.'
Mendel en Szlomek gaven geen commentaar. Mendel zuchtte alleen diep, stond op en zei: 'Kom Friedel, het is al tien voor acht, we moeten gaan.'
'O God, er is weer iets aan de hand buiten,' zei Sabina toen ze de deur had geopend en een overvalwagen met W.A.-mannen zag. 'Jullie kunnen nu niet weg. Kijk, ze zijn weer bezig.'
'We móeten weg,' antwoordde Mendel. 'Kom Friedel, Mirele is alleen thuis; kom vlug!'
Daarna zaten Sabina, Szlomek en Basja de hele avond naar de geluiden en het geschreeuw buiten te luisteren maar na ongeveer een uur was er niets bijzonders meer te horen.
'Ik ga slapen,' zei Basja tenslotte en ze stond op. 'Ik denk dat ik m'n kleren aanhoud vannacht.'
'Ja,' antwoordde Szlomek. 'Dat kunnen wij misschien ook beter doen.'

Een paar dagen later kwam Basja op een ochtend vroeger uit school dan gewoonlijk.
'Wat zie je eruit, voel je je ziek?' vroeg Szlomek.
Ze schudde haar hoofd en ging zitten met haar mantel nog aan en haar tas onder haar arm.
'Kom,' zei Sabina, 'geef hier je jas en je zware schooltas en vertel.'
'Ja,' zei Basja. Ze slikte. 'Drie kinderen uit onze klas hebben een oproep gekregen. Ze moeten woensdag om één uur in de nacht op de trein. Ze weten niet waarheen ze gaan en hun ouders mogen ze niet wegbrengen. Het zijn twee meisjes en een jongen, alle drie vijftien. Ze worden naar een werkkamp gestuurd.'

'Wát zeg je? Daar moet een fout gemaakt zijn. Kinderen van vijftien? Zonder hun ouders?'
Basja knikte. Een angstige stilte vulde de kamer. 'Eén van de twee meisjes kwam alleen afscheid nemen,' ging Basja verder. 'Ze zei dat ze niet zou gaan, ze moest meteen weg; ze vertelde niet waarheen. De jongen zou wel gaan. Hij was bang dat hij en z'n familie anders naar Mauthausen gestuurd zouden worden. Een vriend van zijn vader had al een doodsbericht van zijn zoon daar vandaan ontvangen. Maar het andere meisje wist niet wat ze moest doen; ze vertelde dat haar vader en moeder hadden gehuild maar ze wisten ook geen oplossing. Ze vroeg in de klas om raad; ze vond zichzelf nog een kind, zei ze. Niemand wist wat hij zeggen moest, want Mauthausen is het ergste; hoe moet je iemand dan raad geven?'
Szlomek schudde z'n hoofd.
'De klasseleraar kon z'n tranen ook niet tegenhouden. Hij heeft ons naar huis gestuurd.'
Die middag belde Friedel huilend bij hen aan. Hun dochter Mira had ook een oproep gekregen.
'Ik ben vanmorgen nog, om maar iets te doen, stevige schoenen met haar gaan kopen,' zei ze en de tranen liepen over haar gezicht. 'Ik heb haar moed ingesproken en gezegd dat ik haar flink vond en dat ik al had gehoord dat er nog meer jongens en meisjes van haar leeftijd gingen. Mijn God, wat doen ze met ons; ze halen je hart uit je lijf! Maar je kan je kind toch niet nog verder in het ongeluk storten, zodat ze naar Mauthausen wordt gestuurd?'
Sabina keek met grote ogen van schrik naar Friedel; het leek haar iets onmogelijks. 'Kan niet tenminste één van de ouders mee?' vroeg ze zacht, verlegen dat zijzelf er nog buiten stond.
'Nee, er staat duidelijk in de oproep geschreven dat ze alléén moet komen; niemand mag haar wegbrengen!'
'Ik ga even naar Mendel,' zei Szlomek opgewonden.
Hij vroeg zich af of er niet toch nog iets aan te doen was; of ze werkelijk zo een jong kind alleen konden laten gaan. In het huis van Moskowitz was het een chaos. Alle mogelijke kleren lagen overhoop. Mendel zelf zat als verstard voor

zich uit te kijken maar toen hij Szlomek binnen zag komen deed hij een vinger op zijn mond en wees met zijn hoofd in de richting van Mira.
'Kan je haar niet ziek melden, of zoiets?' zei Szlomek toen Mira even de kamer uit was. 'Kan je geen attest van een dokter krijgen?'
'Ach nee, natuurlijk niet,' viel hij zichzelf in de rede. 'Een dokter waagt het ook niet om dat te doen. Smeer haar dan in met vet en poeder. Als ze komen zeg je dat ze schurft heeft. Misschien lukt het. Zo'n jong kind alleen!'
'Ik zal het Friedel vragen,' zei Mendel met zwakke stem. 'We moeten het samen eens zijn als we iets doen, want elke beslissing is... Ach!' Mendel stond op uit z'n stoel en liep heen en weer door de kamer. Hij ging weer zitten. 'Wat zou jij doen, Szlomek?'
'Als ik het zelf te beslissen had zou ik geloof ik doen wat ik jou aanraad, maar zoals je zegt, Sabina is angstig en je weet niet of wat je doet goed is. Je moet het er samen over eens zijn.'

Die woensdagavond probeerde Sabina van alles om door haar tijd heen te komen; ze ging iets verstellen maar ze kon niet rustig bij haar werk blijven. Szlomek had z'n boek ook al weggelegd en of Basja zich op haar huiswerk kon concentreren wisten ze niet; zij werkte op haar kamer.
Sabina durfde er ook niet met Szlomek over te praten. Dat leek haar nog erger.
'We kunnen er niet heen, naar Friedel en Mendel,' zei Szlomek ineens. 'Hoe moet dat...? Ze weten niet eens waarheen... de kinderen gaan. Wat... een wrede...'
'Als wij moeten gaan dan hoop ik in ieder geval dat we samen mogen.'
Tegen tien uur kwam Basja binnen. 'Ik durf niet alleen in m'n bed te liggen als ze straks weggaan; als ik ze hoor lopen. Ik ga koffie zetten, voor jullie ook?'
Haar vader knikte. 'Laten we maar wachten; niemand in de buurt kan slapen, denk ik.'
Tegen half twaalf trok Sabina ineens haar schouders omhoog en legde haar hand op haar mond. Toen hoorden ze het alle

drie, eerst zacht vanuit de verte, daarna harder. Het was een nog kinderlijke jongensstem.
'Daag! Dag mama, dag papa, daag! Dag Doortje, daag!'
'Dag David, blijf gezond. Daag!'
Toen een mannenstem: 'Dag, dag David, daag!'
En een huilend meisjesstemmetje riep: 'David, daag! Dag David!'
'Daag!'
'Daag!'
Steeds zachter werd het geluid van het eerste afscheid dat ze hoorden en het viel langzaam weg. Sabina, Szlomek en Basja keken elkaar aan; ze zeiden niets.
Langzamerhand hoorden ze van alle kanten voetstappen in de verduisterde straten en dag-geroep dat opkwam en weer wegstierf.
Sabina stond op en liep naar het venster. De maan scheen en ze zag donkere figuren aan deze en aan de overkant van de gracht langs hun huis lopen. De meesten droegen een rugzak.
Szlomek en Basja kwamen bij haar staan. 'Sommigen zijn nog zo klein,' zei Basja. Ze ging weer naar binnen. Ze was bang dat ze iemand van die kinderen zou kennen. Ze schaamde zich, ze wist niet precies waarvoor. Maar ze wou niet achter dat raam staan terwijl de anderen gingen.

Daarna verliep alles snel. Er werden nu geregeld oproepen gestuurd waarna hele families vertrokken.
'Het wil niet echt dag worden,' zei Sabina. 'Zal ik de verduistering weer naar beneden doen? Dan kunnen we het licht aansteken.'
Het was herfst 1942; de regen zwiepte tegen de vensters.
'Ach nee, doe maar niet; ik ben blij dat de nacht voorbij is,' antwoordde Szlomek. 'Weer een ochtend dat het ons gegund is om samen thuis te ontbijten.' Hij keek met ontroering naar Sabina en Basja.
Even bleef het stil aan tafel, toen zei Sabina: 'Als ze ons maar bij elkaar laten; want zoals bij Moskowitz! Friedel en Mendel waren bijna opgelucht toen ze zelf hun oproep

kregen. Ze zeiden dat ze hoopten hun dochter ergens waar ze terecht zouden komen terug te zien.'
'Ja,' vervolgde Szlomek, 'nu, na een paar maanden, praten we al gewoon over die dingen. Iedere dag verdwijnen er meer mensen. Kreeg er maar iemand een brief; ze schrijven alleen nog als ze in Westerbork zitten. Hirsch is ook ineens verdwenen. Ik ben verschillende keren gaan kijken maar niemand doet open. Je weet niet of hij weggehaald is of misschien gevlucht; zo'n man alleen kan iets riskeren. Ach, ik hoop dat ze ons nog tenminste tot na de winter hier laten.'
'Op school zitten we nog maar met dertien in de klas; sommigen blijven ineens weg en dan vertellen andere kinderen dat ze niet zijn weggehaald. Ze zeggen dat niet-joden die mensen bij zich verstoppen.'
'Ik zou me niet durven verstoppen,' reageerde Sabina. 'Als je gepakt wordt kom je in de hel terecht en die mensen die je verstopt hebben ook.'
'Ik ga naar school,' zei Basja.
Toen iedereen weg was pakte Sabina haar boodschappentas om wat eten te halen. Tot nu toe konden ze nog redelijk wat kopen op de distributiebonnen. Ze herinnerde zich dat er in de eerste wereldoorlog heel wat minder was. Maar nu waren ze pas twee jaar bezig en toen duurde het vier jaar en daarna hadden de Duitsers nog de blokkade.
In de winkels waar iets behoorlijks te koop was, wachtten mensen. Sabina ging eerst maar naar de kruidenier. Er stond daar ook een man of twaalf. Toen ze aan de beurt was en moest betalen gebeurde ineens alles tegelijk.
Ze wist niet meer hoe het gegaan was. Ze stond voor de toonbank met haar portemonnaie in haar hand en liet haar geld vallen. Achter haar werd het donker. Plotseling stonden er veel mensen. Er werd tegelijkertijd geschreeuwd, geclaxoneerd, gegild en geduwd. Uit angst kromp ze in elkaar en ze voelde een harde klap tegen haar rug. Tegelijk zag ze een opening bij de toonbank. Ze viel achterover die kant uit en kreeg nog een por tegen haar borstbeen. Door de hevige pijn kon ze geen geluid maken en ze kroop verder weg, de goede kant uit, want ineens bleek ze in een kamer te zijn

waar dozen stonden opgestapeld. Ze ging ertussen liggen, had behoefte om te kuchen door de benauwdheid van de klap op haar borst maar ze bedwong zich. Er werd nog steeds gegild en in het Duits geschreeuwd maar niemand kwam naar binnen.
Toen het stil was geworden durfde Sabina nog niet uit haar schuilplaats te kruipen. Wat moest ze doen als alle mensen uit de straat gepakt waren en er alleen nog militairen buiten stonden? Maar thuis zouden ze ongerust zijn. Ze zouden nu weten wat er was gebeurd en zeker denken dat ze erbij was. Ze durfde nog niet weg, ze moest hier nog een tijd blijven. Na een paar uur, het regende heel hard, liep ze langs de kant van de tuin om te zien of ze ergens naar de overkant kon komen. Dat bleek niet moeilijk te zijn want veel planken tussen de tuinen waren vermolmd. Ook aan de overkant in de tuin liep ze ongemerkt langs de kant. Toen gluurde ze ergens naar binnen.
Daar zat een oudere vrouw, Sabina dacht dat ze sliep en ze klopte zacht op het raam. Ze zag hoe de vrouw rechtop ging zitten en zich omdraaide. Ze keek langzaam naar de plek waar Sabina had geklopt. Ze stond op en liep, zo te zien, zonder angst naar haar toe, keek door het raam in haar gezicht en deed open.
'Kom binnen kind. Had je je in je huis verstopt? Is er familie weg? Kom ga zitten, ik geef je wat koffie.'
Sabina schudde haar hoofd en vertelde hoe ze buiten die razzia was gebleven. 'Ik moet meteen weg, mijn man en dochter weten niet waar ik ben. Kan ik nu naar de Nieuwe Keizersgracht komen?'
'Ja, nu wel weer, daar is niets gebeurd, zover ik weet. Ga maar kind. Ga maar vlug. Ik begrijp het. Ga maar vlug naar huis.'

39

De blauwe plek die Sabina bij de razzia had opgelopen, vertoonde nu verschillende kleuren en deed niet meer zoveel pijn.
'Hoe komt het dat u niet bang was?' vroeg Basja.
'Ik weet het niet, ik had geen tijd geloof ik; alles gebeurde ineens. Het is ook net of ik het niet zelf was die met die geweerkolf ben geslagen. Het was allemaal een beetje als een droom.'
'Dat hebben ze al van ons gemaakt,' zei Szlomek.
'Zullen we maar gaan slapen?' zei Sabina. 'Als ze komen hebben we tenminste een paar uur nachtrust gehad. We zullen nu wel vlug aan de beurt zijn nu ze hier de laatste week steeds om ons heen bezig zijn mensen uit hun bed te halen.'
'Het voorjaar in Holland halen we niet meer,' zei Szlomek met een melancholieke glimlach.
'Ach,' antwoordde Sabina. 'Slapen is goed. Als je slaapt weet je tenminste van niets. En als we morgen in ons eigen bed wakker worden hebben we weer een dag gewonnen.'
Maar toen er weer dagen voorbij gingen en ze nog steeds niet gehaald waren dacht Sabina dat hun papieren misschien weg waren geraakt. 'De hele week is er om ons heen tegen de deuren gebonkt en bijna iedereen is al weg. Ze zijn hier in de buurt ook niet meer bezig, het is stil de laatste nachten en ik heb gehoord dat er nu mensen uit Zuid worden gehaald,' zei ze.

'Szlomek! Szlomek!' schreeuwde Sabina op een nacht, toen ze juist weer wat rustiger waren geworden en zich durfden uit te kleden. 'Ze zijn er! Szlomek hoor je het; ze zijn er; ze komen ons halen!'
Als een veer sprong Szlomek op en stond dadelijk naast z'n bed. Wat moest hij doen? Hij wist het ineens niet meer.
Buiten werd wéér hard gebeld en op de deur getimmerd. Hij moest Basja wekken, de deur opendoen en ze moesten

zich snel aankleden. Hij zou maar eerst naar de deur gaan, dan hielden ze tenminste op met dat gebonk.
'Runterkommen! Alle! Schnell!' schreeuwden drie soldaten de gang in.
'Aankleden en benedenkomen,' zei een W.A.-man toen nog eens uit de verte.
Wat moest hij antwoorden? Hij knikte en liep naar boven.
'Laten we opschieten,' riep hij tegen Sabina en Basja, 'anders moeten we misschien nog half aangekleed mee.'
Basja had dadelijk al haar kleren naar de kamer gebracht, om niet alleen te hoeven zijn, en zonder iets te zeggen kleedden ze zich aan.
Binnen tien minuten waren ze klaar en ieder nam zijn bagage mee, waarop Szlomek duidelijk met witte verf hun namen had geschilderd met eronder: Amsterdam, Holland.
Zwijgend keek Sabina nog één keer om zich heen.
'Kom,' zei Szlomek en deed zijn arm om haar schouder.
Met geschreeuw werden ze de grote, groene vrachtwagen in geduwd. Niemand praatte; sommige vrouwen wreven met een zakdoek over hun ogen.
Toen ze bij de Hollandse Schouwburg kwamen, de verzamelplaats voor transport, hield Sabina Szlomeks arm stevig vast. 'Ik kan niets zien, alleen stof,' zei ze zacht en ze begon te hoesten.
'Er brandt wel wat licht. We wennen er wel gauw aan. Dan zien we meer en kunnen we doorlopen,' antwoordde Szlomek geruststellend.
'Waar naartoe?' vroeg Basja schor.
'Kijk,' zei Sabina weer, toen ze een beetje aan de duisternis gewend raakte. 'Matrassen op de grond en dekens.' Ze hoestte weer. 'Sommige mensen slapen.' Haar hoestbui wilde niet stoppen. 'Stro, ik ruik het; stromatrassen.'
'Minstens de helft slaapt niet,' antwoordde Basja. 'Veel mensen zitten rechtop.'
'Komt u maar mee,' hoorden ze ineens iemand zeggen en ze zagen een jongen met een witte band om zijn arm, waarop iets stond geschreven. 'Hier liggen twee matrassen. Er is nog wel plaats voor een derde, die breng ik direct.' Hij haalde

ergens bij een muur een matras en een paar dekens vandaan en legde die bij hen neer.
Nu konden ze langzamerhand alles zien; de zaal was vol. Alleen in het midden was er een loopruimte uitgespaard.
'Probeert u nog wat te slapen,' zei de jongen. 'Of gaat u in ieder geval wat rusten.'
'Laten we het maar proberen,' zei Szlomek.
Sabina moest weer hoesten.
'Wacht,' zei de jongen nog. 'Ik heb ook iets tegen die hoest bij me; veel mensen hebben last van het stof hier.'
Toen Szlomek lag kon hij pas weer denken. Hij was niet zo bang voor zichzelf, maar... Basja en Sabina. Hier kon hij ze niet meer beschermen en hij wist niet hoe alles zou lopen. Maar als ze niet bij elkaar konden blijven? Niemand wist toch iets? Niemand probeerde toch achter de waarheid te komen? Als ze toch geen keus hadden wilden de mensen liever niet weten wat hun te wachten stond. Ze zouden hard werken en sterk proberen te zijn; dat waren de gedachten van de meesten hier, wist hij.

Met een wazig hoofd, omdat ze niet hadden kunnen slapen, namen ze de volgende ochtend hun ontbijt in ontvangst, dat door mensen met een witte band waarop J.R, Joodse Raad, stond geschreven, werd rondgebracht.
'Kijk, we moeten onze matrassen daar tegen de muur aan leggen,' zei Szlomek. 'Dat doe ik straks wel even met Basja.'
'Er staat een rij mensen voor de deur van de wasruimte. Ik ben te moe om erachter te gaan staan, dan maar een dag niet wassen,' zei Sabina. 'Misschien doe ik het het vanmiddag wel.'
'O, daarom liepen ze vannacht met handdoek en toilettassen naar de wasruimte,' antwoordde Basja. 'Als je hier langer bent weet je hoe dat gaat. Het is er ook vies met al die mensen, kijk maar naar die modderplas.'
Langzamerhand waren alle matrassen verwisseld voor stoelen die langs de kant werden gezet zodat er een breder middenpad dan 's nachts overbleef.
Plotseling werd het muisstil in de ruimte. Iedereen keek

naar het midden, waar een hoge militair en zeven kaalgeknipte mannen langs liepen.
'Dat is Aus der Fünten,' zei een man die naast Szlomek zat, zacht. Het is hier een echte gevangenis. Zij worden vóór ons gelucht.'
'Maar ze zijn kapotgeslagen, kijk hun gezichten,' fluisterde Sabina. 'Die ene heeft een helemaal bloeddoorlopen oog.'
'Een paar hebben opgezette, bloederige lippen en missen tanden,' zei Basja met angst in haar stem. 'Waarom zijn ze verlegen? Ze schamen zich. Waarom? Wat zullen ze gedaan hebben?'
'Of verzwegen hebben,' zei Szlomek.
De man naast hem knikte. 'Die Aus der Fünten moet u 's avonds zien als hij wat op heeft; dan slaat Susskind weleens z'n arm om hem heen, waarschijnlijk om iets van hem gedaan te krijgen. Susskind is een goed mens zeggen ze.'
Tegen de middag pakte Basja haar vader plotseling stevig bij de arm. 'Bernd! Pap kijk, daar loopt Bernd met een witte band om z'n arm. Hij werkt hier dus ook; dat wist ik niet. Hij kijkt me aan en loopt door! Ik weet zéker dat hij me gezien heeft. Hij keek me zelfs even scherp aan. Waarom wil hij me niet kennen?'
'Ga maar niet naar hem toe. Misschien krijgt hij moeilijkheden als hij hier mensen begroet.'
'Wat vreemd; een goede vriend die doet of hij je niet kent,' zei Basja zacht.

'Hij heeft me toch aangesproken,' kwam Basja in de namiddag haar ouders vertellen, nadat ze een tijd door de zaal had gelopen. 'Bernd, bedoel ik. Hij zei dat hier 's avonds toneel wordt gespeeld en ik moet mee doen van hem, omdat de mensen afleiding nodig hebben. Ik moet om halfnegen achter het toneel zijn. Hij zei dat we dan wel iets bedenken en toen ging hij weer vlug weg.'
'Mischien zijn de helpers verantwoordelijk voor het rustige verloop van alles,' antwoordde Szlomek. 'De hele dag brengen ze hier mensen binnen die op straat worden opgepakt, of die op hun onderduikplaats zijn verraden, hoorde ik. Maar als 's avonds de grote groepen komen, die

uit hun huizen zijn gehaald, moet dat door gedans en gezang overstemd worden, denk ik. Misschien een opdracht van Aus der Fünten. Hoewel, ik geloof dat die zich met grover geschut bezig houdt.'

'Waarom lach je zo vreemd, Szlomek, dat de diabetici hun vinger moeten opsteken voor apart voedsel?' vroeg Sabina die avond. 'Dat is toch goed dat er hier zo voor de mensen wordt gezorgd.'
'Zeker! Ach,' antwoordde hij nu ernstig. 'Het is alleen zo komisch onder deze omstandigheden.'

'O, we moeten onze matrassen weer neerleggen,' zei Basja na het avondeten. 'Wacht, ìk doe het wel voor jullie, ik heb toch te weinig beweging gehad en wie weet hoe lang we hier nog moeten blijven. Er zijn mensen die al twee weken wachten; ze weten niet waarop.'
Binnen een half uur lagen alle matrassen weer op de grond en was de ruimte grauw van het stof. Sabina hield een zakdoek voor haar mond. Mensen liepen weer met handdoeken naar de badkamer; vooral moeders met jonge kinderen. Iedereen maakte zich gereed voor de nacht.
'Wat zijn ze hier vroeg bezig,' merkte Sabina op. 'Het is nog niet eens acht uur.' Maar ze had het amper gezegd of de lampen gingen uit en er kwam alleen nog licht van het toneel de zaal in. 'O, daarom.' Ze knikte en zei er verder niets meer over.

Basja vond het vervelend dat ze die afspraak met Bernd had. 'Ik heb geen zin in toneelspelen hier,' zei ze.
'Maar je hebt het afgesproken, misschien rekent hij echt op je,' antwoordde haar vader.
Op het toneel werden inmiddels liederen gezongen. Sommige jonge mensen hadden hun gitaren meegenomen en speelden, anderen lazen gedichten voor, of voerden met hun tweeën kleine toneelstukjes op. Er werd wel naar geluisterd en gekeken maar echt stil was het niet; het geroezemoes bleef.
Szlomek zag dat het aan de andere kant, bij de deur, steeds

drukker werd. Grote groepen mensen werden binnengebracht, wel twintig tegelijk. Ontdaan en geschrokken keken ze naar wat er op dat toneel gebeurde. Hij zag kinderen die zich aan hun ouders vastklampten; kleintjes met hun vingers in hun mond. Grotere kinderen droegen tassen en koffers. En ondertussen werd er gezongen en zelfs gelachen. 'Wat een toestand hier,' zei Szlomek.

Sabina knikte. 'Kom Basja,' zei ze. 'Het is bijna half negen. Ga nou maar als er op je wordt gewacht.'

'Vervelend,' antwoordde ze, maar ze stond op en liep via een smal pad langs de wand naar de zijkant die achter het toneel voerde. Boven was het donker. Ze zag hier geen spelers.

Ineens werd ze zo stevig bij haar arm vastgegrepen dat ze, als ze geen hand op haar mond had gevoeld, zeker gegild zou hebben. 'Mond dicht,' hoorde ze een bekende stem streng in haar oor fluisteren. Ze werd meegevoerd en voelde de greep op haar arm nog vaster worden, zodat ze niets kon doen.

'Ik help je uit de Schouwburg te vluchten,' hoorde ze Bernd nu zacht zeggen en dadelijk kreeg ze weer een hand op haar mond. Ze schudde haar hoofd maar dat zag niemand in het donker. Ze stribbelde tegen maar ze werd stevig vastgehouden.

'Mama, mama,' maakten haar lippen de woorden, zonder geluid.

Ze liepen ergens heen, ze kon zich niet oriënteren, maar plotseling werd het heel koud. Waarschijnlijk stonden ze buiten, op de plaats waar ze vanmorgen waren gelucht, dacht ze. Het was een extra donkere avond door de verduistering en de zwaarbewolkte hemel. Nu werd het nóg donkerder en minder koud; ze moesten ergens in een hok zijn of een kast. Basja hoorde iets opengaan, alsof er een plank werd weggehaald. Toen voelde ze dat iemand over haar hoofd streelde.

Dus ze was niet meer alleen met Bernd, bedacht ze; want hij hield nog steeds met één hand haar arm vast en de andere had hij om haar schouder geslagen. Nu voelde ze weer een hand op haar hoofd. Ze moest bukken maar ze stribbelde

tegen. Dat kon niet, dat wou ze niet, haar ouders zouden ongerust zijn; ze kon toch niet zo maar weg zijn en hen daar alleen laten?
Ze wou zich lostrekken en terug gaan maar ze werd nu aan de onbekende overgedragen die haar ook weer met stevige hand verder voerde. Het pad was zo uitgekiend dat ze bijna geen geluid maakten. Nergens liepen ze tegen bomen of takken op die er wel moesten zijn, want Basja zag heel flauw contouren van deuren en vensters. Ze waren dus in een tuin. Een ogenblik stonden ze stil en toen was er ineens weer licht, dat nog sterker leek omdat ze zo lang in het donker was geweest.
'Gelukkig,' zei een vrouw van ongeveer de leeftijd van haar moeder. 'Kom maar vlug; je ster moet eraf.'
Basja kon het niet allemaal vatten; zij was niet bij machte duidelijk te maken dat ze bij haar ouders wilde zijn, dat ze hen niet nog ongeruster wilde maken. Ze zouden sámen op transport gaan, hadden ze afgesproken. Maar iedereen zei dingen tegen haar en ze kon zich niet verweren. Ze plukten aan haar kleren en zeiden dat ze iets moest onthouden. Ze wou dat ze helderder werd.
'Luisteren!' sprak de vrouw ineens streng. 'Goed luisteren en onthouden wat ik zeg. Luister je goed?'
'Ik zal het proberen,' antwoordde Basja zacht.
De vrouw keek haar nu met begrip aan en praatte verder.
'Iemand is al naar je ouders toe om ze te waarschuwen. Jij moet nu flink zijn anders breng je mensen in gevaar die dit werk doen.'
Basja knikte.
'Zo,' ging de vrouw verder. 'Hier is je persoonsbewijs; onthoud dat je vanaf dit ogenblik Hannie Wiersma heet. Je komt uit Utrecht en woont nu in Amsterdam, Oosterpark 26. Goed voor jezelf repeteren. Ik breng je nu ergens anders heen; we gaan door de tuin en dan hoor je wel wat er verder gaat gebeuren. Wees flink.'
Toen, na al dit strenge gepraat, voelde Basja dat de vrouw haar ineens moederlijk omhelsde en haar kuste. 'Ach,' zei ze, 'je bent ook nog zo jong, arm kind.'

Weer liepen ze door tuinen, heel voorzichtig en weer ging een deur open. Ze zag hier een man en een vrouw.
'Goed zo,' zei de man alleen. Hij liet de vrouw die haar gebracht had achter en deed zijn arm om Basja's schouder. 'Kom maar,' zei hij. 'Je blijft vannacht hier. We hebben een verborgen slaapplaats voor je. Morgen krijg je het adres waar je naartoe moet. We drinken een kop thee en daarna laat mijn vrouw je zien waar je slaapt.'
Basja knikte weer. Ze was niet meer opgewassen tegen al die indrukken, ze wou alleen nog slapen.
'Heb je iemand daar achtergelaten?' vroeg de vrouw toen ze thee dronken.
'Mijn vader en mijn moeder,' antwoordde ze fluisterend en wat schor, maar ze wou niet meer denken en niet meer praten.
'Ga maar mee,' zei de vrouw na een poos, 'dan laat ik je zien waar je slaapt. Kijk hier, boven de deur van onze slaapkamer en de eetkamer, tussen die twee muren, is een opening. Naast de kast tussen de muur ligt een matras. Als je binnen bent schuif je de bovenkant van de kast weer dicht. Er zijn luchtgaten. Je hoeft niet bang te zijn.'
Basja was niet bang. Ze klom naar boven en sliep meteen in.

'Sta je op?' riep de vrouw de volgende ochtend, nadat ze de bovenkant van de kast had geopend. 'Je moet gauw weg, maar we gaan eerst ontbijten.'
'Goedemorgen, je hebt goed geslapen, geloof ik,' zei de man aan tafel.
'Ja, gelukkig wel.'
'Luister even; je hebt al veel te onthouden, maar nu komt er nog het adres en de naam bij waar je heen gaat. Je wordt niet gebracht.'
Iedereen deed z'n best voor haar, realiseerde Basja zich vaag, maar zij voelde zich als een speelbal. Ze heette anders, woonde ergens anders, kwam ergens anders vandaan en ging nu weer ergens anders naar toe; uit een huis waar ze niemand kende naar een ander huis waar ook vreemden woonden. Ze deed een mantel aan die niet van haar was, kreeg een tas

mee om haar papieren in te bewaren en ze ging naar Oud-Zuid.
'Sterkte maar, meid,' zei de vrouw en de man streelde over haar schouder.
'Eens is het allemaal voorbij,' zei hij vriendelijk.
'Dank u wel voor alles,' antwoordde Basja zacht en ze vertrok, zonder ster. Ze heette nu Hannie Wiersma.

40

Op die vroege ochtend liep Basja naar het adres dat ze had gekregen. Voor het eerst in haar leven was ze alleen; ze kon haar ouders nu niet meer vragen of het goed was wat ze deed en ze moest zich neerleggen bij wat anderen voor haar beslisten.
Haar donkerrode haren die op haar schouders vielen had ze onder een wollen muts moeten stoppen. Veel joden verfden hun haar.
Het was mistig en koud; ze deed de kraag van de mantel die ze had gekregen omhoog. Ze voelde zich nog steeds wazig; alles bleef onduidelijk en onsamenhangend voor haar. Ze wilde haar gedachten ordenen maar dat lukte niet. Het was hetzelfde gevoel als in dromen die ze soms had, waarin ze met geen mogelijkheid bij machte was vooruit te komen, ook al spande ze zich nog zo in. Ze moest in ieder geval het adres waar ze heen ging en de naam goed onthouden; familie van Thuyl.
Voor de deur van het huis met het naambordje stond ze stil. Ze voelde angst en tegenzin om aan te bellen. Haar hart klopte in haar keel maar toen ze in de verte stappen van soldatenlaarzen hoorde zette ze door.
Ze werd binengelaten door een man met een sympathiek, gegroefd gezicht. Hij glimlachte geruststellend. Hij droeg een manchester jasje.
De angst viel van haar af en met een duidelijker stem dan ze van zichzelf verwacht had noemde ze voor het eerst haar nieuwe naam. 'Ik ben Hannie Wiersma,' zei ze.
'Mooi, geef je mantel maar hier. Die mag niet op de kapstok hangen; we doen hem in de kast. Kom maar binnen, daar is het lekker warm. We hebben met de koffie op je gewacht.'
Binnen zat mevrouw van Thuyl die zo duidelijk bij deze man hoorde dat ze wel op hem moest hebben gaan lijken, vond Basja. Ze waren wat ouder dan haar ouders.
Ze moest weer aan haar vader en moeder denken. Waar zouden ze nu zijn? Zouden ze nog in de Schouwburg zitten of waren ze al weg, ergens heen waar ze hen niet meer kon

bereiken? Waren ze angstig geweest toen ze niet meer was teruggekomen, of gerustgesteld toen ze hoorden dat ze was gevlucht? Maar ze was liever bij ze gebleven. Misschien hadden ze wel lang op haar gewacht voor ze wisten wat er met haar was gebeurd. Waarschijnlijk zaten ze nóg gelaten en moedeloos, zoals de meeste mensen daar, op hun lot te wachten.

Ineens merkte Basja dat de vrouw haar iets had gevraagd; ze wist niet wat. 'O, neemt u mij niet kwalijk, ik dacht even aan... of ze... of mijn ouders nog in de Schouwburg zitten of al ergens...'

De vrouw knikte begrijpend. 'In ieder geval ben ik er zeker van dat ze blij zijn dat jij weg bent.'

Basja keek naar de grond, ze was daar niet zo zeker van; ze had haar ouders daar niet alleen achter mogen laten en zelf voor de gemakkelijkste weg kiezen. Maar ze hád helemaal niet gekozen; ze had dat helemaal niet gewild! Kon ze hun dat maar laten weten. Ze huilde nu. Bij vreemde mensen. Maar het lukte haar niet meer te stoppen.

Daarna bleef ze stil en teruggetrokken; voortdurend hield ze in gedachten en in dromen gesprekken met haar ouders en steeds weer legde ze hun de situatie uit.

'Hannie, kan ik je niet helpen?' vroeg oom Hans, zoals Basja van Thuyl noemde. 'Je ziet er zo verdrietig uit en zo bleek.'

'Ik denk het niet; u en tante Wies zijn goed voor me.'

Toen zweeg ze weer. Ze vroeg zich af of ze wel kón vertellen wat haar bezighield. Zij riskeerden tenslotte hun leven voor haar.

'Ach,' ging ze met zachte stem verder. Ze hield haar hoofd naar beneden. 'Niemand heeft me gevráágd wat ik wou toen ze me lieten vluchten. Maar ik wou 't niet; zonder m'n ouders en zonder m'n vrienden wachten tot de oorlog voorbij zal zijn. Ik was liever bij ze gebleven, dan hadden we allemaal hard moeten werken, maar nu schaam ik me. Ik laat mensen bij wie ik hoor in de steek. Ik heb niet eens afscheid van m'n ouders kunnen nemen.'

'Ik kan je om redenen, die jou nog niet bekend zijn en waarover ik nog niet durf te praten, je verzekeren dat het

goed is dat je bent gevlucht en ik ben ervan overtuigd dat je ouders daar net zo over denken,' antwoordde oom Hans.
Basja keek hem vragend aan.
'Tot nu toe hebben we de Engelse zender pas opgezet als jij ging slapen omdat daar zulke ernstige dingen verteld worden over de mensen die zijn weggevoerd, dat we je dat wilden besparen. Maar als je wilt en de moed op kunt brengen kan je meeluisteren; dan krijg je ook meteen het antwoord waaróm men je heeft laten vluchten zonder het je te vragen.'

41

Basja stond, verwonderd glimlachend om de opwinding, te kijken hoe tanks bestuurd door Canadezen over de straten reden. Ze waren volgeladen met juichende jonge mensen die sigaretten rookten en chocolade aten. Ze zwaaiden naar de menigte.

Langs de weg praatten de mensen druk met elkaar, en zwaaiden terug. Zij was het ontwend tussen veel mensen te zijn. Het maakte haar een beetje duizelig en ze vroeg zich af wat ze elkaar te vertellen hadden.

Na de Duitse capitulatie had ze tante Wies en oom Hans verteld hoe ze werkelijk heette en ze noemden haar dadelijk bij haar naam. In gedachten hoorde ze de klank van de stemmen van haar vader en moeder weer, door wie ze voor het laatst met Basja was aangesproken, en ze huilde.

Toen was ze, na bijna tweeëneenhalf jaar in huis gezeten te hebben, een paar keer de straat op geweest met oom Hans en tante Wies en had ze de voorjaarslucht weer opgesnoven. Maar deze ochtend had tante Wies gezegd dat ze langzamerhand moest wennen om eens alleen uit te gaan.

Oom Hans had glimlachend naar haar angstige gezicht gekeken en gezegd: 'Doe het maar, Basja. Je bent inmiddels al bijna negentien; laat de wind door je haren wapperen. Iedereen is nu vrij!'

Buiten voelde ze hoe ze haar spieren spande, haar schouders in elkaar trok en haar hoofd gebogen hield, alsof ze zo weinig mogelijk plaats wilde innemen. Maar deze houding werd vermoeiend. Ze begon zich af te vragen waarom ze dat deed. Wat meer ontspannen maar toch nog steeds voorzichtig, wandelde ze naar het centrum van de stad.

De meeste mensen liepen in groepjes, of met z'n tweeën. Ze realiseerde zich dat zij niemand meer kende, alleen de familie van Thuyl.

Maar na een tijd kwamen herinneringen, die ze zorgvuldig had weggedrukt, voorzichtig naar boven.

Opeens dacht ze ook weer aan de Birnbaums, voor wie haar

ouders al die jaren hadden gewerkt. Die naam riep veel pijn op, maar ze wist dat ze naar hen toe zou moeten gaan. Ze moest zien of ze er nog waren. Ze kon niet eeuwig bij de familie van Thuyl blijven. Ze moest proberen haar leven verder in te richten, alleen.

Ze had tot nu toe niemand ontmoet die ze van vóór de oorlog kende; dat verwachtte ze ook niet na alle berichten over de grote vernietiging die ze op de Engelse zender had gehoord. Ze dacht dat er maar weinigen waren die het er, zoals zij, levend hadden afgebracht. Nog steeds vroeg ze zich af of ze tot de gelukkigen behoorde, zoals sommigen zeiden. Ze had niet de vreugde van de bevrijding gevoeld, alleen angst dat alles waar ze niet aan had willen denken nu duidelijk zou worden en het verdriet werd met de dag erger. Ze hoorde bij niemand. Er waren geen mensen meer uit haar vroegere leven. Ze wist niet hoe ze dit bestaan moest voortzetten. Zonder hen van wie ze had gehouden, was alle inspanning zinloos.

Op een ochtend, toen ze weer doelloos langs de straten slenterde en de mensen bekeek, die kennelijk wél wisten wat ze met hun dagen moesten beginnen, kwamen de Birnbaums weer in haar gedachten en ze kreeg ineens behoefte ze op te zoeken. Zij hoorden wel bij tóen, bedacht ze.

Ze liep nu sneller richting Beethovenstraat, naar de Apollolaan waar ze hadden gewoond. Ze was gespannen.

Toen ze nog hetzelfde naambordje bij hun deur zag, alsof de tijd eraan voorbij was gegaan, gaf haar dat ook weer een gevoel van weemoed. Ze zou dadelijk aanbellen; nog vóór die angst die ze zo goed kende zou opkomen. En ze drukte op de knop. Haar knieën knikten.

Er werd opengedaan door dezelfde huishoudster die Basja nog kende. 'Jezus Maria!' riep ze. 'Basja! Jìj? Jìj bent het? Maar kind, kom! Kom binnen!' Ze omhelsde haar. 'Ik ga meneer en mevrouw roepen, kom mee.'

Door het ongewone geluid waren de Birnbaums al gealarmeerd en kwamen de trap af. Meneer Birnbaum zag haar het eerst. Zijn mond ging open maar hij zei niets. Toen kwam een zachte, door emotie gebroken stem: 'Basja. Goede

God; Basja. Lieve kind!' Hij huilde, nam haar in z'n armen, kuste haar en omhelsde haar steeds weer.
Basja was deze spontane warmte niet meer gewend en ze voelde ook tranen over haar gezicht lopen.
Met een zakdoek langs haar ogen wrijvend omhelsde mevrouw Birnbaum haar tenslotte.
'Maar kind,' zei ze, 'wat een geluk! Kom in de kamer.'
'En, was je al die tijd in Holland?' vroeg meneer Birnbaum. 'Je ziet er goed uit, alleen wat dunnetjes.'
'Ach,' onderbrak hij zichzelf. 'Laten we toch naar binnen gaan; dan lunchen we samen en horen we van je hoe alles is gegaan.'
Aan tafel vertelde Basja op welke manier ze bij haar onderduikadres was terechtgekomen en dat ze zich er dadelijk veilig had gevoeld.
'En wat heb je gedaan in die jaren die je binnen hebt moeten doorbrengen?'
'Ik heb mijn H.B.S. afgemaakt, thuis. Oom Hans, zo noem ik mijn pleegvader, is leraar en hij heeft me geholpen. Ik moet alleen nog eindexamen doen.'
'En dan?'
'Ik weet het niet,' antwoordde ze zacht. 'Ik kan me nog niet voorstellen hoe ik... alles... moet doen. Ik voel me nog te jong. Moet ik op een kamer gaan wonen? Ik ben nog nooit alleen geweest.'
'We moeten dat nog eens goed doorpraten,' zei meneer Birnbaum ernstig. 'Je zit niet helemaal zonder geld. Ik heb bijna al jullie machines in mijn zaak. Ik zal ze van je kopen en je helpen met het zoeken van een goede kamer en met het meubileren. Ik zal zien of hier in de buurt iets te vinden is, dan kom je veel bij ons. Probeer óns een beetje als familie te zien en... wie weet... er zíjn al mensen teruggekomen... daarvandaan.'
Basja schudde haar hoofd. Ze slikte.
'Mijn vader en moeder... zijn er niet meer.'

42

Het was eind augustus en mooi weer. Basja lag op de bank en keek voor zich uit.
Zes weken geleden had meneer Birnbaum in de Schubertstraat een kamer voor haar gevonden; hij zei dat ze moest proberen zich er een beetje thuis te voelen. Beneden huisde de eigenares en Basja woonde boven, in de voorkamer; er was één gezamenlijke deur met een binnentrap. Ze had met de familie Birnbaum meubelen en een radio uitgezocht. Ze had van hen ook nog een grammofoon gekregen. Alles wat nodig was voor een comfortabel bestaan was aanwezig.
Het venster stond open, ze hoorde buiten de vogels fluiten en mensen praten, die na de maaltijd een wandeling maakten in de zachte avondlucht. Al een uur lag ze zo, zonder te weten wat met deze avond te beginnen. De Birnaums waren in Zwitserland. Hij had een kleine hartaanval gehad.
Meestal at ze 's zondags bij tante Wies en oom Hans. Ze was er altijd welkom, dat wist ze, maar tegenover hen wilde ze flink zijn; hun wou ze niet laten merken dat het haar helemaal niet lukte. Het waren rustige, nuchtere mensen en ze had de indruk dat ze die houding ook van haar verwachtten.
Ze hadden haar ook al gevraagd wanneer ze werk ging zoeken. Ze wist wel dat ze zelf voor haar levensonderhoud moest zorgen maar ze had nog geen moed; ze gaf zich zelf nog wat tijd.

Die middag was ze voor haar toelatingsexamen kunstnijverheid avondschool geslaagd; ze wou binnenhuis-architectuur studeren. De anderen werden door vrienden opgewacht en gefeliciteerd. Ze zag een jongen die een bos bloemen achter zijn rug hield en een meisje kuste. Basja was naar huis gegaan. In haar mooie kamer was het stil; ze keek om zich heen en dacht aan de rommelige gezelligheid van hun huis vroeger. Wie kon ze vertellen dat ze was geslaagd? Voor wie deed ze dat allemaal? Moest ze nu in het vervolg urenlang alleen

voor een tekentafel staan? En aan wie zou ze haar werk laten zien; wie zou ze er blij mee maken?
Als ze helemaal niets deed en probeerde nergens aan te denken ging het nog een béétje; maar bij belangrijke beslissingen vroeg ze zich af: waarom? Voor wie? Per ongeluk was ze blijven bestaan; wie wist dat; wie kon het wat schelen?
Met andere jongeren kon ze geen contact krijgen. Ze had die middag geluisterd naar verhalen van haar medescholieren maar niets daarvan hield háár bezig. De laatste tijd huilde ze ook niet; het leek soms of ze zelfs geen echte pijn kon voelen.
Wat moest ze doen? Haar leven vullen met leegte; met niets? Iedere morgen wakker worden en denken: waarvoor? En dan proberen de dag weg te slapen tot het niet meer lukte en ze zich weer dezelfde vragen ging stellen?
Ze werd misselijk en bang voor haar gedachten; het leek of zelfs het ademen haar zwaar viel. Ze wou helemaal niet... ze wou niets.

Ze schrok wakker door de bel. Het was al bijna donker. Werd er bij haar gebeld? En nog wel in de avond; dat was nog niet eerder gebeurd. Ze knipte de lamp naast de bank aan en kwam overeind om de deur open te trekken. Beneden stond een onbekende man.
'Moet u bij Weisberg zijn?' vroeg ze.
'Ja,' was het antwoord; het klonk vragend en bevestigend tegelijk.
'Goed; komt u maar boven.' Ze hield de kamerdeur voor hem open.
De man deed een stap naar binnen, bleef staan; keek haar met een vreemde, verwonderde blik aan en drukte voorzichtig een kus op haar hand. 'Sabina,' zei hij zacht.
Ze schudde haar hoofd. Nee,' antwoordde ze. 'Ik ben Basja, haar dochter; Sabina is er niet meer.'
'Ach ja, natuurlijk; het was even...,' antwoordde hij in het Duits.
'Wie bent u?'
'Ik ben Izjoe; Izjoe Gruber.'

Basja had het gevoel of ze zich niet meer in de werkelijkheid bevond. Weer schudde ze haar hoofd. 'Nee,' zei ze nogmaals, nu angstig, 'Izjoe is er ook niet meer.' Ze keek in dat rustige gezicht, zag het rode haar en de bril; de angst viel van haar af. 'Maar zo moet hij er wél uitgezien hebben.'
Izjoe nam Basja's handen in de zijne. 'U heeft van mij gehoord?' vroeg hij ontroerd. 'Ik was een vriend van uw ouders.'
Ze stonden nog steeds bij de deur.
'O maar komt u binnen,' herstelde Basja zich; 'doet u uw jas uit; neemt u mij niet kwalijk; ik... er zijn nog geen onbekenden bij me geweest.'
Izjoe bleef naar Basja kijken; hoe ze zich bewoog, bezig was met de thee en hoe ze ging zitten. 'Het is meer dan vijfentwintig jaar geleden,' zei hij, 'maar u lijkt zoveel op haar... op Sabina.'
Basja was niet bang voor zijn aanwezigheid. Haar moeder had zoveel met haar over Izjoe gesproken dat hij een onzichtbare plaats in hun gezin had ingenomen en voor haar een familielid geworden was dat ze nooit persoonlijk had ontmoet.
'Maar ik begrijp niet,' zei ze aarzelend, 'als u Izjoe bent, dat u... U was in Siberië!'
'Ja, Stalin heeft z'n joden en z'n buitenlandse politieke gevangenen aan Duitsland overgeleverd. Ik dacht dat ik vrij was; we reden naar de bewoonde wereld. Toen merkten we dat we voor de Duitse S.S. stonden. In Auschwitz is het me gelukt; ik had ervaring.'
Basja keek naar beneden. Ze hield haar schouders wat omhoog.
Weer herinnerde Izjoe zich diezelfde houding van Sabina.
'Ach Basja,' reageerde hij begrijpend, 'laten we maar over jou praten; mag ik jij zeggen? Noem mij ook alsjeblieft Izjoe, al ben ik veel ouder; er is niemand meer die me bij m'n naam noemt.'
'Ik heb niets meegemaakt,' antwoordde Basja met effen stem. 'Helemaal niets! Ik werd verstopt en ik heb de anderen laten gaan.'
'Godzijdank.'

Ze keek vragend en onzeker naar hem.
'Je bent nog jong; het lukt je wel weer om opnieuw te beginnen,' zei hij troostend.
Het bleef even stil in de kamer. Toen antwoordde ze: 'Ik probeer het.'
'De oorlog is ook nog maar pas voorbij.'
Hij vroeg hoe zij en haar ouders in Holland hadden geleefd. Ze vertelde hem over de vereniging Anski, over hun vrienden van wie, voor zover ze wist, bijna niemand meer was teruggekeerd en hoe hard haar vader en moeder hier hadden gewerkt. 'Ja,' eindigde ze, 'en toen eindelijk hun machines waren afbetaald...'
Izjoe zat tegenover haar, hij zag haar treurige ogen en streelde over haar hand: 'Als je wilt kunnen we vaker praten.'
'Ik heb nog nooit over ze gesproken, nooit,' antwoordde ze in gedachten. 'Ook niet met Birnbaum; ik weet dat hij hetzelfde soort verhalen heeft.'
Toen vroeg ze hoe het kwam dat Izjoe in Amsterdam was.
'Ik ben hier tijdelijk,' zei hij, 'ik heb een kamer gehuurd in het centrum. Daarvóór was ik in Antwerpen; ik zoek lijsten na om te zien of er nog iemand is... Zo heb ik ook jou gevonden; door joodse organisaties. Ik wist dat jullie in Holland hadden gewoond. Wat moet ik anders doen? Ik zwerf wat rond in de hoop... jij bent de eerste en ik vrees, de enige.'
Basja kon nu rustiger naar Izjoe kijken. Ze zag dat zijn haar in het midden dun was, dat hij blauwe kringen onder de ogen had die door zijn bril niet zo duidelijk te zien waren. Hij moest iets jonger zijn dan haar vader maar ze vond zijn leeftijd moeilijk te schatten; hij had iets tengers, iets jongensachtigs in zijn postuur.
'Wil je, als je tijd hebt, morgen komen eten?' vroeg ze onzeker. 'Voor mezelf kook ik niet; alleen eten is treurig.'
'Dat wil ik zeker; dan eten we samen niet alleen.'

Toen Izjoe die avond was vertrokken voelde Basja zich alsof ze voor het eerst na lange tijd weer goed kon ademen; er was weer iets dat zin gaf aan een nieuwe dag. Ze kon moeilijk

inslapen maar deze keer hinderde het haar niet; haar gedachten waren nu niet met trieste problemen bezig.
Izjoe bestond nog en hij had vaderlijk en beschermend met haar gesproken; zijn rustige blik had haar goed gedaan.
Hij kende haar hele familie nog uit Polen; haar ouders, haar grootouders en ook haarzelf van de tijd dat ze een klein kind was.

Die volgende dag deed Basja een zachtgroene jurk aan, die haar moeder nog voor haar had genaaid en waarvan ze wist dat die haar goed stond, maar die ze nooit meer had gedragen.
Het was ook al lang geleden dat ze zo kritisch in de spiegel had gekeken. Nu zag ook de gelijkenis met haar moeder; vooral haar haren die op dezelfde manier in golven los opzij waren gekamd. Ze was nerveus en ze voelde dat ze een beetje trilde tijdens het wachten op Izjoe.
Toen hij binnenkwam keek hij weer op die verwonderde manier naar haar; hij deed zijn bril af, wreef in zijn ogen, zette hem weer op en zei: 'Wat zie je er goed uit, Basja; je hebt nu wat kleur op je wangen.' Hij kuste weer haar hand. Basja voelde dat ze bloosde.
'Mag ik gaan zitten?' vroeg hij en ze hoorde even een kleine zucht. 'Fijn te weten dat iemand op je heeft gewacht...' zei hij als tegen zichzelf. Toen Basja ook zat, praatte hij verder. 'Ik heb wat chocolade meegebracht en zogenaamde koffie; die smaakt redelijk, geloof ik.'
Onder het eten vroeg hij hoe ze haar dagen doorbracht.
'Met niets doen. Ik heb moeite om aan de dag te beginnen; liefst slaap ik, ik heb nergens zin in. Ik moet werk zien te vinden maar ik stel het uit en na de vakantie zou ik 's avonds naar de kunstnijverheidsschool moeten gaan; ik heb examen gedaan.' Ze keek Izjoe treurig, wanhopig aan en trok haar schouders op.
'Als je wilt blijf ik nog een langere tijd in Amsterdam,' reageerde hij begrijpend, 'misschien kan ik je een beetje helpen.'
Haar dankbare blik maakte hem haar toestand pas goed duidelijk.

'O, ja, graag!'
'Ik kan me tijdelijk vestigen waar ik wil en ik weet hoe het is als je van alle contacten bent afgesneden.'
'Ik lijk daarin ook op m'n moeder, denk ik; zij heeft in Holland haar familie... en ook jou, sterk gemist; haar gedachten waren meestal dáár. Ze heeft me verteld over je plotselinge reis naar Wenen; ze heeft me alles verteld.'
Izjoe keek in de verte, alsof hij de herinnering terug wilde halen. 'Ik heb in Wenen nog naar mijn beste vriend, Nathan, gezocht,' zei hij. 'Maar er is niemand meer van de familie.'
Toen Izjoe die avond afscheid wou nemen en Basja's hand wilde kussen, legde ze ineens haar hoofd op zijn schouder. Hij omarmde haar voorzichtig, kuste haar voorhoofd en keek melancholiek glimlachend naar haar.
'Ja, m'n kind,' zei hij zacht. 'Ik ben bijna in de leeftijd van je vader.'

Basja trok nu dagelijks met Izjoe op. Ze aten of bij haar thuis of in kleine restaurantjes; ze waren blij dat ze met elkaar over hun verleden konden praten; al verzweeg Izjoe het meeste en vermeden ze beiden gesprekken over de toekomst.
Basja bestond nog alleen bij de aanwezigheid van Izjoe; ze vroeg zich vaak af welke plaats hij in haar leven innam. Niet helemaal als een vader, stelde ze vast.
Ze had gemerkt dat hij voorzichtig met haar was en te veel toenadering vermeed; hij kon dan zo melancholiek kijken.
Toen ze op een avond weer bij elkaar zaten, zag Izjoe er bezorgd uit; hij gedroeg zich minder rustig dan gewoonlijk.
'Het wordt nu ernst, Basja,' zei hij toen ze hadden gegeten. 'Ik moest bedenken waarheen ik wil emigreren en ik vond het moeilijk om er met je over te praten. Ik heb voor Amerika gekozen; de oude wereld ben ik moe; ik wil niet meer leven waar zij, van wie ik heb gehouden, niet meer zijn; niet meer in de buurt van Polen, Duitsland en Rusland. Ik wil proberen of daar, in de nieuwe wereld, ver van alles, nog een bestaan mogelijk is. Maar jij, Basja?'
Ze keek naar Izjoe; ze zag bleek en haar ogen waren groot

van angst; ze was niet in staat te antwoorden; toen boog ze haar hoofd en eindelijk liepen de tranen langs haar wangen.
'Maar lieve schat.' Izjoe kwam naast haar zitten en kuste haar hoofd. 'Basjenka!'
'Neem me mee, Izjoe! Neem me mee!'
Basja vleide zich tegen hem aan. Ze deed haar armen om zijn hals; ze vroeg zich niets meer af, ze snikte en klampte zich aan hem vast alsof ze hem nooit meer zou loslaten.